U0953668

VBSE跨专业综合实训教程

主　编　李岚　肖俊
副主编　马勇　杜娟　黄长文

武汉理工大学出版社

图书在版编目(CIP)数据

VBSE 跨专业综合实训教程/李岚，肖俊主编．—武汉：武汉理工大学出版社，2022.11
ISBN 978-7-5629-6643-2

Ⅰ.①V… Ⅱ.①李… ②肖… Ⅲ.①财务软件—高等学校—教材 Ⅳ.①F232

中国版本图书馆 CIP 数据核字(2022)第 137170 号

项目负责人：楼燕芳　　**责任编辑**：楼燕芳
责 任 校 对：向玉露　　**版式设计**：佳文图文
出 版 发 行：武汉理工大学出版社
网　　　址：http://www.wutp.com.cn
地　　　址：武汉市洪山区珞狮路 122 号
邮　　　编：430070
印　　　刷：武汉乐生印刷有限公司
经　　　销：各地新华书店
开　　　本：787mm×1092mm　1/16
印　　　张：16.75
字　　　数：397 千字
版　　　次：2022 年 11 月第 1 版
印　　　次：2022 年 11 月第 1 次印刷
定　　　价：49.00 元

凡使用本教材的教师，可通过 E-mail 索取教学参考资料。
E-mail：10124159@qq.com
本社购书热线电话：027-87384729　87664138　87165708(传真)
凡购本书，如有缺页、倒页、脱页等印装质量问题，请向出版社发行部调换。

前　　言

随着我国大学生就业形势的日益严峻，大学生创新创业教育正如火如荼地展开。创新创业教育符合我国改革的大方向，是未来培养人才的新趋势，它不仅能提升学生的综合实践技能，更好地推动素质教育，而且能提高学生的就业能力，缓解高校的就业压力。创新创业型人才具有巨大的市场需求，这就迫切要求高校增加新文科经管类专业相关的综合性、设计性、创新性实验，为学生提供更贴近实际的创新创业能力培养的条件，努力培养和充分发挥学生的创新能力，提升学生的综合素质，使其真正成为市场需要的创新型人才。

虚拟商业社会环境(Virtual Business Social Environment，以下简称 VBSE)是一款面向高等院校的跨专业综合实践教学平台，通过对真实商业社会环境中典型单位、部门与岗位的系统模拟，让学生体验身临其境的岗前实训，认知并熟悉现代商业社会内部不同组织、不同职业岗位的工作内容和特性，培养学生从事经营管理所需的综合执行能力、综合决策能力和创新能力，使其具备全局意识和综合职业素养。综合实训的基本目标定位是培养高潜质、有全局观的实务型岗位人员。

VBSE 课程主要面向新文科经管类专业学生，采用集中实训的方式，学生是主体，教师只起引导作用。在实训过程中，教师以任务为驱动，指导学生自主实训，以“训”促学，边“训”边学，学“训”结合，让学生在自主选择工作岗位后完成对应岗位的工作任务，学会基于岗位的基本业务处理方法，体验基于岗位的业务决策，理解岗位绩效、组织绩效之间的关系；真实感受企业“三流”(物流、信息流、资金流)之间的关系；全面认知企业经营管理活动和主要业务流程；体验企业职能部门间的协作关系以及政企合作等外围相关经济组织与管理部门之间的业务关联。学生通过教学反复练习，形成符合现实经济活动要求的行为方式、智力活动方式和职业行为能力，达到全面认知企业、体验职业岗位的要求。

本书的编写采用“两条腿走路”的方式，一是以时间为轴，从期初、期中到期末，分阶段进行任务讲解；二是以组织为主体，在各组织内部分业务类型进行阐述。在编写过程中，编者特别注重实训难点与重点的讲解，力求为使用者提供最大程度的帮助。考虑到 VBSE 课程面向所有新文科经管类专业，所以书中没有对信息化部分进行讲解。

本书由李岚、肖俊担任主编，马勇、杜娟、黄长文担任副主编。具体分工如下：李岚编写第一章、第二章、第三章、第四章，负责全书的统稿工作；肖俊编写第五章；马勇编写第六章；杜娟编写第七章；黄长文编写第八章。

本书是教育部 2021 年第二批产学合作协同育人项目“湖北第二师范学院智能财务实践

教学基地建设”(编号202102317045)、湖北省教育厅2020年湖北高校省级教学研究项目“新文科背景下经管类专业创新创业仿真实训拓展研究”(编号2020666)的阶段性成果。

由于作者的水平有限，书中难免存在不足之处，希望读者批评指正，以期今后进行修改与完善。

编　者

目　　录

第一章　VBSE 跨专业综合实训简介

第一节　认识 VBSE 跨专业综合实训平台

VBSE(Virtual Business Social Environment)的中文意思是虚拟商业社会环境，它是一款面向高等院校的跨专业综合实践教学平台，通过对真实商业社会环境中典型单位、部门与岗位的系统模拟，让学生体验身临其境的岗前实训，认知并熟悉现代商业社会内部不同组织、不同职业岗位的工作内容和特性，培养学生从事经营管理所需的综合执行能力、综合决策能力和创新能力，使其具备全局意识和综合职业素养。VBSE 虚拟商业社会环境实训平台提供企业运营模拟实习的引导系统和相关教学环境，让学生在自主选择的工作岗位完成相应的工作任务，学会基于岗位的基本业务处理，体验基于岗位的业务决策，理解岗位绩效、组织绩效之间的关系；真实感受企业“三流”(物流、信息流、资金流)之间起承转合的过程；全面认知企业经营管理活动和主要业务流程；体验企业职能部门间的协作关系及外围相关经济组织与企业管理部门之间的业务关联。学生通过教学反复练习，进而形成符合现实经济活动要求的行为方式、智力活动方式和职业行为能力，达到全面认知企业、体验职业岗位的要求。通过不同职业的岗位训练，培养学生的综合执行能力、综合决策能力和创新创业能力。

第二节　VBSE 跨专业综合实训课程简介

一、课程目标

VBSE 跨专业综合实训课程是面向高等院校经济管理类专业高年级学生开设的跨专业、综合性实训课程，让学生体验身临其境的岗前实训，认知并熟悉现代商业社会中不同形态组织的典型特征，使学生进入岗位不陌生、接受任务无恐惧、任务含义能理解、遇到困难能解决、工作纪律能遵守、创新意识很明显，全面提高学生的职业素养和能力。

二、课程价值

VBSE 跨专业综合实训课程以新道实践教学平台 3.6 为载体，该平台基于新道实践教学平台 1V2 开发，能够提供集市场环境、商务环境、政务环境和公共服务环境于一体的虚拟商业社会环境，可用于经管类多专业学习与实践。

通过模拟现实岗位的工作内容、业务流程、业务单据，结合与教学目标适配的业务规则，学生置身其中进行角色扮演、业务运作、仿真经营，体验产业经济环境下组织间的分工、协同与发展，达到全面认知所体验的企业职业岗位的要求，培养学生在现代商业社会中从事经济活动所需的岗位技能、职业素养、经营决策能力和创新创业能力。作为新形态实训课程，其实现了与信息技术和网络教学资源的融合，指导学生自主开展学习，学会工作，学会思考，从而培养学生在协同工作中的全局意识和综合职业素养，践行“把企业搬进校园”的教学理念。

三、开课方案

(一)授课对象和年级

1. 授课对象：本科学生
2. 授课年级：大二、大三、大四年级

(二)课程开设时长和方式

1. 集中授课：连续 6 天，每天 8 节课
2. 分散授课：连续 3 周，每周周末(周六、周日)，每天 8 节课

第三节　VBSE 跨专业综合实训过程

VBSE 跨专业综合实训过程分为实训准备、岗位体验和实训总结三个阶段。

一、实训准备

(一)人员准备

1. 师资准备

VBSE 跨专业综合实训涉及企业运营的各个领域，根据实际情况，一个教学班一般配备 4 名教师，也可由不同专业的教师组成授课团队进行联合指导，其中 1 名最好为会计专业教师。

2. 学生准备

根据跨专业综合实训实际开课时安排的组织(表 1-1 为组织数量设置列表)，配备相

应数量的学生。由于跨专业综合实训课程岗位较多，一定要事先规划好班级组合，否则可能影响实训进度和实训效果，建议每个教学班至少含1个财务管理或会计专业的行政班。

人员安排上首先保证除制造企业外人员的岗位。制造企业人员不够，可以适当进行岗位合并。

表1-1　组织数量设置列表

社会组织	最大组织数量	每个组织人员数量
制造企业	10	18
商贸企业	4	7
工贸企业	4	4
银行	1	1
服务公司	1	2
招投标公司	1	1
物流公司	1	2
工商局	1	1
税务局	1	1
社保局	1	1

课程实训内容庞杂，对于实训学生来说，刚开始很难理清头绪，需要教师一步步进行引导，做好实训的前期准备工作，主要包括以下内容：

(1)实训总动员。实训开始之前，实训组织者应对本次实训的目的、内容、时间安排、组织形式、实训要求、实训考核等进行统一宣讲，使学生理解实训的意义，明确实训的要求及工作规范，了解实训考核评价指标体系。

(2)岗位胜任能力测评。实训之前，应对所有学生进行综合素质测评。综合素质测评由实训系统自动出题、自动计分，题目内容涉及基本素质、通用管理、营销、采购、生产、仓储、人力资源、行政管理、财务等各方面。

(3)成立公司。竞选首席执行官(Chief Executive Officer，以下简称CEO)，招聘管理团队，组建公司。公司管理团队确认后，召开公司成立大会，CEO介绍公司的组织机构，向管理团队分享企业战略和未来发展前景，并对招聘的员工进行岗前培训。

(4)领取办公用品。在实训正式开始之前，相关人员需要领取必需的办公设备及办公用品，包括单据、账表、企业公章、模拟货币等。之后，各岗位人员可以布置自己的办公区，打造舒适的办公环境。

（二）环境准备

1. 场地准备

实训环境的情境化是非常重要的，环境的创建有利于学生对所学内容的意义建构。通过设计，在教室中营造情境仿真度高、体验感好、功能区清晰的实训环境（图 1-1），能够让学生身临其境地感受企业的文化和氛围。

图 1-1　课程实训场地示例

2. 设备准备

（1）服务器。

（2）广播设备、投影仪。

（3）打印机。

3. 材料准备

（1）VBSE 教具，包含教具箱、票据、实训使用的货币等。

（2）VBSE 教材。

（3）办公用品，主要包括胶棒、印泥、胶带、海报纸，其用量可根据开课实际情况进行调整。

二、岗位体验

岗位体验是综合实训的主体内容，根据企业管理环境的不同，可分为手工管理环境岗位体验和信息化管理环境岗位体验，具体分为四个环节。

（1）认知业务流程。业务流程是为达到特定的目标而由不同的人分工协同完成的一系列活动，是对企业关键业务的描述，从中可以体现出企业资源的配置情况、企业组织机构的设置状况以及一系列管理制度。

传统的高等教育设置了多个专业，专业的划分有利于教学的实施和专业化的发展，但同时会弱化全局性，不利于工作的协同。因此，仿真实训的首要目标是认知企业业务流程，学会与他人协同工作，共同实现企业目标。

(2)完成岗位工作。仿真实训中，每个岗位的工作划分为两类：一类是业务流程中的串接性工作，与他人的活动有严密的逻辑关系，称之为业务工作，如计划员在编制主生产计划时一定要根据营销部提供的销售订单和市场预测数据：另一类是与岗位相关的日常工作，如报销办公费等。业务工作需要遵从逻辑关系，按照业务执行的先后顺序在系统提示下完成；日常工作可以根据需要随时完成。

(3)体验手工管理。这里的"手工管理"是指企业的全部活动均采用人工管理的方式。这是管理者必须亲身经历并深度体验的。

制造企业通过生产过程将原料转化为产品，要在这个转化过程中获得最大的价值，必须设计能高效生产产品的生产过程，必须进行科学的管理，从而更加经济地生产产品；管理是对生产过程中使用的资源，即人力、财力和物力进行计划和控制。管理层计划和控制的主要方法是通过控制物料流动提高流程绩效。

手工管理方式下，无论是经济业务的发生，还是物流、信息流、资金流的流动，都是以单据的形式来体现的，能清晰地呈现企业业务如何驱动物流、信息流、资金流，从而使管理人员对企业经营管理的全貌有整体性的认识。"懂业务，会管理"是合格管理人才的标准。

(4)体验信息化管理。在信息时代，采用信息化手段进行企业管理具有必要性和迫切性。

信息化是要结合企业业务需求和计算机系统的优势，对原有的业务进行梳理，优化业务流程，提高管理精度，提升管理效率。例如，信息化环境中，凭证只需录入一次，审核之后，系统自动完成日记账、明细账、总账的记录。

企业信息化是一个复杂的系统工程，通过对信息化环境下岗位工作的完整体验，可以充分对比手工和信息化两种环境下的工作流程、工作内容的不同，感受信息化给管理工作带来的方便和快捷。

三、实训总结

(一)实训总结准备

实训结束，要求学生进行简短的总结，既能巩固学生在实训中学到的知识，又能实现学习的交流。

在实训结束前一天，布置实训总结任务，要求各企业CEO将实训体会、学习心得以PPT的形式展示。

(二)学生进行总结

在实训结束当天发放实训报告单，要求所有实训人员对工作心得和体会进行总结，完成后交给教师。

（三）教师点评

总结上交后，教师从实训过程、工作中要注意的事项、如何处理好团队关系、如何管理团队等几个方面进行点评。

（四）成绩评定

“VBSE 跨专业综合实践”课程需要学生团结合作、分工协商，充分调动学生参与实训的积极性，养成良好的自律性。考核综合成绩由个人成绩和团队成绩两部分构成。

第二章　系统操作指南

第一节　教师端软件操作

一、进入平台

在浏览器中输入地址“http://ip:8080/rt”(其中 ip 为学校服务器地址，请询问相关人员)。

最佳浏览器为 IE11 及 IE11 以上版本。替代浏览器可以为 chrome 44/360 等。

二、注册及申请成为教师

(一)注册

进入平台后，在当前界面中点击“注册”，进入注册界面(图 2-1)。

图 2-1　教师系统注册界面

在注册界面中填写账号、手机号、密码等信息后点击“提交”，即注册成功。

（二）申请成为教师

注册后，即可以通过输入账号、密码登录系统，身份默认为学生，需通过申请教师权限成为教师。点开姓名下拉菜单，点击“申请教师权限”，弹出“申请教师权限”对话框，输入教师个人信息即可成为教师(图 2-2)。

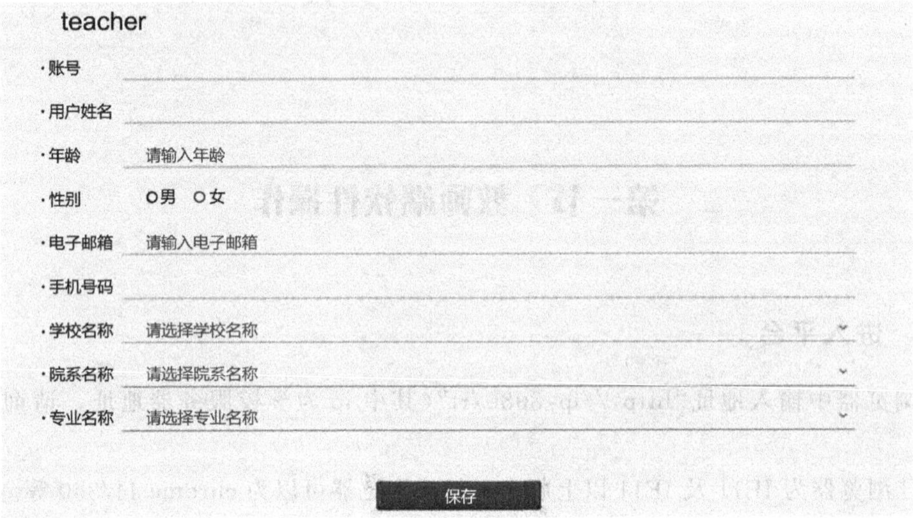

图 2-2　教师权限申请界面

如已有教师账号存在，可以点击“权限申请”，等待审批通过后也可成为教师。

三、学校、学院信息维护

用教师账号登录后，将鼠标移至“账户”处，弹出下拉框，通过点击下拉框中的内容，可以完成个人信息填写、密码修改、学校信息输入、教学班创建、授课情况记录、退出等操作。

（一）学校信息

用教师账号登录后，将鼠标移至“账户”处，弹出下拉框，在下拉框中点击“学校信息”，弹出“学校信息”维护界面，在界面中可以填写学校名称及上传学校 Logo。

（二）学院信息

将鼠标移至“机构管理”处，弹出下拉框，通过点击下拉框中的内容，可以完成学院管理、系别管理、专业管理、班级管理的操作。

（三）学院管理

点击“新增”按钮，即可弹出“学院管理”界面，在“学院管理”界面中可对学院信息进行输入。系别管理、专业管理、班级管理的信息输入与此类似。

(四)系别管理

用教师账号登录。将鼠标移至“机构管理”处，弹出下拉框，在下拉框中点击“系别管理”，弹出“系别管理”维护界面。

在“系别管理”维护界面，点击“新增”，弹出“添加系别”对话框，按学校信息填写即可。

(五)专业管理

用教师账号登录。将鼠标移至“机构管理”处，弹出下拉框，在下拉框中点击“专业管理”，弹出“专业管理”维护界面。

在“专业管理”维护界面，点击“新增”，弹出“添加专业”对话框，按学校信息填写即可。

(六)班级维护

用教师账号登录。将鼠标移至“机构管理”处，弹出下拉框，在下拉框中点击“班级管理”，弹出“班级管理”维护界面(图 2-3)。

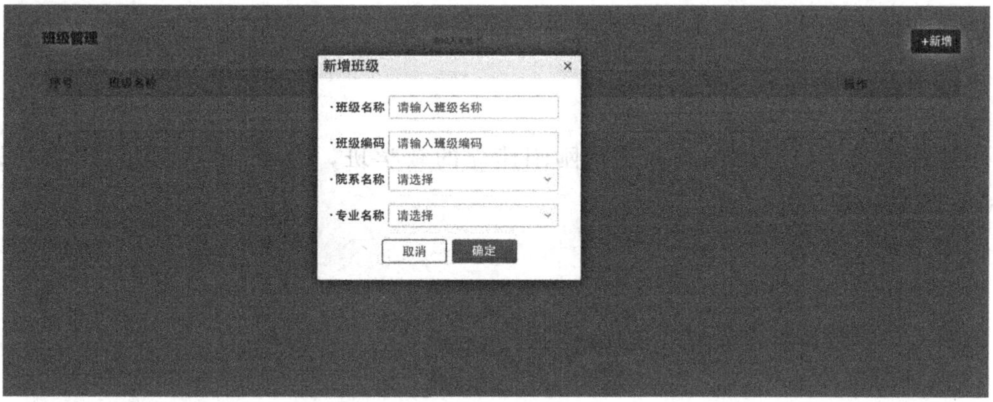

图 2-3　“班级管理”维护界面

在“班级管理”维护界面，点击“新增”，弹出“添加班级”对话框，按学校信息填写即可。

四、教师创建教学班并开课

(一)创建教学班

将鼠标移至“姓名”处，弹出下拉框，在下拉框中点击“创建教学班”，弹出“教学班管理”维护界面。

在“教学班管理”维护界面点击“新增”，弹出创建教学班页面(图 2-4)，填写基本信息。注意：教师应记下邀请码，并在上课时告知学生，学生注册时，输入邀请码即可加入班级。

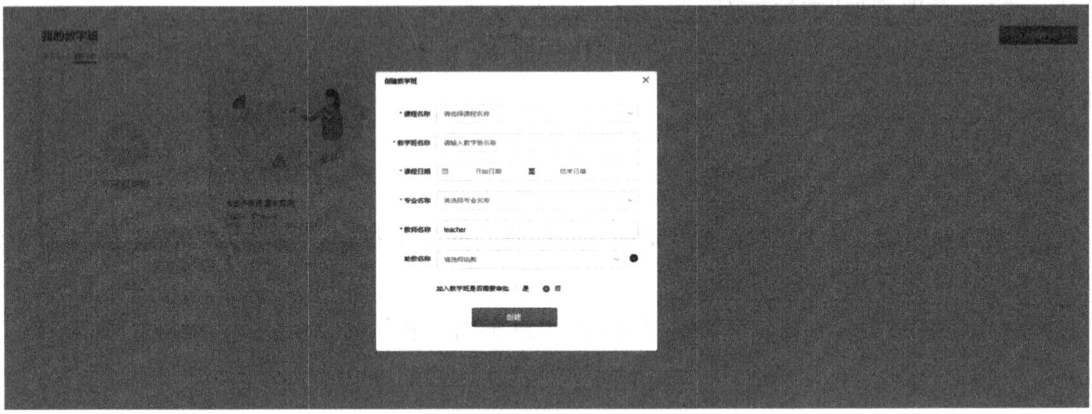

图 2-4　创建教学班页面

加入班级如果选择需要审核，教师审核后，学生才能进入教学班。

如教师忘记邀请码，可再次“创建教学班”，进入“教学班管理”维护界面，点击对应班级后面的“编辑”按钮，可再次查看邀请码。

(二)开课设置

创建教学班后，返回首页，选择刚刚建立的教学班，点击“进入”即可进入开课设置界面(图 2-5)。

1. 设置组织数量

教师按照学生上课人数、专业特点设置不同数量的组织。

注意：组织数量设置完成后不允许修改。

2. 设置岗位数

在新道实践教学平台 3.6 中，教师可将同一组织下的多个岗位进行合并，以解决实训中忙闲不均的问题。注意：总经理职位不可与其他职位合并，岗位数过少的组织不可合岗，不同的组织之间不可合岗。岗位设置完成后点击“下一步”。

3. 设置订单

教师可对原材料价格和虚拟订单进行设置。教师可修改每个时间点的原材料价格，以增加市场波动性，但在固定经营阶段一般不对原材料价格进行修改。在开始上课后仍可以继续修改订单设置。在自主经营开始以前，设置的虚拟订单可修改，自主经营开始后，则不允许修改。第一年的订单均按默认生成。第二年的虚拟订单修改后，系统会根据填写的内容生成虚拟市场订单供商贸企业(东西南北部)与制造企业(中部)选单销售。图 2-6 为设置订单界面。

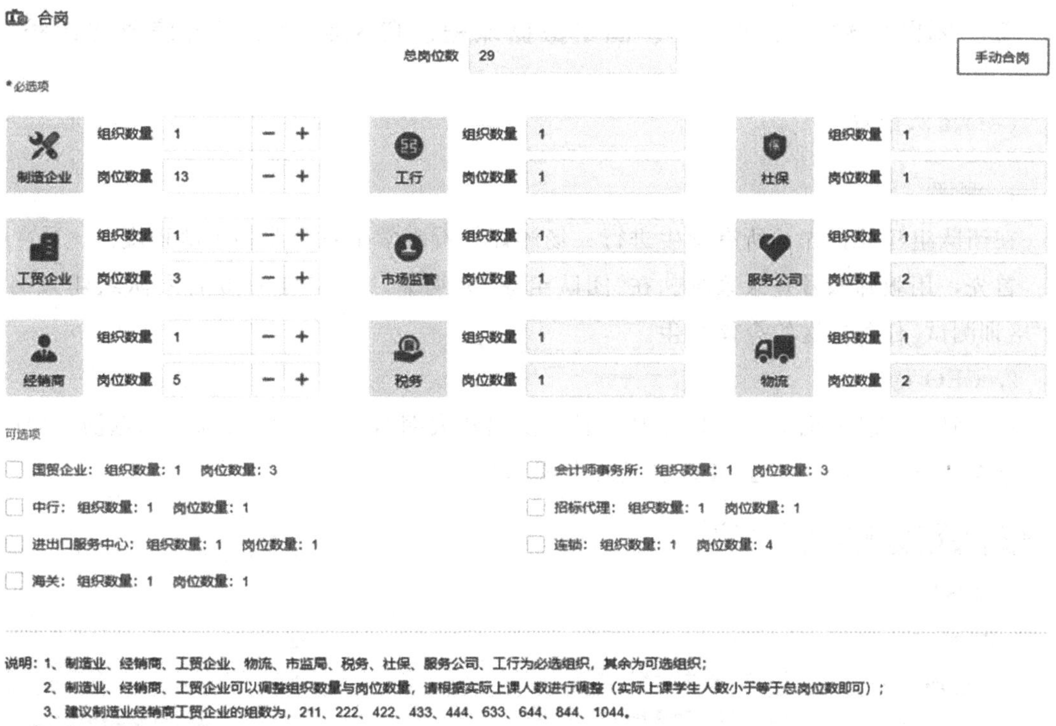

图 2-5　开课设置界面

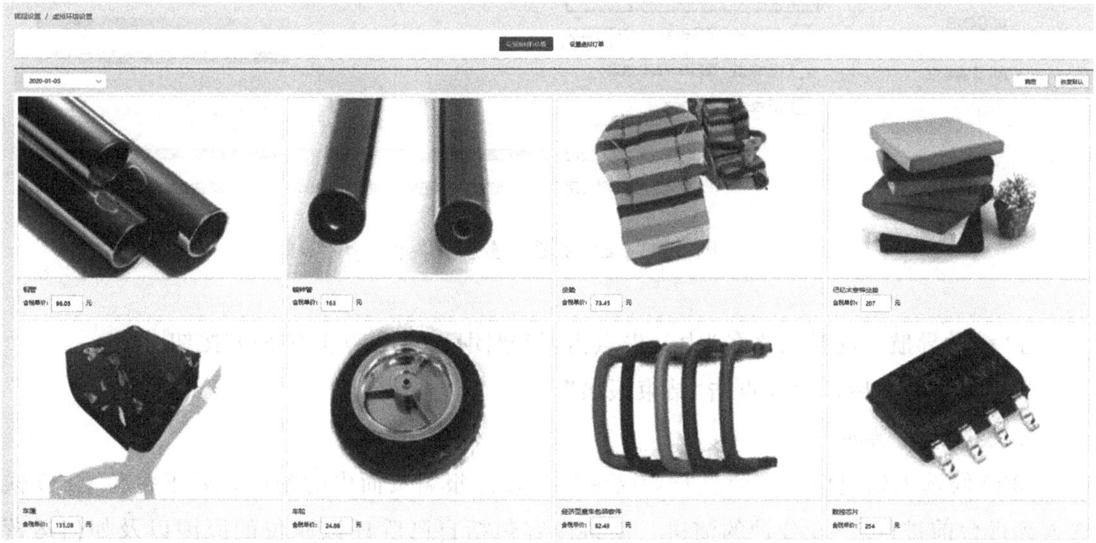

图 2-6　设置订单界面

完成以上设置后，即可开始上课。因开始上课添加的数据较多，需要较长时间导入。设置完成后再次进入本班级，可直接进入教师端主界面。

五、团队组建、工作交接、固定数据课程、自主经营课程与信息化课程

(一)团队组建

1. 测评

在团队组建前，先让所有学生进行一场测评，看看学生对企业的了解程度。

首先，用教师账号登录系统。在“团队组建”大纲下，点击“1 月 5 日团队组建大纲”，将“培训测试”任务推送给全体学生。

2. CEO 竞选

在“团队组建”大纲下，点击“1 月 5 日团队组建大纲”，将“CEO 候选人竞选演讲”任务推送给全体学生。图 2-7 为 CEO 竞选任务操作界面。

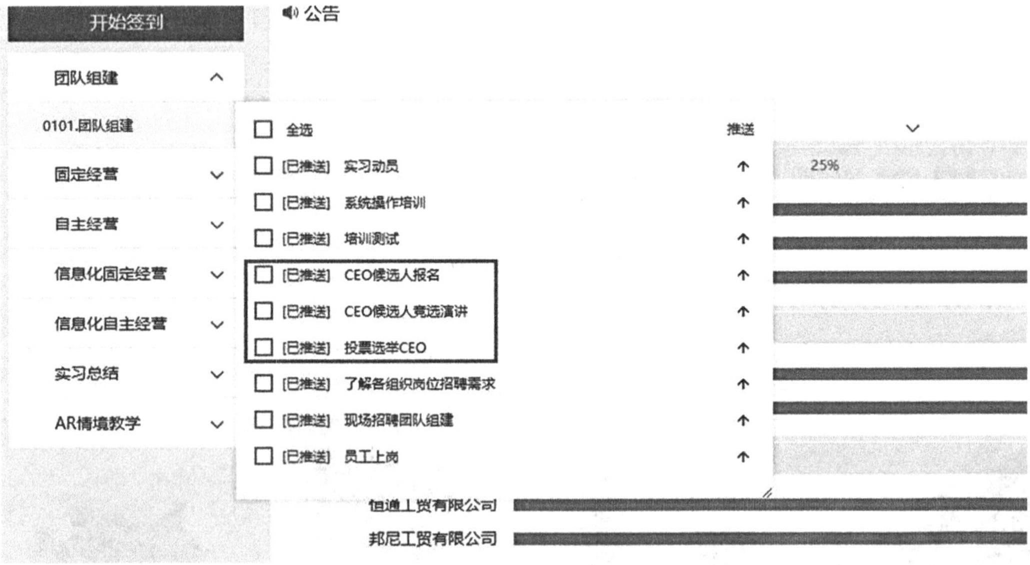

图 2-7 CEO 竞选任务操作界面

在“教学导航—动员与准备”中，先点击“组建团队”，再点击“CEO”按钮。

学生报名结束后，教师点击“结束报名”。

3. 候选人竞聘演讲

CEO 候选人确定后，需要进行竞聘演讲。按照报名页面中的顺序，要求每位 CEO 候选人到讲台前进行 3～5 分钟的演讲，演讲内容包括自己胜任该职位的原因以及如何运营公司等，也可以设定其他主题进行演讲。

4. 确定 CEO 部署工作

在“团队组建”大纲下，点击“1 月 5 日团队组建大纲”，将“投票选举 CEO”任务推送给全体学生(图 2-8)。

图 2-8　“投票选举 CEO”操作界面

在“教学导航—动员与准备”中，点击“组建团队”，点击“CEO”按钮。

5. 人员招聘

由 CEO 制作学生招聘海报，完成后到教师提前安排的招聘场地进行张贴，并摆放桌椅，等待学生前来应聘。首先招聘人力资源经理，然后在人力资源经理的协助下，现场招聘其他工作人员。确定岗位后，学生在 VBSE 系统中应聘相应的岗位。

（二）工作交接

团队组建完成之后，学生的工作岗位便已确定。接下来学生要将自己的工作岗位信息录入系统中，然后领取相应岗位的办公用品，进一步了解本岗位的工作职责，准备接手本岗位的工作。教师推送相关的工作任务。

1. 发放办公用品

各个机构人员上岗后，教师要安排服务公司向各机构发放办公用品。

2. 各岗位工作交接

(1)教师需要介绍：期初为什么要建账，期初账谁来建，期初账怎么建。

(2)教师需要在 VBSE 系统中推送各岗位相关工作任务。

(3)教师可以说明各岗位需要建立哪些账表，重点检查学生期初建账的情况。

(4)教师可以指导各企业的 CEO 和部门经理检查工作交接的情况，也可以安排不同企业、相同岗位的人员互查。

(5)工作交接结束，教师可以让学生分享本岗位的工作内容、重点、计划。

(6)在工作交接的同时，教师可以通知各组织机构进行商标制作，设计公司口号，并由 CEO 安排任务较少的人员参与设计。

3. 各岗位第一阶段考核

在工作交接结束后，教师需要在 VBSE 系统中将各岗位第一阶段考核的任务推送给学生，要求学生完成测试(图 2-9、图 2-10)。

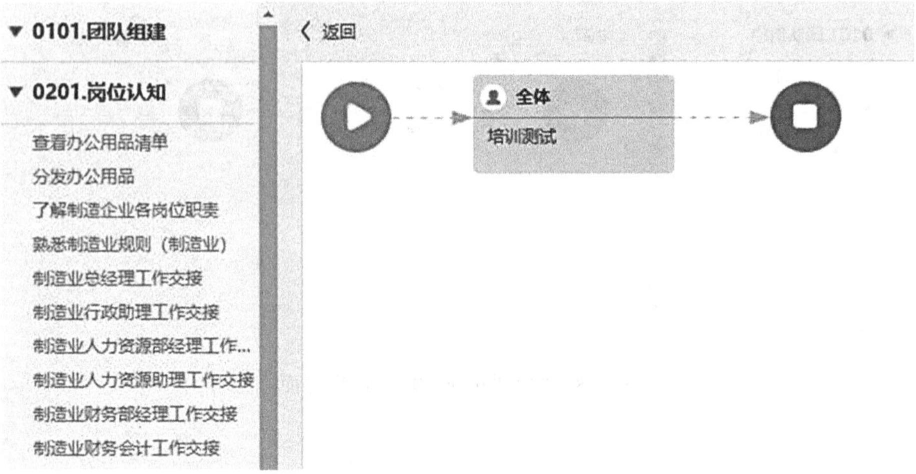

图 2-9　第一阶段考核任务推送界面

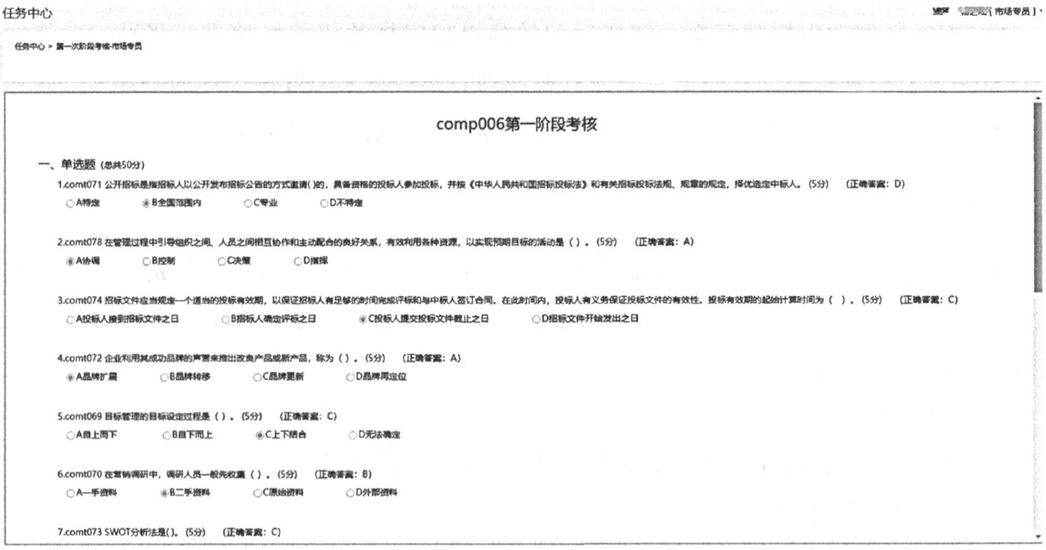

图 2-10　第一阶段考核内容

（三）固定数据课程

在教师端主界面左侧的任务列表中，“固定手工”与“固定信息化”属于固定数据课程。

点击对应的分组即可看到本分组下的所有任务清单，点击任意一个任务清单名称即可看到本任务下所有可推送的任务，勾选需要推送的任务，点击“推送”即可完成推送。

点击“任务名称”，进入“上传个性资源”界面，选中需要上传个性资源的任务节点，即可看到本任务节点中已经关联的教学资源。点击“上传个性资源”即可上传资源，上传的资源只能在本任务节点查看，在其他任务节点不可见。

（四）自主经营课程

教师端主界面左侧分组中的“自主手工”与“自主信息化”均属于自主经营课程，点击两个分组后会有相应的提示，根据提示即可开始相应的课程。

点击“切换虚拟日期”即可切换虚拟日期，将鼠标滑动至“教学导航”，点击出现在下拉框中的“培训与经营”，即可进入培训与经营界面。

在培训与经营界面点击“自主经营”，再点击下方的“自主经营”图标，即可开始自主经营课程。

（五）信息化课程

教师端主界面左侧分组中的“固定信息化”与“自主信息化”均属于信息化课程，开始信息化课程之前需要设置U8。将主界面鼠标滑动至“课程设置”，点击下拉框中的“ERP控制”即可进入U8设置界面。

在U8设置界面，填写U8服务器的IP地址，点击“检测并保存”，检测成功证明U8可以正常使用。

固定信息化课程可直接推送。自主信息化课程的开设步骤与自主经营课程类似，首先切换虚拟日期，在自主经营右侧点击“开始信息化”即可开始信息化课程。点击“开始信息化”按钮后，该按钮字样会变为“结束信息化”，点击即可停止信息化课程。

六、其他功能

（一）审批加入教学班

在创建教学班时，如果设置成需要审批才能加入教学班，则教师要审批申请加入教学班的学生。审批途径：入口—学生管理—审批学生加入教学班。

在审批学生加入教学班界面，勾选要审批的学生，点击“审核”或“拒绝”按钮，即可审批学生是否可以加入教学班。审批完成后可以查看对应状态下的学生，如图2-11所示。

图 2-11　查看对应状态下的学生界面

(二)学生成绩考核

点击主界面左侧的"开始签到"后，学生即可签到；点击后按钮字样变为"结束签到"，再点击"结束签到"，则学生不能签到。签到每天会记录 3 次，时段分别为"0～12 时""12～18 时""18～24 时"，期间点击"开始签到"只会记录 1 次，不点击"结束签到"，则到结束时间后自动结束签到。不点击"开始签到"则不会记录本时间段的签到次数。

在学生管理中点击"签到查询"，进入签到查询界面，即可查看对应组织中学生的签到天数，点击右侧小图标可查看详情。签到情况是考勤成绩的一部分。

在课程成绩中，可完成考核标准设置、实训报告打分、成绩打分、成绩查询与下载等操作。

在考核标准设置中，教师可以设置对应评分项的权重，权重总和为 100。

成绩打分是教师对学生课堂上的表现进行的主观性打分，可以对学生逐一打分，也可勾选对应的学生，进行批量评分。

在成绩查询与下载的界面，点击"生成考勤成绩"按钮后，即可生成所有学生的考勤成绩，系统会自动核算出学生的总分。

第二节　学生系统操作指南

一、进入平台

在浏览器中输入地址"http://ip:8080/rt"(其中 ip 为学校服务器地址，可询问相关人员)。

最佳浏览器为 IE11 及 IE11 以上版本。替代浏览器可以为 chrome 44/360 等。

二、注册并加入教学班

(一)注册

进入平台后，在当前界面中点击"注册"，进入注册界面。

在注册界面中填写账号、手机号、密码等信息后点击"提交"，即注册成功。

(二)加入教学班

注册后，即可通过账号、密码登录系统，选择要加入的教学班，点击后输入邀请码即可加入(邀请码由教师提供)，也可直接输入邀请码加入班级。加入班级后，所加入的班级名称会出现在页面的上方，点击"进入班级"，即可进入教学班，相应界面如图 2-12所示。

图 2-12　学生系统登录界面

三、学生端主界面基本操作

学生端主界面的左侧有任务地图、任务中心、进度管理、单据管理、关于我们等条目，如图 2-13 所示。

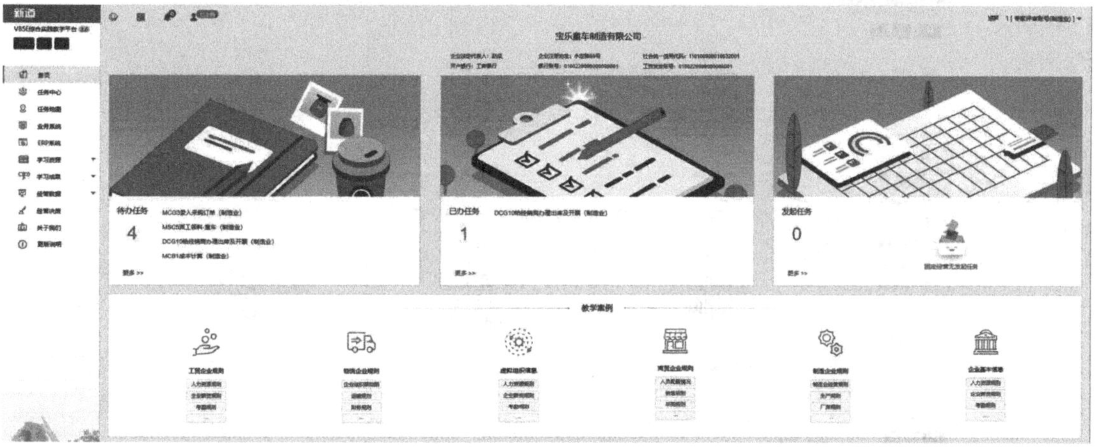

图 2-13　学生系统操作主界面

(一)应聘上岗

第一次进教学班，还没有岗位，应点击“应聘上岗”，选择工作的公司与岗位，点击“下一步”，填写入职登记表后点击“提交”即完成了上岗操作。相关界面如图 2-14 所示。

当教学班所有的公司都没有总经理(CEO)上岗时，本功能不能使用。

(二) 任务地图

任务地图相关界面如图 2-15 所示。

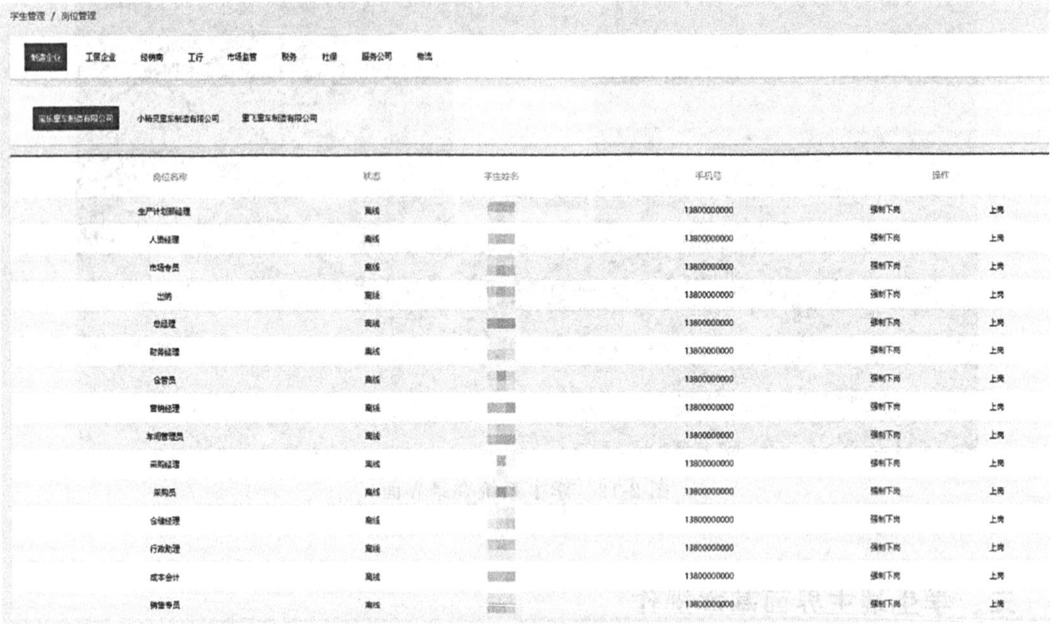

图 2-14　学生应聘上岗操作界面

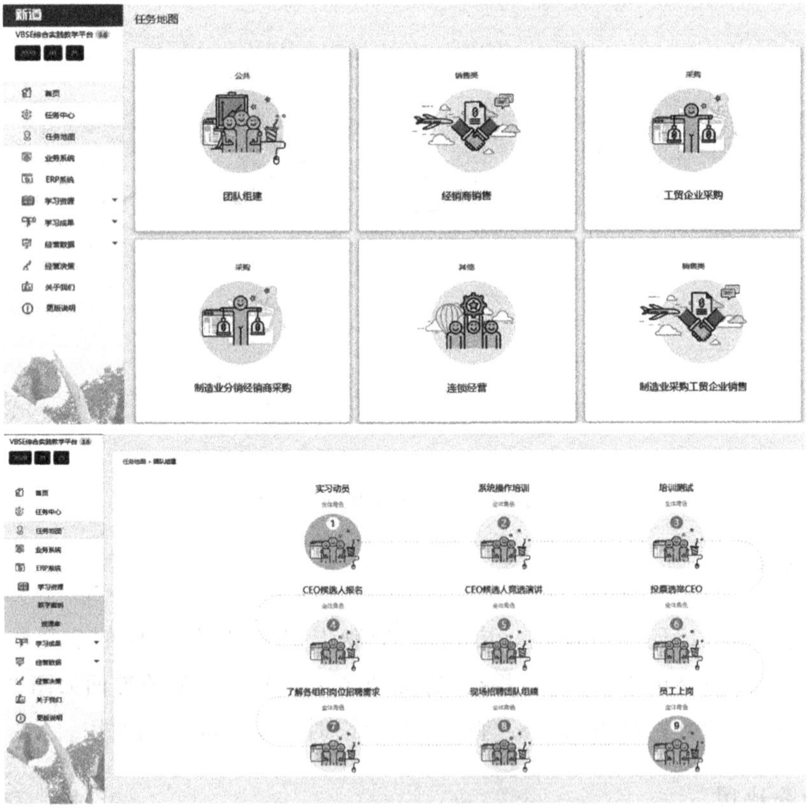

图 2-15　任务地图相关界面

(三)任务中心

任务中心相关界面如图 2-16 所示。

图 2-16 任务中心相关界面

(四)进度管理

点击“进度管理”，就可以查看所有公司的任务名称，点击某一任务名称则可查看本任务的进度流程图，可根据流程图的颜色判断任务进行情况，相关界面如图 2-17 所示。

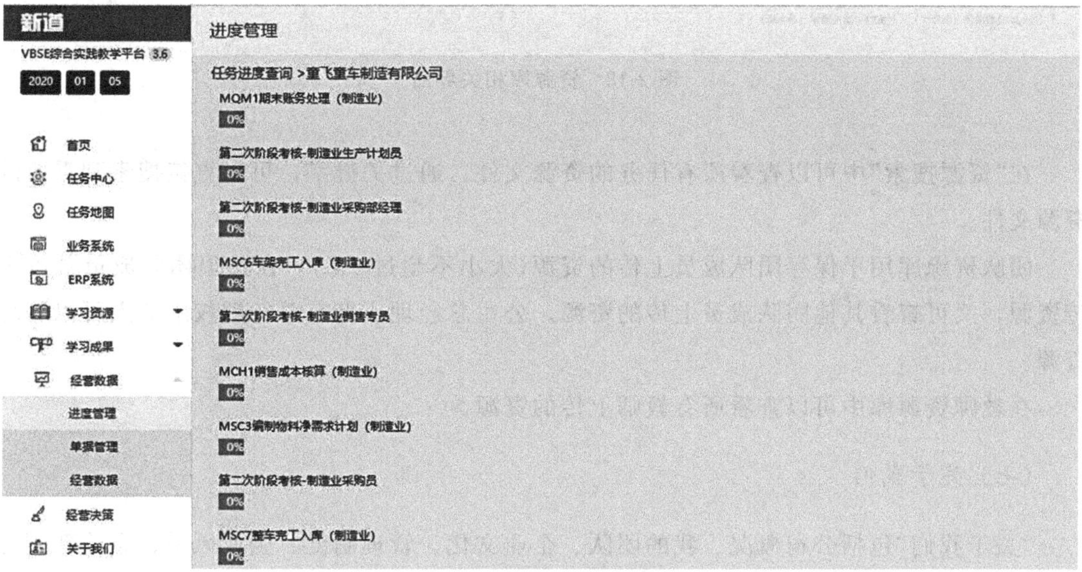

图 2-17 进度管理相关界面

(五)单据管理

在“单据管理”中可以查看所有公司已完成任务的所有单据。

(六)资源库

资源库包括资源搜索、团队资源库、教师资源库。相关界面如图2-18所示。

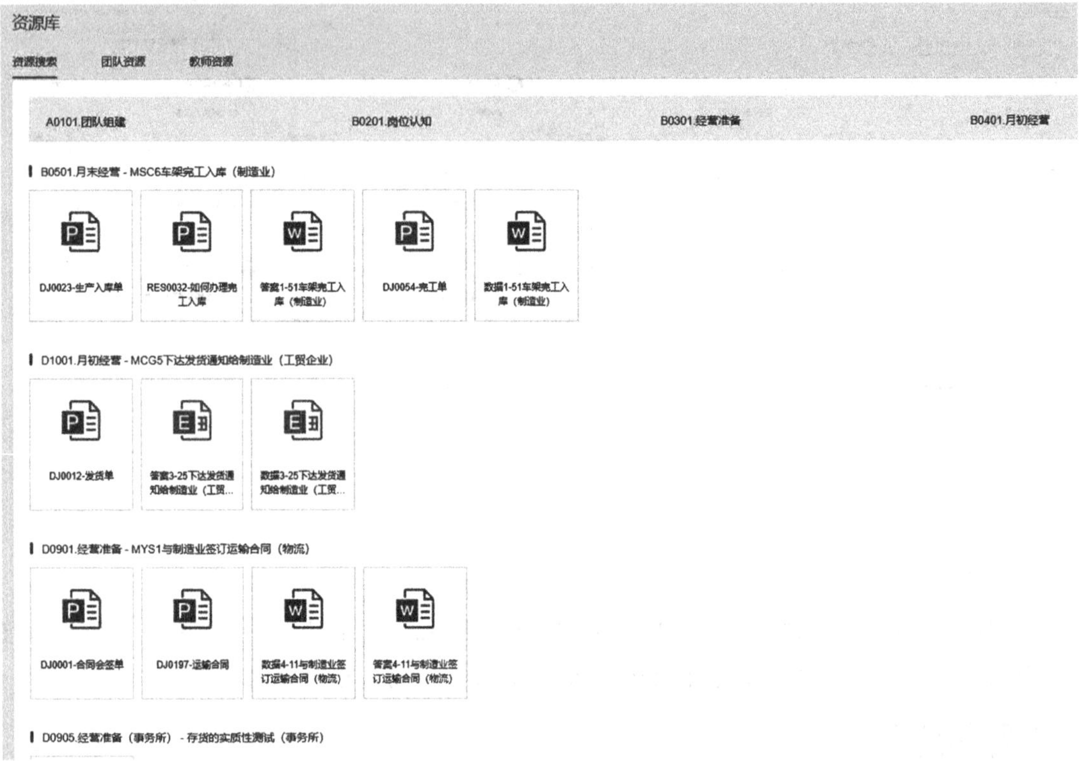

图2-18 资源库相关界面

在“资源搜索”中可以查看所有任务的资源文件，通过关键字，可以直接搜索到需要的资源文件。

团队资源库用于保存团队成员上传的资源(大小不超过5M)。在这里团队成员既可上传资源，又可查看其他团队成员上传的资源。公司总经理或拥有总经理权限的人可以删除资源。

在教师资源库中可以查看所有教师上传的资源。

(七)关于我们

“关于我们”包括公司概况、我的团队、企业文化、管理制度、企业风采、企业新闻等条目，如图2-19所示。

总经理或拥有总经理权限的人可以对这些功能的内容进行编辑。如果要用到电子印章，则需点击“生成印章”，以生成所在公司的电子印章。

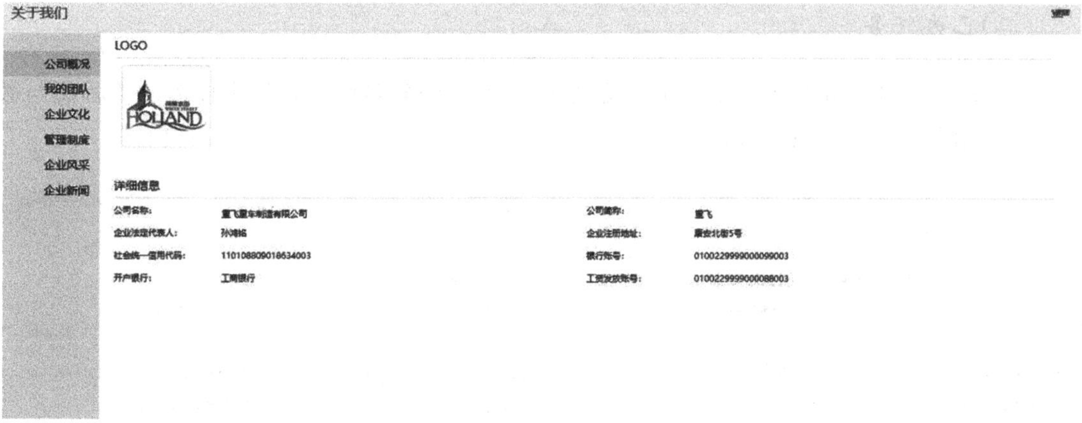

图 2-19 “关于我们”界面

四、学生任务

(一)待办任务

在“待办任务”中，可以查看所有需要完成的任务，系统会根据课程的进度推送新的任务。通过查看“待办任务”界面小红点中的数字可以知晓待办任务的数量，相关界面如图 2-20 所示。

图 2-20 待办任务操作界面

点击“待办任务”即可查看所有任务的名称列表。

点击某一任务名称，即可查看本任务的流程图、教学资源，完成单据填写、业务操作。任务完成后点击右侧的“完成”按钮即可。在单据填写过程中需要点击“保存”。任务完成过程中出现错误时，可由下一任务节点对应的岗位人员点击“回退”返回到自己的“待办任务”中进行修改。

（二）已办任务

“已办任务”中显示所有已完成任务的名称，点击任务名称可查看本任务的流程图与教学资源，相关界面如图 2-21 所示。

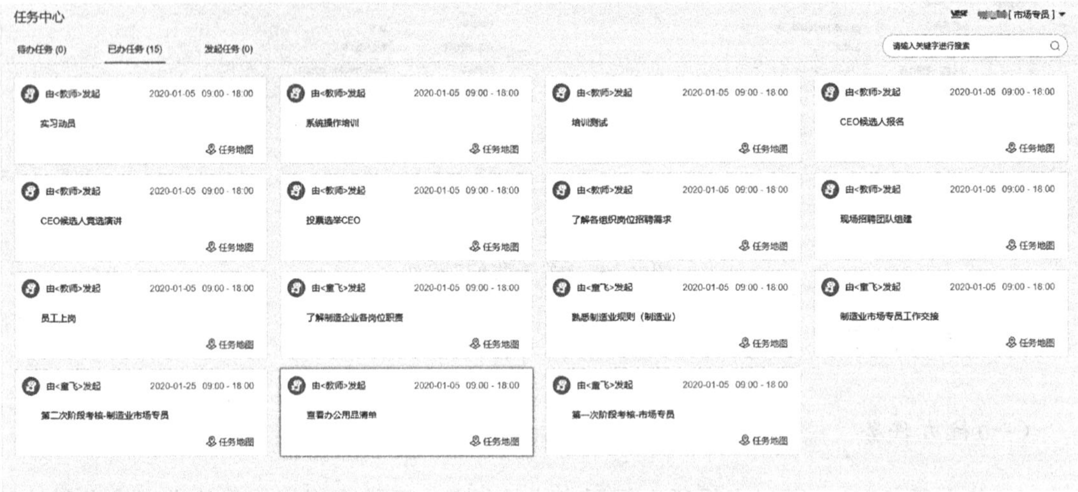

图 2-21　已办任务界面

五、其他

（一）签到

教师端可以通过点击“签到”按钮要求学生进行签到，根据签到情况确定考勤分数，并最终记录到总成绩中，相关界面如图 2-22、图 2-23 所示。

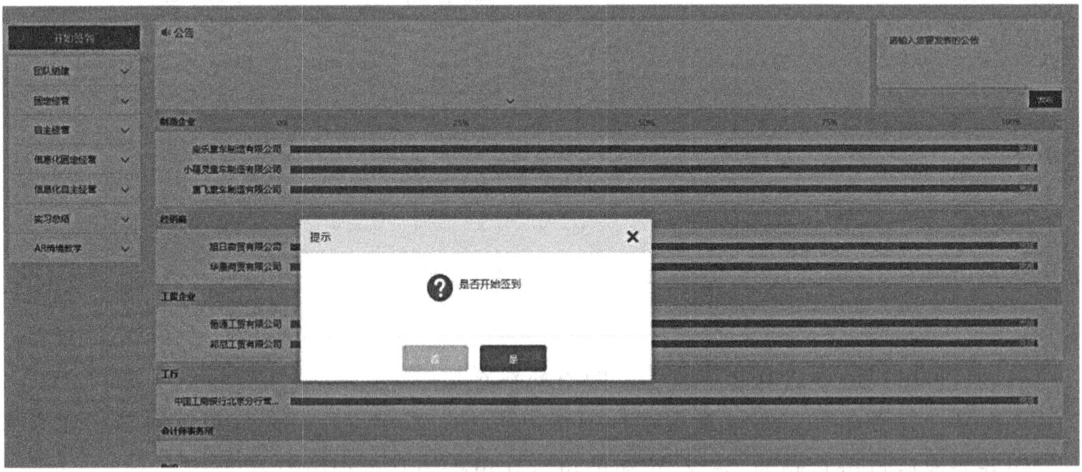

图 2-22　签到界面 1

图 2-23　签到界面 2

(二)教学案例

在“教学案例”中可以查看 VBSE 的一些运行规则，如图 2-24 所示。

图 2-24　教学案例界面

(三)实训报告

在实训中，需要逐步完善实训报告。实训报告可以多次保存并修改，但是提交后就不允许再修改。教师查看实训报告后进行打分，分数最终计入总分中。

第三章　VBSE 企业经营规则

第一节　制造企业经营规则

一、人力资源规则

(一)制造企业组织结构

VBSE 跨专业综合实训系统中的制造企业设董事会，下辖 7 个部门，分别为企业管理部、人力资源部、生产计划部、营销部、仓储部、采购部、财务部，生产计划部下设机加车间和组装车间。企业组织结构如图 3-1 所示。

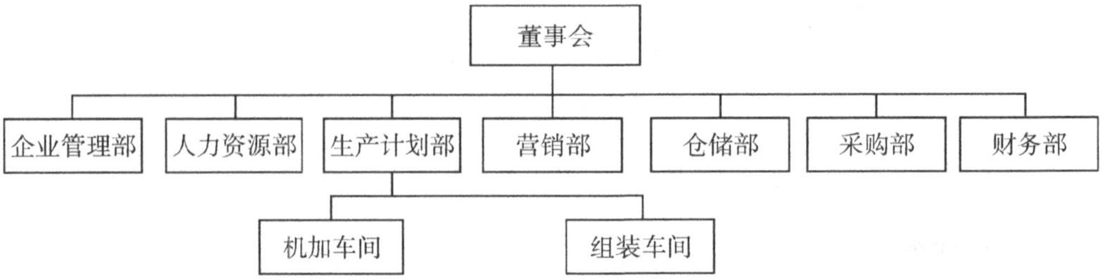

图 3-1　制造企业组织结构图

(二)人员配备规则

制造企业人员配备见表 3-1。

表 3-1　制造企业人员配备表

部门	岗位名称	岗位级别	在编人数	直接上级
企业管理部	总经理(兼企业管理部经理)	总经理	1	董事会
	行政助理	职能管理人员	1	总经理
营销部	营销部经理	部门经理	1	总经理
	市场专员	职能管理人员	1	部门经理
	销售专员	职能管理人员	1	部门经理

续表 3-1

部门	岗位名称	岗位级别	在编人数	直接上级
生产计划部	生产计划部经理	部门经理	1	总经理
	车间管理员	职能管理人员	1	部门经理
	生产计划员	职能管理人员	1	部门经理
	初级生产工人	工人	25	车间管理员
	中级生产工人	工人	15	车间管理员
仓储部	仓储部经理	部门经理	1	总经理
	仓管员	职能管理人员	1	部门经理
采购部	采购部经理	部门经理	1	总经理
	采购员	职能管理人员	1	部门经理
人力资源部	人力资源部经理	部门经理	1	总经理
	人力资源助理	职能管理人员	1	部门经理
财务部	财务部经理	部门经理	1	总经理
	出纳	职能管理人员	1	部门经理
	财务会计	职能管理人员	1	部门经理
	成本会计	职能管理人员	1	部门经理

(三)人员招聘规则

企业需要人才时，可要求服务公司派遣相应人员。派遣费用：初级工人1000元/人，中级工人1200元/人，高级工人1400元/人。制造企业不可进行工人层次升级。

(四)职工薪酬规则

1. 职工薪酬的构成

职工薪酬是指企业为获得职工提供的服务而给予各种形式的报酬以及其他相关支出。

在企业管理全景仿真系统中，职工薪酬主要由基本工资、养老保险、医疗保险、生育保险、失业保险、工伤保险、住房公积金、缺勤扣款、代扣个人所得税、辞退补偿等构成。

2. 职工薪酬的计算及发放

(1)职工薪酬的计算方法。制造企业职工薪酬的计算公式如下：

年度总薪酬＝月基本工资×12＋企业应缴福利

其中，月基本工资由人力资源部在每月月底统计，财务部月底计提相关费用，人力资源部在次月初将月基本工资发放到个人。企业应缴福利是根据当地社保局的相关规定缴纳的，一般在个人自主缴付福利之外，指企业为员工缴付的“五险一金”福利，包括养老保险、医疗保险、失业保险、工伤保险、生育保险和住房公积金。

职工实际领取的薪酬是在扣除个人自主缴付福利和个人所得税后的实际金额。其计算公式如下：

职工每月实际领取的薪酬＝月基本工资－缺勤扣款－个人应缴“五险一金”－个人所得税

其中，缺勤扣款＝缺勤天数×(月基本工资/当月全勤工作天数)

(2)基本工资标准。制造企业职工现行基本工资标准见表3-2。

表3-2　制造企业职工基本工资标准

人员类别	基本工资(元/月)
总经理	12000
部门经理	7500
职能管理人员	5500
营销部员工	4500
初级/中级/高级生产工人	3600/4000/4600

(3)“五险一金”计提规则。“五险一金”计提规则见表3-3。

表3-3　制造企业职工“五险一金”计提规则

项目	单位承担比例	个人承担比例	合计
养老保险	20%	8%	28%
医疗保险	10%	2%＋3元	12%＋3元
失业保险	1%	0.2%	1.2%
工伤保险	0.3%	0	0.3%
生育保险	0.8%	0	0.8%
住房公积金	10%	10%	20%

注：养老保险单位缴费20%，其中的17%划入统筹基金，3%划入个人账户。医疗保险个人缴费2%＋3元，其中的3元是大额医保，基本医保的报销限额是社会平均工资的4倍，超额自付，有了大额医保后，报销限额被提高至30万元以上。实训中，以员工转正后的基本工资金额为社会保险和住房公积金的缴费基数。

VBSE系统中所有组织员工“五险一金”的计提都依据此标准。

(4)个人所得税缴纳规则。个人所得税的计算采用七级超额累进税率。

个人所得税的计算公式如下：

个人所得税＝全月应纳税所得额×税率－速算扣除数

全月应纳税所得额＝应发工资－5000

个人所得税七级超额累进税率见表3-4。

表3-4　个人所得税七级超额累进税率表

级数	全年应纳税所得额	税率(%)	速算扣除(元)
一	不超过36000元	3	0
二	超过36000元至144000元的部分	10	2520
三	超过144000元至300000元的部分	20	16920

续表 3-4

级数	全年应纳税所得额	税率(%)	速算扣除(元)
四	超过300000元至420000元的部分	25	31920
五	超过420000元至660000元的部分	30	52920
六	超过660000元至960000元的部分	35	85920
七	超过960000元的部分	45	181920

注：所有组织员工的个人所得税都按照此标准缴纳。

(五)考勤规则

每天的实训开始后，学生必须登录VBSE系统点击“考勤”按钮进行签到。

VBSE实训中对实际业务进行了抽象化处理，一个实际工作日完成一个月的工作内容，每月工作任务集中在2个虚拟工作日。

(六)辞退补偿

企业辞退员工需支付辞退补偿，辞退补偿为三个月的基本工资。

辞退当月的薪酬计算公式如下：

辞退当月薪酬＝实际工作天数×(月基本工资/当月全勤工作天数)＋辞退补偿

二、生产规则

在虚拟商业社会中只有制造业需要开展生产，企业生产离不开厂房、生产设备等基本生产场地及生产设施。在VBSE虚拟商业社会中，制造企业期初拥有一座大厂房，大厂房内安装了10台普通机床和1条组装流水线，且各设备无损坏，运行良好。

(一)厂房规则

制造企业厂房信息见表3-5。

表3-5 制造企业厂房信息表

厂房类型	价值(万元)	使用年限(年)	容量	面积(平方米)
大厂房	720	20	20台机床位	500
小厂房	480	20	12台机床位	300

注：

(1)期初交接的大厂房在经营期间不得出售。

(2)在经营过程中，如厂房容量不足可以向服务公司购买，服务公司可提供小厂房。

(3)厂房容量与安装设备数量之间的关系如下：1个机床位可以安装1台普通机床；2个机床位可以安装1台数控机床；4个机床位可以安装1条组装流水线。

(4)厂房不能租赁，只能购买。

（二）生产设备规则

制造企业生产设备基本信息见表 3-6。

表 3-6 制造企业生产设备基本信息表

生产设备	购置费（万元）	使用年限（年）	折旧费（元/月）	维修费（元/月）	生产能力（台/虚拟 1 天）			出售
					经济型童车车架	舒适型童车车架	豪华型童车车架	
普通机床	21	10			500	500		按账面价值出售
数控机床	72	10			3000	3000	3000	
组装流水线	51	10			7000	7000	6000	

(1)企业根据生产经营状况，可以向服务公司随时购买生产设备。

(2)设备安装周期：虚拟 1 天。

(3)折旧：生产设备按月计提折旧。《企业所得税法》规定：火车、轮船、机器、机械和其他生产设备，折旧年限为 10 年，购买当月不计提折旧。

(4)电费收费标准：1.5 元/度，日常电费忽略不计。普通机床耗电 1478.4 度/月，组装流水线耗电 4329.6 度/月，数控机床耗电 2640 度/月。管理部门耗电忽略不计。

（固定数据阶段电费按照给定数据进行核算。）

对生产工人的要求见表 3-7。

表 3-7 对生产工人的要求

设备	人员级别	要求人员配置数量
普通机床	初级	2
数控机床	高级	2
组装流水线	初级	5
	中级	15

生产设备生产各种童车的能力核算见表 3-8。

表 3-8 生产设备生产能力核算表

设备名称	产品	定额生产能力（台数×单台生产产能/虚拟 1 天）	所属部门
普通机床	经济型童车车架	10×500	生产计划部
	舒适型童车车架	10×500	
数控机床	经济型童车车架	1×3000	生产计划部
	舒适型童车车架	1×3000	
	豪华型童车车架	1×3000	
组装流水线	经济型童车车架	1×7000	生产计划部
	舒适型童车车架	1×7000	
	豪华型童车车架	1×6000	

（三）产能规则

根据生产设备各自的生产能力进行派工。派工时，派工数量应小于或等于该设备的生产能力。

派工时，一条生产线只允许生产一个品种的产品。例如，给一条产能为 7000 台经济型童车车架的组装流水线安排生产 5000 台经济型童车车架，则剩下的 2000 台产能不能用于生产舒适型童车车架与豪华型童车车架，必须等该资源产能全部释放后才允许安排不同种类产品的生产。

派工时，需要根据产品的物料清单（BOM）检查原材料是否齐套，没有达到齐套要求不能派工。生产某一产品时，原材料的品种、数量等达到产品物料清单的要求时称之为齐套。

（四）工艺规则

工艺路线是指企业各项自制件的加工顺序和在各个工序中的标准工时定额情况，也称为加工路线，是一种计划管理文件，主要用来进行工序排产和车间成本统计。

经济型童车的工艺规则见表 3-9。

表 3-9　经济型童车的工艺规则

工序	部门	工序描述	工作中心	加工工时
10	生产计划部-机加车间	经济型童车架加工	普通（或数控）机床	虚拟 1 天
20	生产计划部-组装车间	经济型童车组装	组装流水线	虚拟 1 天

舒适型童车的工艺规则见表 3-10。

表 3-10　舒适型童车的工艺规则

工序	部门	工序描述	工作中心	加工工时
10	生产计划部-机加车间	舒适型童车架加工	普通（或数控）机床	虚拟 1 天
20	生产计划部-组装车间	舒适型童车组装	组装流水线	虚拟 1 天

豪华型童车的工艺规则见表 3-11。

表 3-11　豪华型童车的工艺规则

工序	部门	工序描述	工作中心	加工工时
10	生产计划部-机加车间	豪华型童车架加工	数控机床	虚拟 1 天
20	生产计划部-组装车间	豪华型童车组装	组装流水线	虚拟 1 天

（五）购买、研发费用

制造企业初始的生产许可范围为经济型童车，随着企业运营能力的提高，需要生产舒适型或豪华型童车，企业可在服务公司购置相应的生产技术成果，代表企业已完成新产品的研发，可以立即开工生产。舒适型、豪华型童车的研发时间为虚拟 1 天。研发费用见表 3-12。

表 3-12　研发费用一览表

研发类型	费用(元)
舒适型童车	1000000.00
豪华型童车	1500000.00

（六）ISO 认证

制造企业进行生产前，应进行 ISO9000 的资质认证。制造企业的生产计划部工作人员需要前往服务公司办理本企业的 ISO9000 资质认证手续，具体费用为 50000 元/次，认证一次即可，立即可用。

（七）3C 认证

产品研发成功后，制造企业进行产品销售前，需进行 3C 资质认证(类似于销售许可)，初始默认的销售许可范围为经济型童车。制造企业生产计划部工作人员需要前往服务公司办理相应产品的 3C 认证，具体费用为 22000 元/次，认证一次即可，立即可用。

三、仓储规则

（一）仓库

在期初交接的时候，制造企业拥有一座普通仓库，用于存放产成品、半成品、原材料等。

制造企业仓库的基本信息见表 3-13。

表 3-13　制造企业仓库基本信息表

仓库名称	仓库编码	可存放物资
普通仓库		钢管、坐垫、车篷、车轮、经济型童车包装套件、镀锌管、记忆太空棉坐垫、数控芯片、舒适型童车包装套件、豪华型童车包装套件
		经济型童车车架、舒适型童车车架、豪华型童车车架
		经济型童车、舒适型童车、豪华型童车

制造企业仓库容量信息见表 3-14。

表 3-14　制造企业仓库容量信息表

仓库类型	使用年限(年)	仓库面积(平方米)	仓库容积(立方米)	仓库总存储单位	售价(万元)
普通仓库	20	500	3000	300000	540

制造企业普通仓库可存放物资种类与数量信息见表3-15。

表3-15 制造企业普通仓库可存放物资种类与数量信息表

存货编码	存货名称	存货占用存储单位
P0001	经济型童车	10
P0002	舒适型童车	10
P0003	豪华型童车	10
M0001	经济型童车车架	10
M0002	舒适型童车车架	10
M0003	豪华型童车车架	10
B0001	钢管	2
B0002	镀锌管	2
B0003	坐垫	4
B0004	记忆太空棉坐垫	4
B0005	车篷	2
B0006	车轮	1
B0008	数控芯片	1
B0007	经济型童车包装套件	2
B0009	舒适型童车包装套件	2
B0010	豪华型童车包装套件	2

存货办理入库后立即占用仓库容量，办理出库后立即恢复仓库容量。制造企业在办理领料手续的时候不会恢复仓库容量，在派工之后才会恢复仓库容量。

(二)原材料及成品

仓储部负责原材料采购入库、生产领料出库、生产完工入库、成品销售出库和保管工作。

在制造企业中，原材料和半成品不能进行销售，成品不能进行采购。

制造企业原材料信息见表3-16。

表3-16 制造企业原材料信息表

物料名称	物料编码	单位	规格	(相对制造企业)来源
钢管	B0001	根	$\Phi_{外}$ 16/$\Phi_{内}$ 11/L5000(mm)	外购
镀锌管	B0002	根	$\Phi_{外}$ 16/$\Phi_{内}$ 11/L5000(mm)	外购
坐垫	B0003	个	HJM500	外购
记忆太空棉坐垫	B0004	个	HJM600	外购
车篷	B0005	个	HJ72×32×40	外购

续表 3-16

物料名称	物料编码	单位	规格	（相对制造企业）来源
车轮	B0006	个	HJ$\Phi_{外}$ 125/$\Phi_{内}$ 60mm	外购
数控芯片	B0008	片	MCX3154A	外购
经济型童车包装套件	B0007	套	HJTB100	外购
舒适型童车包装套件	B0009	套	HJTB200	外购
豪华型童车包装套件	B0010	套	HJTB300	外购

制造企业半成品信息见表 3-17。

表 3-17　制造企业半成品信息表

物料名称	物料编码	单位	规格	（相对制造企业）来源
经济型童车车架	M0001	个	无	自制
舒适型童车车架	M0002	个	无	自制
豪华型童车车架	M0003	个	无	自制

制造企业成品信息见表 3-18。

表 3-18　制造企业成品信息表

物料名称	物料编码	单位	规格	（相对制造企业）来源
经济型童车	P0001	辆	无	自制
舒适型童车	P0002	辆	无	自制
豪华型童车	P0003	辆	无	自制

（三）物料清单（BOM）

制造企业生产经济型童车、舒适型童车、豪华型童车，每一类型童车的构造各不相同。

1. 经济型童车

经济型童车的产品结构如图 3-2 所示。

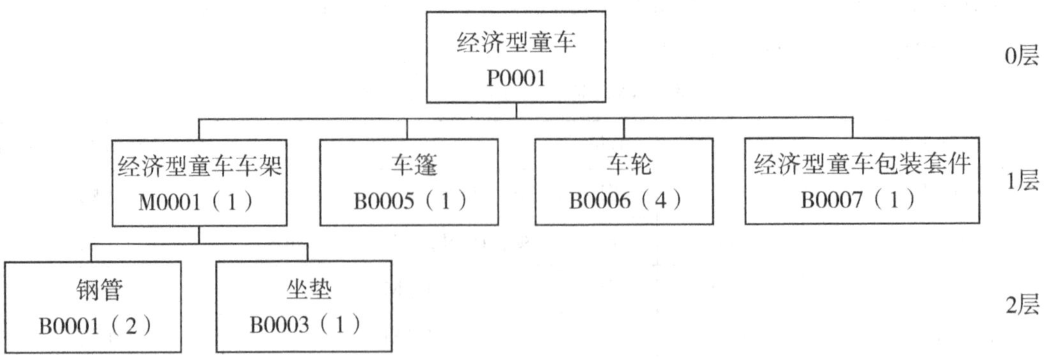

图 3-2　经济型童车产品结构图

经济型童车产品物料清单(BOM)见表3-19。

表3-19 经济型童车产品物料清单

结构层次	父项物料	物料编码	物料名称	规格型号	单位	用量	(相对制造企业)备注
0		P0001	经济型童车		辆	1	自产成品
1	P0001	M0001	经济型童车车架		个	1	自产半成品
1	P0001	B0005	车篷	HJ72×32×40	个	1	外购原材料
1	P0001	B0006	车轮	HJ$\Phi_{外}$ 125/$\Phi_{内}$ 60mm	个	4	外购原材料
1	P0001	B0007	经济型童车包装套件	HJTB100	套	1	外购原材料
2	M0001	B0001	钢管	$\Phi_{外}$ 16/$\Phi_{内}$ 11/L5000(mm)	根	2	外购原材料
2	M0001	B0003	坐垫	HJM500	个	1	外购原材料

2. 舒适型童车

舒适型童车的产品结构如图3-3所示。

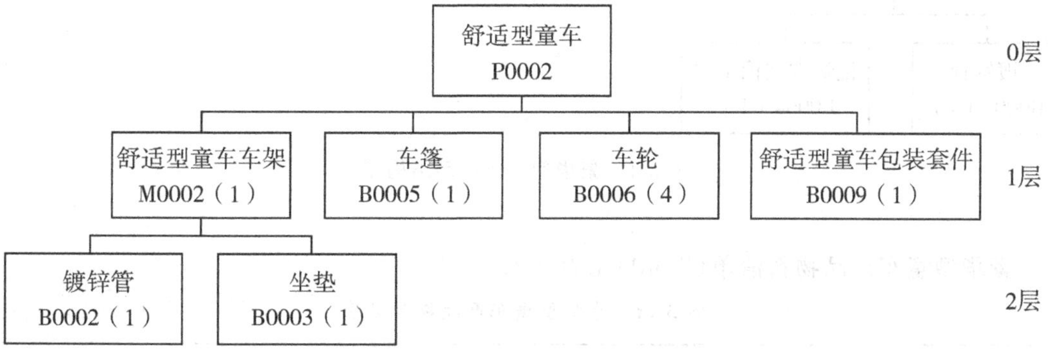

图3-3 舒适型童车产品结构图

舒适型童车产品物料清单(BOM)见表3-20。

表3-20 舒适型童车产品物料清单

结构层次	父项物料	物料编码	物料名称	规格型号	单位	用量	(相对制造企业)备注
0		P0002	舒适型童车		辆	1	自产成品
1	P0002	M0002	舒适型童车车架		个	1	自产半成品
1	P0002	B0005	车篷	HJ72×32×40	个	1	外购原材料
1	P0002	B0006	车轮	HJ$\Phi_{外}$ 125/$\Phi_{内}$ 60mm	个	4	外购原材料

续表 3-20

结构层次	父项物料	物料编码	物料名称	规格型号	单位	用量	（相对制造企业）备注
1	P0002	B0009	舒适型童车包装套件	HJT B 200	套	1	外购原材料
2	M0002	B0002	镀锌管	$\Phi_{外}$ 16/$\Phi_{内}$ 11/L5000(mm)	根	2	外购原材料
2	M0002	B0003	坐垫	HJM500	个	1	外购原材料

3. 豪华型童车

豪华型童车的产品结构如图 3-4 所示。

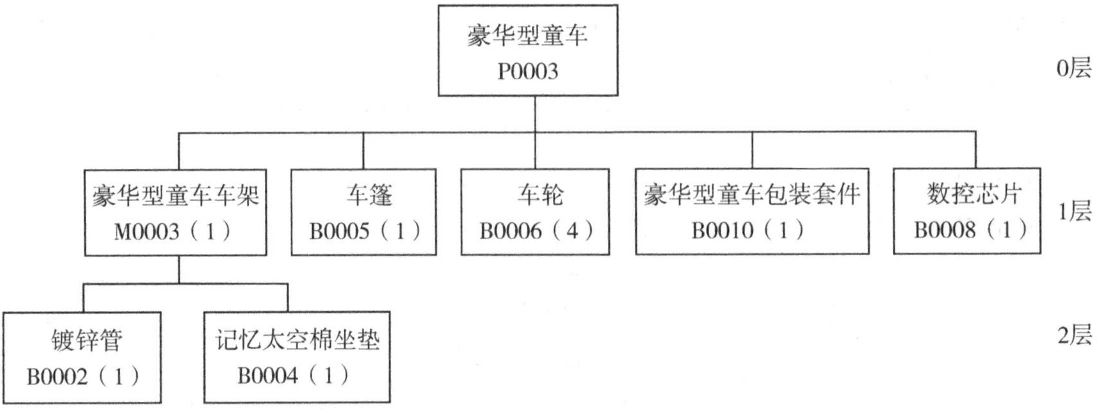

图 3-4　豪华型童车产品结构图

豪华型童车产品物料清单(BOM)见表 3-21。

表 3-21　豪华型童车产品物料清单

结构层次	父项物料	物料编码	物料名称	规格型号	单位	用量	（相对制造企业）备注
0		P0003	豪华型童车		辆	1	自产成品
1	P0003	M0003	豪华型童车车架		个	1	自产半成品
1	P0003	B0005	车篷	HJ72×32×40	个	1	外购原材料
1	P0003	B0006	车轮	HJ$\Phi_{外}$ 125/$\Phi_{内}$ 60mm	个	4	外购原材料
1	P0003	B0008	数控芯片	MCX3154A	片	1	外购原材料
1	P0003	B0010	豪华型童车包装套件	HJTB300	套	1	外购原材料
2	M0003	B0002	镀锌管	$\Phi_{外}$ 16/$\Phi_{内}$ 11/L5000(mm)	根	2	外购原材料
2	M0003	B0004	记忆太空棉坐垫	HJM600	个	1	外购原材料

四、采购规则

在VBSE虚拟商业社会中，制造企业的原材料只能从工贸企业采购，不能从其他类型的企业采购。

制造企业原材料信息见表3-22。

表3-22 制造企业原材料信息表

存货编码	存货名称	规格	计量单位	存货属性	市场供应平均单价/元	市场供应平均含税单价/元
B0001	钢管	$\Phi_{外}$ 16/$\Phi_{内}$ 11/L5000(mm)	根	外购	107.37	121.33
B0002	镀锌管	$\Phi_{外}$ 16/$\Phi_{内}$ 11/L5000(mm)	根	外购	175.98	198.86
B0003	坐垫	HJM500	个	外购	80.97	91.50
B0004	记忆太空棉坐垫	HJM600	个	外购	223.49	252.54
B0005	车篷	HJ72×32×40	个	外购	145.75	164.70
B0006	车轮	HJ$\Phi_{外}$ 125/$\Phi_{内}$ 60mm	个	外购	26.99	30.50
B0007	经济型童车包装套件	HJTB100	套	外购	91.77	103.70
B0008	数控芯片	MCX3154A	片	外购	274.23	309.88
B0009	舒适型童车包装套件	HJTB200	套	外购	194.34	219.60
B0010	豪华型童车包装套件	HJTB300	套	外购	227.81	257.42

注：此处的增值税税率为13%。

采购双方需要签订纸质《购销合同》。制造企业根据《购销合同》在系统中制作采购订单，由工贸企业进行确认。工贸企业确认后发货，制造企业接货入库，双方根据《购销合同》中的结算约定进行收付款。

五、销售规则

制造企业将童车销售给经销商，不得销售给其他类企业，且须与经销商签订合同，在系统中录入订单相关信息，作为系统发货、结算的依据。

制造企业还可以参与招投标公司的招投标业务，中标后可以进行销售、发货、开发票、收款等业务活动。

制造企业将童车销售给华中地区的虚拟经销商。销售之前，需要完成市场开拓，然后再投放广告。

（一）市场开拓规则

制造企业进行生产和销售前，要进行市场开拓。制造企业的市场专员需要前往服务公司办理市场开拓业务，首先开拓中部市场，具体费用为452000元。市场开拓每年进行一次。固定经营阶段，只允许商贸企业开拓北部市场。

制造企业可以委托服务公司进行华中地区市场的开拓，开拓后投入广告费，广告费10 万元起投，以万元为单位递增。投入广告费后，依据得分由高到低依次选择华中地区的市场订单，每个虚拟日都需要投放广告费。

（二）成品信息

制造企业成品信息见表 3-23。

表 3-23　制造企业成品信息表

存货编码	存货名称	单位	规格	市场供应平均单价(元)
P0001	经济型童车	辆	无	1011.00
P0002	舒适型童车	辆	无	1499.00
P0003	豪华型童车	辆	无	1886.00

注：此处增值税税率为 13%。市场供应平均单价根据历史数据估算，仅供参考。

六、财务规则

（一）基本规则

在会计分期假设下，企业的会计期间分为年度和中期。在 VBSE 虚拟商业社会中，制造企业的会计期间是月度(2020 年 1 月)，虚拟财务工作日为 5 日与 25 日。

结算方式采用现金结算、转账支票和电汇三种方式。原则上，日常经济活动中，低于2000 元的支出可以使用现金，超过 2000 元的支出一般使用转账支票结算(差旅费或支付给个人的费用除外)，转账支票用于同一票据交换区内的结算。异地付款一般采用电汇方式。

税种类型包括增值税、企业所得税、个人所得税、城市维护建设税、教育费附加。

增值税：销售货物和购进货物的增值税税率均为 13%。

企业所得税：按应纳税所得额的 25%缴纳。

个人所得税计算采用 2019 年 1 月 1 日起开始执行的综合所得税税率表。

个人所得税计算公式如下：

本月实缴个人所得税＝累计应缴个人所得税－累计已缴个人所得税

累计应缴个人所得税＝累计应税所得额×预扣率－速算扣除数

累计已缴个人所得税：应当从上月工资表中取数，若员工新入职，则取当月数据。

城市维护建设税：增值税税额的 7%。

教育费附加：增值税税额的 3%。

全年应纳税所得额是指居民个人全年取得综合所得，以每一纳税年度收入额减除费用六万元以及专项扣除、专项附加扣除和依法确定的其他扣除后的余额。

(二)存货计价规则

存货按照实际成本核算，原材料采用实际成本计价，材料按照实际采购价入账，材料发出按照全月一次加权平均计算材料成本。

全月一次加权平均相关计算公式如下：

$$材料平均单价=\frac{期初库存数量\times库存单价+本月实际采购入库金额}{期初库存数量+本月实际入库数量}$$

$$材料发出成本=本月发出材料数量\times材料平均单价$$

(三)记账凭证账务处理规则

根据各种记账凭证逐笔登记总分类账。

(四)固定资产取得方式及折旧提取规则

固定资产均通过购买的方式取得。固定资产购买当月不计提折旧，从次月开始计提折旧，出售当期须计提折旧，下月不提折旧。固定资产折旧按照直线法计提，折旧相关信息见表 3-24。

表 3-24　固定资产折旧信息表

固定资产名称	使用年限(月)	开始使用日期	原值(元)	残值(元)	月折旧额(元)
办公楼	240	2018.9.15	12000000.00	600000.00	47500.00
普通仓库	240	2018.9.15	5400000.00	270000.00	21375.00
大厂房	240	2018.9.15	7200000.00	360000.00	28500.00
普通机床(机加工生产线)	120	2018.9.15	210000.00		1750.00
组装生产线	120	2018.9.15	510000.00		4250.00
笔记本电脑	48	2018.9.15	6000.00		125.00

(五) 制造费用的归集及分配规则

各生产车间发生的各项直接费用和共同发生的间接费用计入制造费用。车间发生的直接费用直接计入制造费用，间接费用按分配标准分配后再计入各车间的制造费用。

生产计划部发生的各项费用计入制造费用，如管理人员的工资、固定资产的折旧、办公费等。

(六)成本核算规则

产品成本包括直接材料、直接人工和制造费用。

完工产品和在产品之间费用的分配方法：

月末在产品只计算其所耗用的原材料费用，不计算制造费用和人工费用。产品的加工费用全部由完工产品成本负担。

(七)成本归集规则

直接材料成本归集按照"材料出库单的发出数量×平均单价"计算。

人工成本为当月计算的生产车间的生产工人工资。

(八)半成品核算规则

车架为半成品。车架核算的范围为车架原材料，生产车架发生的人工费、制造费，以及分摊的相关生产制造费用。

(九)产品之间费用的分配规则

如果同一车间生产不同产品，以各产品完工数量为分配标准，分配该车间制造费用。

(十)坏账损失核算规则

制造企业采用备抵法核算坏账损失。

坏账准备每年按照年末应收账款余额的3%提取。

已经确认为坏账损失的应收账款，并不表示公司放弃收款的权利。如果未来某一时期收回已作坏账的应收账款，应该及时恢复债权，并按照正常收回欠款进行会计核算。

(十一)利润分配规则

实现当期利润，应当按照法定程序进行利润分配。根据公司章程，按照当期净利润的10%提取法定盈余公积金。根据董事会决议，自行提取任意盈余公积金。

(十二) 票据使用规则

企业使用的支票必须到银行购买，任何企业和个人不得自制支票。

从银行取得的支票，发生的费用计入财务费用中。

企业制定完善的票据使用登记制度，票据使用情况记入支票登记簿，以备检查。

企业为一般纳税人开具增值税专用发票。

取得的增值税专用发票，增值税进项税额需要进行申报、抵扣联认证、缴纳。

购销双方的结算必须以增值税发票为依据，不取得发票的不能进行结算。

税务局将进行定期的发票使用情况检查，有权对发票使用不合法企业进行行政处罚。

(十三)企业抵押贷款规则

制造企业可向中国工商银行申请抵押贷款。贷款额度不超过1000万元，贷款期限1～12个月，企业可根据自身情况申请贷款金额与期限。

企业抵押贷款利率见表3-25。

表 3-25 企业抵押贷款利率

年利率(%)	6	7	8	9	10	11	12
月利率(%)	0.50	0.58	0.67	0.75	0.83	0.92	1.00

申请企业抵押贷款所需基本资料：营业执照、法人代表身份证、银行开户许可证、最近一期财务报表(均需加盖财务印鉴)。

抵押保证：房屋产权。

还款方式：一次还本付息。

七、物流规则

物流运输只针对工贸企业与制造企业间的购销业务、制造企业与经销商间的购销业务，其他类型组织的物流运输不通过物流公司。

物流费用由购货方支付。

物流费为货款金额的 5%(含税)。

运费分配率为运费与材料总数量之间的比值。

第二节 工贸企业(供应商)经营规则

一、人力资源规则

人力资源是企业生产经营活动的基本要素。公司的员工配置、工资标准确定及核算、员工招聘与培训，要在遵循人力资源规则的前提下，做出科学合理的规划安排，以保证公司的生产经营活动协调、有序、高效进行。

(一)工贸企业的组织结构

工贸企业的组织结构如图 3-5 所示。

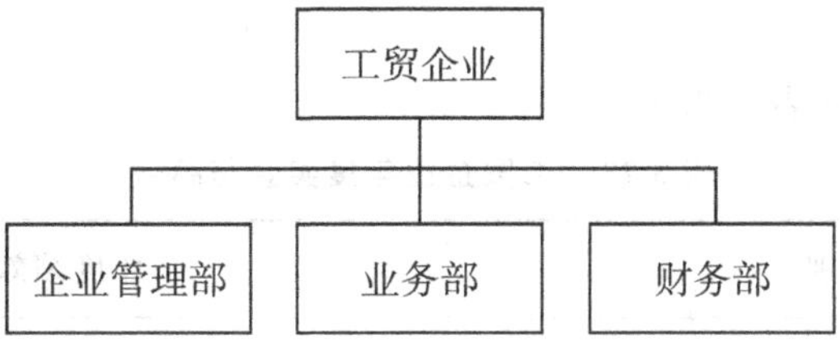

图 3-5 工贸企业组织结构图

(二)工贸企业岗位设置及人员配备

工贸企业岗位设置及人员配备见表 3-26。

表 3-26　工贸企业岗位设置及人员配备

部门	岗位名称	在编人数	直接上级
企业管理部	总经理	1	无
	行政经理	1	总经理
业务部	业务经理	1	总经理
财务部	财务经理	1	总经理

（三）工贸企业薪酬规则

1. 职工薪酬的构成

职工薪酬是指企业为获得职工提供的服务而给予各种形式的报酬以及其他相关支出。

在企业管理全景仿真系统中，职工薪酬主要由以下几个部分构成：职工工资、奖金（按年度计算，根据企业本年度的经营状况而定），医疗保险、养老保险、失业保险、工伤保险和生育保险等社会保险，住房公积金，因解除与职工的劳动关系给予的补偿，即辞退补偿。

2. 职工薪酬的计算及发放

企业职工的薪酬计算公式如下：

年度总薪酬＝月基本工资×12＋年度绩效奖金＋企业应缴福利

职工每月实际领取的工资＝月基本工资－缺勤扣款－个人应缴“五险一金”－个人所得税

缺勤扣款＝缺勤天数×（月基本工资/当月全勤工作天数）

(1)基本工资标准（表 3-27）。

表 3-27　工贸企业员工基本工资标准

人员类别	基本工资（元/月）
总经理	12000
部门经理	7500

(2)年度奖金与绩效（表 3-28）。

表 3-28　工贸企业年度奖金与绩效

人员类别	年度绩效奖金（元）
总经理	12000×4
部门经理	7500×4

奖金实际发放金额与个人业绩考核评定结果挂钩，业绩考核采取百分制，业绩评定

85 分及 85 分以上者发放全额绩效奖金，低于 85 分的发放绩效奖金的 80%。

总经理绩效得分为企业员工得分的平均数。

(3)“五险一金”。

“五险一金”缴费基数及比例各地区不一，本实训中的社会保险、住房公积金规则参照北京市有关政策规定设计，略作调整。

社保中心行使社会保障中心和住房公积金管理中心职能。“五险一金”缴费基数于每年 3 月核定，核定后的职工月工资额即为缴纳基数。“五险一金”缴纳比例见表 3-29。

表 3-29　“五险一金”缴纳比例

项目	单位承担比例	个人承担比例	合计
养老保险	20%	8%	28%
医疗保险	10%	2%+3 元	12%+3 元
失业保险	1%	0.2%	1.2%
工伤保险	0.3%	0	0.3%
生育保险	0.8%	0	0.8%
住房公积金	10%	10%	20%

注：养老保险单位缴费 20%，其中 17%划入统筹基金，3%划入个人账户。实训中以员工转正后的基本工资金额为社会保险和住房公积金的缴费基数。

(4)个人所得税。

个人所得税计算采用 2019 年 1 月 1 日起开始执行的综合所得税税率表。(表 3-4)

个人所得税的计算公式如下：

本月实缴个人所得税＝累计应缴个人所得税－累计已缴个人所得税

累计应缴个人所得税＝ 累计应税所得额×预扣率－速算扣除数

累计已缴个人所得税：应当从上月工资表中取数，若员工新入职，则取当月数据。

(5)辞退补偿。

企业辞退员工需支付辞退补偿，辞退补偿为三个月基本工资，辞退当年无绩效奖金。

辞退当月的薪酬计算公式如下：

辞退当月薪酬＝实际工作天数×(月基本工资/当月全勤工作天数)＋辞退补偿

(四)考勤规则

每天的实训开始后，学生必须登录 VBSE 系统点击“考勤”按钮进行签到。

VBSE 实训中对实际业务进行了抽象化处理，一个实际工作日完成一个月的工作内容，每月工作任务集中在 2 个虚拟工作日。

二、销售规则

工贸企业将商品销售给制造企业，双方进行洽谈，并签订纸质合同。制造企业在VBSE系统中提交订单后，工贸企业进行确认，并作为后续交易的依据。如出现延期交货，按双方合同中的约定进行处理，如出现争议，提交工商局进行调解。

三、采购规则

工贸企业可向系统中虚拟供应商采购商品。工贸企业商品采购相关信息见表 3-30。

表 3-30　工贸企业商品采购相关信息

商品编码	商品名称	规格	计量单位	商品属性	平均单价(元)
B0001	钢管	$\Phi_{外}$ 16/$\Phi_{内}$ 11/L5000mm	根	外购	98.00
B0002	镀锌管	$\Phi_{外}$ 16$\Phi_{内}$ 11/L5000mm	根	外购	163.00
B0003	坐垫	HJM500	个	外购	75.00
B0004	记忆太空棉坐垫	HJM600	个	外购	205.00
B0005	车篷	HJ72×32×40	个	外购	134.00
B0006	车轮	HJ$\Phi_{外}$ 125/$\Phi_{内}$ 60mm	个	外购	25.00
B0007	经济型童车包装套件	HJTB100	套	外购	85.00
B0008	数控芯片	MCX3154A	片	外购	254.00
B0009	舒适型童车包装套件	HJTB200	套	外购	180.00
B0010	豪华型童车包装套件	HJTB300	套	外购	210.00

注：钢管、坐垫、车篷、车轮、经济型童车包装套件的采购价格在固定数据阶段按照上表中的采购价格采购(含税)，自主经营阶段的采购价格由双方协商确定。

商品从供应商送达企业时会产生相应的运输费用，运输费用为采购订单金额的 5%，运费结算以物流公司的运单金额为准。

在向虚拟供应商采购的过程中，下达采购订单后必须先付款，付款后才能进行采购入库操作。没有付款，系统的入库操作无法完成。

工贸企业在付款后，依据采购订单到税务局代开虚拟供应商的销售发票(增值税专用发票)。

四、仓储规则

1. 仓库

公司现有一座仓库，用于存放各种采购的商品，见表 3-31。

表 3-31 工贸企业仓库信息表

仓库名称	仓库编码	可存放物资
商品库	A库	钢管、坐垫、车篷、车轮、包装套件、镀锌管、记忆太空棉坐垫、数控芯片、经济型童车包装套件、舒适型童车包装套件、豪华型童车包装套件

2. 物料及成品

行政主管行使仓管职能，负责采购入库、生产出库和物料保管，成品的完工入库和销售出库。工贸企业的物料和成品清单见表 3-32。

表 3-32 工贸企业物料和成品清单

物料编码	物料名称	规格	单位	来源
B0001	钢管	$\Phi_{外}$ 16/$\Phi_{内}$ 11/L5000mm	根	外购
B0002	镀锌管	$\Phi_{外}$ 16/$\Phi_{内}$ 11/L5000mm	根	外购
B0003	坐垫	HJM500	个	外购
B0004	记忆太空棉坐垫	HJM600	个	外购
B0005	车篷	HJ72×32×40	个	外购
B0006	车轮	HJ$\Phi_{外}$ 125/$\Phi_{内}$ 60mm	个	外购
B0007	经济型童车包装套件	HJTB100	套	外购
B0008	数控芯片	MCX3154A	片	外购
B0009	舒适型童车包装套件	HJTB200	套	外购
B0010	豪华型童车包装套件	HJTB300	套	外购

3. 储位管理

普通仓库不做储位管理。

4. 固定资产的分类及折旧(表 3-33)

表 3-33 工贸企业固定资产分类及折旧

分类编码	分类名称	折旧年限(月)	折旧方法	残值率(%)
01	房屋及土地	240	直线法(一)	5
02	生产设备	120	直线法(一)	0
03	办公设备	60	直线法(一)	0

注：会计科目参考期初数据中的科目余额表，可以根据实际业务的发生进行增减。

五、财务规则

在会计分期假设下，企业的会计期间分为年度和中期。在 VBSE 虚拟商业社会中，工贸企业的会计期间是月度(2020年1月)，虚拟财务工作日为5日与25日。

财务规则主要包括会计核算制度、会计管理制度、账簿设置与会计核算程序等，各公司必须按照财务规则的各项规定组织会计核算，进行会计管理。

记账凭证账务处理程序：根据各种记账凭证逐笔登记总分类账。

(一)企业抵押贷款规则

工贸企业可向中国工商银行申请抵押贷款。

贷款额度不超过1000万元，贷款期限1～12个月，企业可根据自身情况申请贷款金额与期限。

企业抵押贷款利率见表3-34。

表3-34 工贸企业抵押贷款利率表

年利率(%)	6	7	8	9	10	11	12
月利率(%)	0.50	0.58	0.67	0.75	0.83	0.92	1.00

申请企业抵押贷款所需基本资料：营业执照、法人代表身份证、银行开户许可证、最近一期财务报表(均须加盖财务印鉴)。

抵押保证：房屋产权。

还款方式：一次还本付息。

(二)税务规则

工贸企业从事生产经营活动，涉及多个税种，包括企业所得税、增值税、城市维护建设税、教育费附加、个人所得税等。

1. 税种类型

按照国家税法规定的税率和起征金额进行税额的计算，企业所得税按照利润总额的25%缴纳，增值税税率为13%，城市维护建设税为增值税税额的7%，教育费附加为增值税税额的3%。

2. 日常纳税申报及缴纳税款

在税款征收期内，按照工贸企业的经营情况，填制各税种申报表，携带相关会计报表，到税务部门办理纳税申报业务，得到税务部门开出的税收缴款书后到银行缴纳税款。依据税务部门的规定，每月初进行上月的纳税申报及缴纳。如遇特殊情况，可以向税务部门申请延期纳税申报。

(三)会计核算规则

结算方式：工贸企业可以采用现金结算、转账支票结算和电子银行结算三种方式。原则上，日常经济活动，低于2000元的支出可以使用现金，超过2000元的支出一般使用转账支票结算和电子银行结算。结算货款、代扣代缴各种税费通过电子银行结算，其他业务可以使用转账支票结算。

银行支票主要使用转账支票，转账支票用于同一票据交换区内的结算(主要用于工贸企业购买服务类的商品和一些费用的支出等)。异地付款一般采用电子银行结算方式(主要用于货款的结算、代扣代缴的结算等)。

第三节 商贸企业(经销商)经营规则

一、人力资源规则

人力资源是企业生产经营活动的基本要素。公司的员工配置、工资标准及核算、员工招聘与培训，要在遵循人力资源规则的前提下，做出科学合理的规划安排，以保证公司的生产经营活动协调、有序、高效进行。

(一)商贸企业的组织结构

商贸企业的组织结构如图图 3-6 所示。

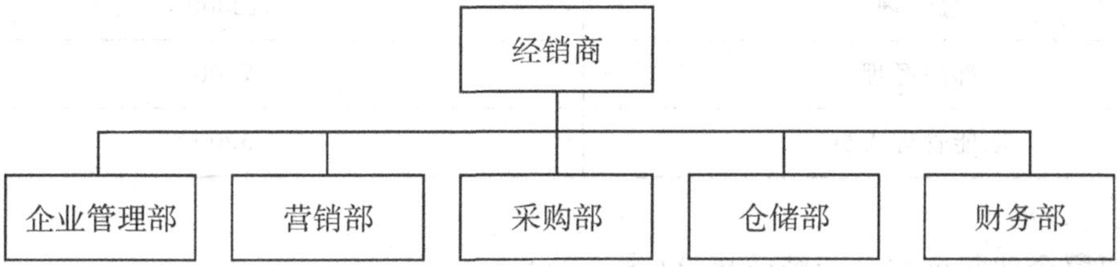

图 3-6 商贸企业组织结构图

(二)商贸企业岗位设置及人员配备

商贸企业岗位设置及人员配备见表 3-35。

表 3-35 商贸企业岗位设置及人员配备

部门	岗位名称	在编人数	直接上级
企业管理部	总经理	1	无
	行政经理	1	总经理
营销部	营销经理	1	总经理
采购部	采购经理	1	总经理
仓储部	仓储经理	1	总经理
财务部	财务经理	1	总经理
	出纳	1	财务经理

(三)企业薪酬规则

1. 职工薪酬的构成

职工薪酬是指企业为获得职工提供的服务而给予各种形式的报酬以及其他相关支出。在企业管理全景仿真系统中，商贸企业职工薪酬主要由以下几个部分构成：职工工资、奖金(按年度计算，根据企业本年度的经营状况而定)，医疗保险、养老保险、失业保险、工伤保险和生育保险等社会保险，住房公积金，因解除与职工的劳动关系给予的补偿(即辞退福利)。

2. 职工薪酬的计算及发放

职工薪酬的计算公式如下：

年度总薪酬＝月基本工资×12＋年度绩效奖金＋企业应缴福利

职工每月实际领取的工资＝月基本工资－缺勤扣款－个人应缴“五险一金”－个人所得税

缺勤扣款＝缺勤天数×(月基本工资/当月全勤工作天数)

(1)商贸企业职工基本工资标准(表3-36)

表3-36　商贸企业职工基本工资标准

人员类别	基本工资(元/月)
总经理	12000
部门经理	7500
职能管理人员	5500

(2)商贸企业年度奖金与绩效核算(表3-37)

表3-37　商贸企业年度奖金与绩效核算表

人员类别	年度绩效奖金(元)
总经理	12000×4
部门经理	7500×4
职能主管	5500×4

奖金实际发放金额与个人业绩考核评定结果挂钩，业绩考核采取百分制，业绩评定85分及85分以上者发放全额绩效奖金，低于85分的发放绩效奖金的80%。

总经理绩效得分为企业员工得分的平均数。

(3)“五险一金”

“五险一金”缴费基数及比例各地区不一，本实训中的社会保险、住房公积金规则参照北京市有关政策规定设计，略作调整。

社保中心行使社会保障中心和住房公积金管理中心职能。“五险一金”缴费基数于每年3月核定，核定后的职工月工资额即为缴纳基数。“五险一金”缴纳比例见表3-38。

表 3-38 "五险一金"缴纳比例

项目	单位承担比例	个人承担比例	合计
养老保险	20%	8%	28%
医疗保险	10%	2%+3元	12%+3元
失业保险	1%	0.2%	1.2%
工伤保险	0.3%	0	0.3%
生育保险	0.8%	0	0.8%
住房公积金	10%	10%	20%

注：养老保险单位缴费20%，其中17%划入统筹基金，3%划入个人账户。实训中以员工转正后的基本工资金额为社会保险和住房公积金的缴费基数。

(4)个人所得税。

个人所得税计算采用2019年1月1日起开始执行的综合所得税税率表(表3-4)。

个人所得税的计算公式如下：

本月实缴个人所得税＝累计应缴个人所得税－累计已缴个人所得税

累计应缴个人所得税＝累计应税所得额×预扣率－速算扣除数

累计已缴个人所得税：应当从上月工资表中取数，若员工新入职，则取当月数据。

(5)辞退补偿

企业辞退员工需支付辞退补偿。辞退补偿为三个月基本工资，辞退当年无绩效奖金。

辞退当月的薪酬计算公式如下：

辞退当月薪酬＝实际工作天数×(月基本工资/当月全勤工作天数)＋辞退补偿

(四)考勤规则

每天的实训开始后，学生必须登录VBSE系统点击"考勤"按钮进行签到。

VBSE实训中对实际业务进行了抽象化处理，一个实际工作日完成一个月的工作内容，每月工作任务集中在2个虚拟工作日。

二、销售规则

商贸企业将童车销售到虚拟市场。虚拟市场分为东部、南部、西部、北部、中部市场，其中东部、南部、西部、北部市场由商贸企业经营，中部市场只能由制造企业经营。商贸企业需要先到服务公司开拓市场，再投放广告费。市场开拓费用：北部339000元、东部361600元、南部339000元、西部333350元。广告费在固定经营阶段按照系统给定的数据投放，这样服务公司才能根据投放金额派发订单(一个区域内的虚拟订单派发依据是已投放金额占本区域总投放金额的比例，由高至低依次选单，每次选择一笔虚拟订单，直至虚拟订单选完)。市场开拓一次一年有效，广告费投放一次有效期限为一个虚拟日，转下一个虚拟日需要重新投放广告费。

虚拟市场的订单，可以在库存充足的情况下，提前发货、收款。

注意：在与虚拟客户的交易过程中，遵循先发货后收款的原则，在系统中未销售出库的订单不支持收款。

三、采购规则

商贸企业的商品采购途径，在固定数据阶段只能从制造企业采购，在自主经营阶段可以从制造企业、其他商贸企业采购。

商贸企业商品采购相关信息见表3-39。

表3-39 商贸企业商品采购信息表

商品编码	商品名称	规格	计量单位	商品属性	市场平均含税单价/元
P0001	经济型童车	无	辆	外购	1011.00
P0002	舒适型童车	无	辆	外购	1499.00
P0003	豪华型童车	无	辆	外购	1886.00

注：

(1)市场平均含税单价根据历史数据估算而来，仅供参考。

(2)商品从供应商送达企业时会发生相应的运输费用，运输费用为采购订单金额的5%(含税)，运费结算以物流公司的运单金额为准。

四、仓储规则

1. 仓库

商贸企业现有一座普通仓库，用于存放各种购进的商品(表3-40)。

表3-40 商贸企业仓库信息表

仓库名称	仓库编码	可存放物资
普通仓库	A库	经济型童车、舒适型童车、豪华型童车

仓储经理担当仓管职能，负责采购入库、生产出库和保管，成品的完工入库和销售出库。

2. 存货清单

商贸企业存货清单见表3-41。

表3-41 商贸企业存货清单

物料编码	物料名称	规格	计量单位	来源
P0001	经济型童车	无	辆	外购
P0002	舒适型童车	无	辆	外购
P0003	豪华型童车	无	辆	外购

3. 储位管理

普通仓库不做储位管理。

4. 固定资产的分类及折旧(表3-42)

表 3-42 商贸企业固定资产分类及折旧

分类编码	分类名称	折旧年限(月)	折旧方法	残值率(%)
01	房屋及土地	240	直线法(一)	5
02	生产设备	120	直线法(一)	0
03	办公设备	60	直线法(一)	0

注：会计科目参考期初数据中的科目余额表，可以根据实际业务的发生进行增减。

五、财务规则

在会计分期假设下，企业的会计期间分为年度和中期。在VBSE虚拟商业社会中，商贸企业的会计期间是月度(2020年1月)，虚拟财务工作日为5日与25日。

财务规则主要包括会计核算制度、会计管理制度、账簿设置与会计核算程序等，各公司必须按照财务规则的各项规定组织会计核算，进行会计管理。

记账凭证账务处理程序：根据各种记账凭证逐笔登记总分类账。

(一)企业抵押贷款规则

商贸企业可向中国工商银行申请抵押贷款。

贷款额度不超过1000万元，贷款期限1～12个月，企业可根据自身情况申请贷款金额与期限。

企业抵押贷款利率见表3-43。

表 3-43 企业抵押贷款利率

年利率(%)	6	7	8	9	10	11	12
月利率(%)	0.50	0.58	0.67	0.75	0.83	0.92	1.00

申请企业抵押贷款所需基本资料：营业执照、法人代表身份证、银行开户许可证、最近一期财务报表(均需加盖财务印鉴)。

抵押保证：房屋产权。

还款方式：一次还本付息。

(二)税务规则

商贸企业从事经营活动，涉及多个税种，包括企业所得税、增值税、城市维护建设税、教育费附加、个人所得税等。

1. 税种类型

按照国家税法规定的税率和起征金额进行税额的计算，企业所得税按照利润总额的25%缴纳，增值税税率为13%，城市维护建设税为增值税税额的7%，教育费附加为增值税税额的3%。

2. 日常纳税申报及缴纳税款

在税款征收期内，按照公司的经营情况，填制各税种申报表，携带相关会计报表，到税务部门办理纳税申报业务，得到税务部门开出的税收缴款书后，到银行缴纳税款。依据税务部门规定，每月初进行上月的纳税申报及缴纳。如遇特殊情况，可以向税务部门申请延期纳税申报。

（三）会计核算规则

结算方式：商贸企业可以采用现金结算、转账支票结算和电子银行结算三种方式。原则上，日常经济活动，低于 2000 元的支出可以使用现金，超过 2000 元的支出一般使用转账支票结算和电子银行结算。结算货款、代扣代缴各种税费通过电子银行结算，其他业务可以使用转账支票结算。

银行支票主要使用转账支票，转账支票用于同一票据交换区内的结算（主要用于商贸企业购买服务类的商品和一些费用的支出等）。异地付款一般采用电子银行结算方式（主要用于货款的结算、代扣代缴的结算等）。

第四节　其他组织运营规则

一、物流企业规则

（一）企业组织结构图

物流企业组织结构如图 3-7 所示。

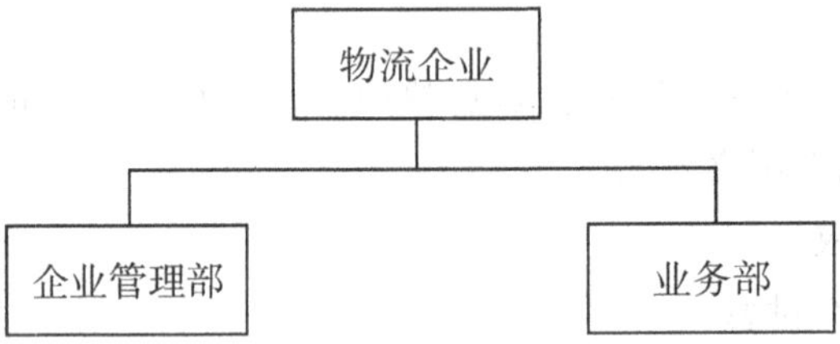

图 3-7　物流企业组织结构图

在物流企业，总经理可以对企业管理部、业务部下达命令。各职能部门经理对本部门下属有指挥权，对其他部门有业务指导权但没有指挥权。

（二）人员配置规则

人力资源是企业生产经营活动的基本要素。公司的员工配置、工资标准确定及核算、员工招聘与培训，要在遵循人力资源规则的前提下，做出科学合理的规划安排，以保证公司的生产经营活动协调、有序、高效进行。

物流企业的岗位设置及人员配备见表 3-44。

表 3-44　物流企业岗位设置及人员配备

部门	岗位名称	在编人数	直接上级
企业管理部	物流总经理	1	无
业务部	物流业务经理	1	物流总经理

(三)考勤规则

每天的实训开始后，学生必须登录 VBSE 系统点击“考勤”按钮进行签到。

VBSE 实训中对实际业务进行了抽象化处理，一个实际工作日完成一个月的工作内容，每月工作任务集中在 2 个虚拟工作日。

(四)运输规则

物流企业与其他企业签订运输合同的年限为 1 年。费用结算以运单为依据，详见合同，如出现争议，提交工商局进行协调。运费为货款金额的 5%。

物流企业的车辆信息见表 3-45。

表 3-45　物流企业车辆信息表

车型	最大载重(T)	最大容积(m^3)	车厢尺寸	数量(辆)
短途运输车	4	13	4m×1.8m×1.8m	40
	8	40	7m×2.4m×2.5m	20
40 尺柜牵引车	20	75	12.5m×2.5m×2.5m	20

注：本实训中车辆维护与保养费用为每月 60000 元。

(五)财务规则

财务规则主要包括会计核算制度、会计管理制度、预算管理方法、筹资规则、投资规则、账簿设置与会计核算程序等，各公司必须按照财务规则的各项规定组织会计核算，进行会计管理。

(六)税务规则

物流企业从事生产经营活动，涉及多个税种，包括企业所得税、城市维护建设税、车船使用税、教育费及附加、个人所得税等。

1. 税种类型

按照国家税法规定的税率和起征金额进行税额的计算，企业所得税按照利润总额的

25%缴纳，增值税税率为9%，城市维护建设税为增值税税额的7%，车船税按车辆缴纳，教育费附加为增值税税额的3%。

2. 日常纳税申报及缴纳税款

在税款征收期内，按照物流企业的经营情况，填制各税种申报表，携带相关会计报表，到税务部门办理纳税申报业务，得到税务部门开出的税收缴款书后到银行缴纳税款。依据税务部门的规定，每月初进行上月的纳税申报及缴纳。如遇特殊情况，可以向税务部门申请延期纳税申报。

(七)会计核算规则

结算方式：物流企业可以采用现金结算、转账支票结算和电汇结算三种方式。原则上，日常经济活动，低于2000元的支出可以使用现金，超过2000元的支出一般使用转账支票结算(差旅费或支付给个人的费用除外)。

银行支票分为现金支票和转账支票。现金支票用于提取现金，转账支票用于同一票据交换区内的结算。异地付款一般采用电汇方式。

二、招投标企业规则

(一)人力资源规则

人力资源是企业经营活动的基本要素。公司的员工配置、工资标准确定及核算、员工招聘与培训，要在遵循人力资源规则的前提下，做出科学合理的规划安排，以保证公司的经营活动协调、有序、高效进行。

1. 岗位设置及人员配备情况

招投标企业的岗位设置及人员配备见表3-46。

表3-46 招投标企业岗位设置及人员配备

部门	岗位名称	在编人数	直接上级
董事会	总经理	1	无

2. 考勤规则

每天的实训开始后，学生必须登录VBSE系统，点击“签到”按钮进行签到。

VBSE实训中对实际业务进行了抽象化处理，一个实际工作日完成一个月的工作内容，每月的工作任务集中在2个虚拟工作日。

(二)办公用品采购规则

服务公司出售VBSE实训所需的办公用品，如表单、胶棒、曲别针等。买卖双方可对结算方式进行协商，既可选择当场结清价款，又可自行约定结算时间，如月结(每月统一结账)。办公用品价款可采用现金或支票进行结算。服务公司提供的办公用品价目见表3-47。

表 3-47 服务公司商品价目表

序号	商品名称	单价
1	表单	10 元/份
2	胶棒	5 元/支
3	印泥	10 元/盒
4	长尾夹	3 元/个
5	曲别针	5 元/盒
6	复写纸	10 元/盒
7	A4 白纸	25 元/包

招投标企业办公用品由行政主管管理，行政主管每月月初统计办公用品采购需求，统一购买，按需发放。

行政主管依照员工的使用需求发放办公用品并做好领用记录。

(三)销售规则

招投标企业与业主进行洽谈，并签订纸质合同，作为后续交易的依据。费用按双方的约定进行结算，如出现争议，提交工商局进行协调。

(四)收费规则

招投标企业招标代理服务收费标准见表 3-48。

表 3-48 招标代理服务收费标准

中标金额	各服务类型费率		
	货物招标费率	服务招标费率	工程招标费率
100 万元以下	1.5%	1.5%	1%
100 万～500 万元	1.1%	0.8%	0.7%
500 万～1000 万元	0.8%	0.45%	0.55%
1000 万～5000 万元	0.5%	0.25%	0.35%
5000 万～10000 万元	0.25%	0.1%	0.2%
1 亿～5 亿元	0.05%	0.05%	0.05%
5 亿～10 亿元	0.035%	0.035%	0.035%
10 亿～50 亿元	0.008%	0.008%	0.008%
50 亿～100 亿元	0.006%	0.006%	0.006%
100 亿元以上	0.004%	0.004%	0.004%

注：

(1)按本表费率计算的收费为招标代理服务全过程的收费基准价格，单独提供编制招标文件(有标底的含标底)服务的，可按规定标准的30%计收。

(2)招标代理服务收费按差额定率累进法计算。例如，某工程招标代理业务中标金额为6000万元，招标代理服务的收费额计算如下：

100×1%=1(万元)

(500－100)×0.7%=2.8(万元)

(1000－500)×0.55%=2.75(万元)

(5000－1000)×0.35%=14(万元)

(6000－5000)×0.2%=2(万元)

合计收费=1＋2.8＋2.75＋14＋2=22.55(万元)

为方便学生计算，本次实训中招标服务费设定为每单5000元。

(五)财务规则

财务规则主要包括会计核算制度、会计管理制度、预算管理方法、筹资规则、投资规则、账簿设置与会计核算程序等，各公司必须按照财务规则的规定组织会计核算，进行会计管理。

(六)税务规则

招投标公司从事中介服务，涉及多个税种，包括增值税、城市维护建设税、教育费附加、个人所得税等。

1. 税种类型

按照国家税法规定的税率和起征金额进行税额的计算，城市维护建设税为增值税税额的7%，教育费附加为增值税税额的3%。

2. 日常纳税申报及缴纳税款

在税款征收期内，按照公司的经营情况，填制各税种申报表，携带相关会计报表，到税务部门办理纳税申报业务，得到税务部门开出的税收缴款书后到银行缴纳税款。依据税务部门的规定，每月初进行上月的纳税申报及缴纳。如遇特殊情况，可以向税务部门申请延期纳税申报。

(七)会计核算规则

结算方式：招投标公司可以采用现金结算、转账支票结算和电汇结算三种方式。原则上，日常经济活动中，低于2000元的支出可以使用现金，超过2000元的支出一般使用转账支票结算(差旅费或支付给个人的费用除外)。

银行支票分为现金支票和转账支票。现金支票用于提取现金，转账支票用于同一票据交换区内的结算。异地付款一般采用电汇方式。

第四章　组织工作交接

第一节　工作交接的主要内容

在 VBSE 实训中，每个参与实训的学生都隶属于一个组织，都要熟知自己所处组织的基本情况，与上一届工作人员进行工作交接。工作交接的主要内容有：

一、熟悉企业的基本情况

公司管理团队确认后，首席执行官召开公司成立大会，介绍公司的组织机构，分享企业战略。

二、领取办公用品

在正式开始实训之前，需要领取办公用品。公司为每位管理人员配备了电脑。除此之外，办公用品还包括单据、账表、企业公章、模拟货币等。各部门可以布置自己的办公区，打造一个舒适的办公环境。

三、岗前培训

每个人在正式上岗之前必须接受岗前培训。岗前培训的目的在于让员工掌握完成工作任务所必需的知识和技能、方法和程序，使他们更有成效地工作，降低犯错误的可能性。在企业管理全景仿真实习中，岗前培训阶段必须掌握的内容有业务规则、关键任务和原始凭证。

1. 熟悉业务规则

企业管理全景仿真系统中，把企业的内外部环境限制抽象为业务规则。熟悉业务规则，有利于掌握竞争的主动权。

2. 理解关键任务

每个实习的学生在企业中都扮演着不同的岗位角色，相应地承担不同的岗位职责。岗位职责明确规定了岗位的工作任务和责任范围。

企业管理全景仿真系统中，为每个角色分配了不同数量的关键任务，理解了这些关键任务即具备了该岗位的基本胜任能力。

3. 认知原始凭证

原始凭证是指经办单位或人员在经济业务发生或完成时取得或填制的，用以记录经济业务发生或完成的情况、明确经济责任的会计凭证。如购物取得的发票。

无论在什么岗位，都要会识别原始凭证，掌握原始凭证的填制方法。

由于各项经济业务的内容和经济管理的要求不同，各种原始凭证的名称、格式和内容是多种多样的。但是，所有的原始凭证(包括自制的和外来的凭证)，都是经济业务的原始证据，必须详细载明有关经济业务的发生或完成情况，必须明确经办单位和人员的经济责任。因此，各种原始凭证都应具备一些共同的基本内容。这些基本内容通常被称为凭证要素，主要包括：原始凭证的名称；凭证的编号；填制凭证的日期；接受凭证单位名称(抬头)与填制单位名称；经济业务简要内容；金额(单价、数量)；有关人员(部门负责人、经办人员)的签名盖章。

如果是开给外单位的原始凭证，一定要加盖填制单位的公章或专用章。从外单位取得的原始凭证，也应由填制单位加盖公章或专用章。

为了保证岗前培训的效果，可以运用多种培训方式，如教师现场培训、应用多媒体培训等。

四、熟悉企业期初状况

新的管理团队成立之后，要与上一批管理者进行各项业务的交接，尤其要关注未完结的各项业务，以使各项业务能够连贯地延续下去。

部门职责不同，其管理的业务类型也不同。

五、第一阶段考核

根据工作交接的内容，各个岗位完成第一阶段的考核。

第二节　制造企业工作交接

一、熟悉制造企业的基本数据

1. 组织机构(表4-1)

表 4-1 制造企业组织机构信息汇总表

组织机构类型	企业法定中文名称	办公电话	简称	注册资金（元）	企业注册登记日期	企业法定代表人	企业注册地址	邮政编码	开户银行	银行账号	社会统一信用代码	工资发放账号
制造业	宝乐童车制造有限公司	010-6234-5678	宝乐	15000000	2015/1/4	赵成	永定路66号	102202	中国工商银行	0100229999000099001	110108809018632001	0100229999000088001
制造业	小精灵童车制造有限公司	010-6234-5679	小精灵	15000000	2015/1/4	钱乾	越秀东路45号	102202	中国工商银行	0100229999000099002	110108809018633002	0100229999000088002
制造业	童飞童车制造有限公司	010-6234-5680	童飞	15000000	2015/1/4	孙鸿铭	康安北街5号	102202	中国工商银行	0100229999000099003	110108809018634003	0100229999000088003
制造业	爱贝尔童车制造有限公司	010-6234-5681	爱贝尔	15000000	2015/1/4	李刚	新园西路666号	102202	中国工商银行	0100229999000099004	110108809018635004	0100229999000088004

注：指导教师根据参训学生人数而设置不同数量的制造企业。

2. 部门设置(表4-2)

表4-2 制造企业部门设置表

所属组织类型	部门编码	部门名称
制造业	Bm0101	企业管理部
制造业	Bm0102	人力资源部
制造业	Bm0103	财务部
制造业	Bm0104	采购部
制造业	Bm0105	仓储部
制造业	Bm0106	生产计划部
制造业	Bm010601	机加车间
制造业	Bm010602	组装车间
制造业	Bm0107	营销部

3. 岗位设置(表4-3)

表4-3 制造企业岗位设置表

所属组织类型	部门名称	岗位名称	角色名称
制造业	企业管理部	总经理	制造企业总经理
制造业	企业管理部	行政助理	制造企业行政助理
制造业	人力资源部	人力资源经理	制造企业人力资源经理
制造业	人力资源部	人力资源助理	制造企业人力资源助理
制造业	财务部	财务经理	制造企业财务经理
制造业	财务部	财务会计	制造企业财务会计
制造业	财务部	成本会计	制造企业成本会计
制造业	财务部	出纳	制造企业出纳
制造业	采购部	采购经理	制造企业采购经理
制造业	采购部	采购员	制造企业采购员
制造业	仓储部	仓储经理	制造企业仓储经理
制造业	仓储部	仓管员	制造企业仓管员
制造业	生产计划部	生产计划经理	制造企业生产计划经理
制造业	生产计划部	生产计划员	制造企业生产计划员
制造业	生产计划部	车间管理员	制造企业车间管理员
制造业	营销部	营销经理	制造企业营销经理
制造业	营销部	市场专员	制造企业市场专员
制造业	营销部	销售专员	制造企业销售专员
制造业	车间	初级工人	初级工人
制造业	车间	中级工人	中级工人
制造业	车间	高级工人	高级工人

4. 人员信息(表 4-4)

表 4-4 制造企业员工信息汇总表

工号	姓名	部门	岗位	基本工资(元/月)
1	梁天	企业管理部	总经理	12000
2	张万军	人力资源部	人力资源经理	7500
3	李斌	采购部	采购部经理	7500
4	何明海	仓储部	仓储部经理	7500
5	钱坤	财务部	财务部经理	7500
6	叶润中	生产计划部	生产计划部经理	7500
7	杨笑笑	市场营销部	营销部经理	7500
8	叶瑛	企业管理部	行政助理	5500
9	肖红	人力资源部	人力资源助理	5500
10	付海生	采购部	采购员	5500
11	王宝珠	仓储部	仓管员	5500
12	刘自强	财务部	成本会计	5500
13	朱中华	财务部	财务会计	5500
14	赵丹	财务部	出纳	5500
15	周群	生产计划部	生产计划员	5500
16	孙盛国	生产计划部	车间管理员	5500
17	马博	市场营销部	市场专员	4500
18	刘思羽	市场营销部	销售专员	4500
19	李良钊	机加车间	工人	3600
20	付玉芳	机加车间	工人	3600
21	张接义	机加车间	工人	3600
22	毕红	机加车间	工人	3600
23	吴淑敏	机加车间	工人	3600
24	毛龙生	机加车间	工人	3600
25	扈志明	机加车间	工人	3600
26	李龙吉	机加车间	工人	3600
27	吴官胜	机加车间	工人	3600
28	雷丹	机加车间	工人	3600
29	刘良生	机加车间	工人	3600

续表 4-4

工号	姓名	部门	岗位	基本工资(元/月)
30	余俊美	机加车间	工人	3600
31	徐积福	机加车间	工人	3600
32	潘俊辉	机加车间	工人	3600
33	朱祥松	机加车间	工人	3600
34	刘文钦	机加车间	工人	3600
35	龚文辉	机加车间	工人	3600
36	王小强	机加车间	工人	3600
37	刘胜	机加车间	工人	3600
38	刘贞	机加车间	工人	3600
39	余永俊	组装车间	工人	3600
40	万能	组装车间	工人	3600
41	万俊俊	组装车间	工人	3600
42	张逸君	组装车间	工人	3600
43	言海根	组装车间	工人	3600
44	田勤	组装车间	工人	4000
45	肖鹏	组装车间	工人	4000
46	徐宏	组装车间	工人	4000
47	田军	组装车间	工人	4000
48	郑华珺	组装车间	工人	4000
49	洪梁	组装车间	工人	4000
50	冯奇	组装车间	工人	4000
51	黄聪	组装车间	工人	4000
52	薛萍	组装车间	工人	4000
53	张世平	组装车间	工人	4000
54	李小春	组装车间	工人	4000
55	蔡丽娟	组装车间	工人	4000
56	吴新祥	组装车间	工人	4000
57	胡首科	组装车间	工人	4000
58	邹建榕	组装车间	工人	4000

注：以上员工入职时间均为 2018 年 11 月 5 日，表中略去“银行卡号”栏目及相关信息。

5. 工资信息(表 4-5)

表 4-5 制造企业员工工资表 单位：元

2020 年 1 月 5 日，该制造企业在系统中申报 2019 年 12 月的员工个人所得税，税务局代扣个人所得税之后，制造企业收到银行的扣税回单并进行了记录。2019 年 12 月共计缴纳个人所得税 634.06 元。

工号	姓名	部门	岗位	基本工资	代扣款项	应税工资	应扣个人所得税	实发工资
					“五险一金”小计			
1001	梁天	企业管理部	总经理	12000.00	2427.00	9573.00	457.30	9115.70
1002	张万军	人力资源部	经理	7500.00	1518.00	5982.00	29.46	5952.54
1003	李斌	采购部	经理	7500.00	1518.00	5982.00	29.46	5952.54
1004	何明海	仓储部	经理	7500.00	1518.00	5982.00	29.46	5952.54
1005	钱坤	财务部	经理	7500.00	1518.00	5982.00	29.46	5952.54
1006	叶润中	生产计划部	经理	7500.00	1518.00	5982.00	29.46	5952.54
1007	杨笑笑	市场营销部	经理	7500.00	1518.00	5982.00	29.46	5952.54
1008	叶瑛	企业管理部	助理	5500.00	1114.00	4386.00	0.00	4386.00
1009	肖红	人力资源部	助理	5500.00	1114.00	4386.00	0.00	4386.00
1010	付海生	采购部	采购员	5500.00	1114.00	4386.00	0.00	4386.00
1011	王宝珠	仓储部	仓管员	5500.00	1114.00	4386.00	0.00	4386.00
1012	刘自强	财务部	成本会计	5500.00	1114.00	4386.00	0.00	4386.00
1013	朱中华	财务部	财务会计	5500.00	1114.00	4386.00	0.00	4386.00
1014	赵丹	财务部	出纳	5500.00	1114.00	4386.00	0.00	4386.00
1015	周群	生产计划部	生产计划员	5500.00	1114.00	4386.00	0.00	4386.00
1016	孙盛国	生产计划部	车间管理员	5500.00	1114.00	4386.00	0.00	4386.00
1017	马博	市场营销部	市场专员	4500.00	912.00	3588.00	0.00	3588.00
1018	刘思羽	市场营销部	销售专员	4500.00	912.00	3588.00	0.00	3588.00
1019	李良钊	机加车间	初级工人	3600.00	730.20	2869.80	0.00	2869.80
此处略去其他虚拟工人信息，根据企业实际虚拟工人人数进行核算、申报								
1044	田勤	组装车间	中级工人	4000.00	811.00	3189.00	0.00	3189.00
合计				123100.00	24926.20	98173.80	634.06	97539.74

6. 存货档案(表4-6)

表4-6 制造企业存货档案

存货编码	存货类型	存货名称	规格	计量单位	存货占用存储单位	组织机构类型
P0001	产成品	经济型童车		辆	10	制造业，经销商，虚拟经销商
P0002	产成品	舒适型童车		辆	10	制造业，经销商，虚拟经销商
P0003	产成品	豪华型童车		辆	10	制造业，经销商，虚拟经销商
M0001	半成品	经济型童车车架		个	10	制造业
M0002	半成品	舒适型童车车架		个	10	制造业
M0003	半成品	豪华型童车车架		个	10	制造业
B0001	原材料	钢管	$\Phi_{外}$ 16/$\Phi_{内}$ 11/L5000mm	根	2	制造业，供应商，虚拟供应商
B0002	原材料	镀锌管	$\Phi_{外}$ 16/$\Phi_{内}$ 11/L5000mm	根	2	制造业，供应商，虚拟供应商
B0003	原材料	坐垫	HJM500	个	4	制造业，供应商，虚拟供应商
B0004	原材料	记忆太空棉坐垫	HJM0031	个	4	制造业，供应商，虚拟供应商
B0005	原材料	车篷	HJ72×32×40	个	2	制造业，供应商，虚拟供应商
B0006	原材料	车轮	HJ$\Phi_{外}$ 125/$\Phi_{内}$ 60mm	个	1	制造业，供应商，虚拟供应商
B0007	原材料	经济型童车包装套件	HJTB100	套	2	制造业，供应商，虚拟供应商
B0008	原材料	数控芯片	MCX3154A	片	1	制造业，供应商，虚拟供应商
B0009	原材料	舒适型童车包装套件	HJTB200	套	2	制造业，供应商，虚拟供应商
B0010	原材料	豪华型童车包装套件	HJTB300	套	2	制造业，供应商，虚拟供应商

7. 存货期初(表 4-7)

表 4-7　制造企业存货期初数据

存货编码	存货类型	存货名称	规格	计量单位	期初库存量	单价(元)
P0001	产成品	经济型童车		辆	5400	756.82
P0002	产成品	舒适型童车		辆	0	0
P0003	产成品	豪华型童车		辆	0	0
M0001	半成品	经济型童车车架		个	5400	346.24
M0002	半成品	舒适型童车车架		个	0	0
M0003	半成品	豪华型童车车架		个	0	0
B0001	原材料	钢管	$\Phi_{外}$ 16/$\Phi_{内}$ 11/L5000mm	根	10800	105.2
B0002	原材料	镀锌管	$\Phi_{外}$ 16/$\Phi_{内}$ 11/L5000mm	根	0	0
B0003	原材料	坐垫	HJM500	个	5400	80.18
B0004	原材料	记忆太空棉坐垫	HJM600	个	0	0
B0005	原材料	车篷	HJ72×32×40	个	5400	144.26
B0006	原材料	车轮	HJ$\Phi_{外}$ 125/$\Phi_{内}$ 60mm	个	21600	26.89
B0007	原材料	经济型童车包装套件	HJTB100	套	5400	90.16
B0008	原材料	数控芯片	MCX3154A	片	0	0
B0009	原材料	舒适型童车包装套件	HJTB200	套	0	0
B0010	原材料	豪华型童车包装套件	HJTB300	套	0	0

8. 物料清单(表 4-8、表 4-9、表 4-10)

表 4-8　经济型童车物料清单

结构层次	父项物料	物料编码	物料名称	规格型号	单位	用量	(相对制造企业)备注
0		P0001	经济型童车		辆	1	自产成品
1	P0001	M0001	经济型童车车架		个	1	自产半成品
1	P0001	B0005	车篷	HJ72×32×40	个	1	外购原材料
1	P0001	B0006	车轮	HJ$\Phi_{外}$ 125/$\Phi_{内}$ 60mm	个	4	外购原材料
1	P0001	B0007	经济型童车包装套件	HJTB100	套	1	外购原材料
2	M0001	B0001	钢管	$\Phi_{外}$ 16/$\Phi_{内}$ 11/L5000mm	根	2	外购原材料
2	M0001	B0003	坐垫	HJM500	个	1	外购原材料

表 4-9　舒适型童车物料清单

结构层次	父项物料	物料编码	物料名称	规格型号	单位	用量	(相对制造企业)备注
0		P0002	舒适型童车		辆	1	自产成品
1	P0002	M0002	舒适型童车车架		个	1	自产半成品
1	P0002	B0005	车篷	HJ72×32×40	个	1	外购原材料
1	P0002	B0006	车轮	HJ$\Phi_{外}$ 125/$\Phi_{内}$ 60mm	个	4	外购原材料
1	P0002	B0009	舒适型童车包装套件	HJTB200	套	1	外购原材料
2	M0002	B0002	镀锌管	$\Phi_{外}$ 16/$\Phi_{内}$ 11/L5000mm	根	2	外购原材料
2	M0002	B0003	坐垫	HJM500	个	1	外购原材料

表 4-10　豪华型童车物料清单

结构层次	父项物料	物料编码	物料名称	规格型号	单位	用量	(相对制造企业)备注
0		P0003	豪华型童车		辆	1	自产成品
1	P0003	M0003	豪华型童车车架		个	1	自产半成品
1	P0003	B0005	车篷	HJ72×32×40	个	1	外购原材料
1	P0003	B0006	车轮	HJ$\Phi_{外}$ 125/$\Phi_{内}$ 60mm	个	4	外购原材料
1	P0003	B0008	数控芯片	MCX3154A	片	1	外购原材料
2	M0003	B00010	豪华型童车包装套件	HJTB300	套	1	外购原材料
2	M0003	B0002	镀锌管	$\Phi_{外}$ 16/$\Phi_{内}$ 11/L5000mm	根	2	外购原材料
2	M0003	B0004	记忆太空棉坐垫	HJM600	个	1	外购原材料

9. 厂房信息(表 4-11)

表 4-11　厂房期初信息

厂房类型	使用年限(年)	厂房面积(m^2)	厂房容积(m^3)	容量(台机床位)	售价(万元)	期初数量
小厂房	20	800	4800	12	480	0
大厂房	20	1000	6000	20	720	1

10. 生产设备信息(表 4-12)

表 4-12　制造企业生产设备信息

类型编码	生产设备类型	生产设备	购置费(万元)	使用年限(年)	生产能力(台/虚拟 1 天)		
					经济型童车	舒适型童车	豪华型童车
01	机床	普通机床	21	10	500	500	0
02	机床	数控机床	72	10	3000	3000	3000
03	生产线	组装流水线	51	10	7000	7000	6000

11. 生产设备期初数据(表 4-13)

表 4-13　制造企业生产设备期初数据

生产类型	生产设备	设备编号	购买日期	购置费(万元)	使用年限(年)	生产能力(台/虚拟 1 天)			数量(辆)
						经济型童车	舒适型童车	豪华型童车	
机床	普通机床	0001	2015/1/4	21	10	500	500	0	1
机床	普通机床	0002	2015/1/4	21	10	500	500	0	1
机床	普通机床	0003	2015/1/4	21	10	500	500	0	1
机床	普通机床	0004	2015/1/4	21	10	500	500	0	1
机床	普通机床	0005	2015/1/4	21	10	500	500	0	1
机床	普通机床	0006	2015/1/4	21	10	500	500	0	1
机床	普通机床	0007	2015/1/4	21	10	500	500	0	1
机床	普通机床	0008	2015/1/4	21	10	500	500	0	1
机床	普通机床	0009	2015/1/4	21	10	500	500	0	1
机床	普通机床	0010	2015/1/4	21	10	500	500	0	1
生产线	组装流水线	0011	2015/1/4	51	10	7000	7000	6000	1

12. 仓库信息(表 4-14)

表 4-14　制造企业仓库基本信息

仓库类型	使用年限(年)	仓库面积(m^2)	仓库容积(m^3)	仓库总存储单位	售价(万元)	存放产品
普通仓库	20	500	3000	300000	540	原材料：钢管、坐垫、车篷、车轮、经济型童车包装套件、镀锌管、记忆太空棉坐垫、数控芯片、舒适型童车包装套件、豪华型童车包装套件。 半成品：经济型童车车架、舒适型童车车架、豪华型童车车架。 成品：经济型童车、舒适型童车、豪华型童车

13. 仓库期初数据(表 4-15)

表 4-15　制造企业仓库期初数据

序号	仓库类型	使用年限(年)	仓库面积(m^2)	仓库容积(m^3)	仓库总存储单位	售价(万元)	数量
1	普通仓库	20	500	3000	300000	540	1

14. 车间工人信息(表4-16)

表4-16　人员配置数量

设备	人员类别	要求人员配置数量
普通机床	初级生产工人	2
数控机床	高级生产工人	2
组装流水线	初级	5
	中级	15

15. 固定资产信息(表4-17)

表4-17　制造企业固定资产基本信息

固定资产编号	固定资产名称	使用部门	使用年限(月)	开始使用日期	已计提月份(月)	原值(元)	残值(元)	月折旧额(元)	累计折旧(元)	对应科目
0100001	办公楼	企业管理部	240	2018.9.15	15	12000000.00	600000.00	47500.00	712500.00	管理费用
0100002	普通仓库	仓储部	240	2018.9.15	15	5400000.00	270000.00	21375.00	320625.00	管理费用
0100003	大厂房	生产计划部	240	2018.9.15	15	7200000.00	360000.00	28500.00	427500.00	制造费用
0200001	普通机床(机加工生产线)	生产计划部	120	2018.9.15	15	210000.00	—	1750.00	26250.00	制造费用—机加
0200002	普通机床(机加工生产线)	生产计划部	120	2018.9.15	15	210000.00	—	1750.00	26250.00	制造费用—机加
0200003	普通机床(机加工生产线)	生产计划部	120	2018.9.15	15	210000.00	—	1750.00	26250.00	制造费用—机加
0200004	普通机床(机加工生产线)	生产计划部	120	2018.9.15	15	210000.00	—	1750.00	26250.00	制造费用—机加
0200005	普通机床(机加工生产线)	生产计划部	120	2018.9.15	15	210000.00	—	1750.00	26250.00	制造费用—机加
0200006	普通机床(机加工生产线)	生产计划部	120	2018.9.15	15	210000.00	—	1750.00	26250.00	制造费用—机加
0200007	普通机床(机加工生产线)	生产计划部	120	2018.9.15	15	210000.00	—	1750.00	26250.00	制造费用—机加
0200008	普通机床(机加工生产线)	生产计划部	120	2018.9.15	15	210000.00	—	1750.00	26250.00	制造费用—机加
0200009	普通机床(机加工生产线)	生产计划部	120	2018.9.15	15	210000.00	—	1750.00	26250.00	制造费用—机加

续表 4-17

固定资产编号	固定资产名称	使用部门	使用年限（月）	开始使用日期	已计提月份（月）	原值（元）	残值（元）	月折旧额（元）	累计折旧（元）	对应科目
0200010	普通机床（机加工生产线）	生产计划部	120	2018.9.15	15	210000.00	—	1750.00	26250.00	制造费用—机加
0200011	组装生产线	生产计划部	120	2018.9.15	15	510000.00	—	4250.00	63750.00	制造费用—组装
0300001	笔记本电脑	企业管理部	48	2018.9.15	15	6000.00	—	125.00	1875.00	管理费用
0300002	笔记本电脑	人力资源部	48	2018.9.15	15	6000.00	—	125.00	1875.00	管理费用
0300003	笔记本电脑	财务部	48	2018.9.15	15	6000.00	—	125.00	1875.00	管理费用
0300004	笔记本电脑	采购部	48	2018.9.15	15	6000.00	—	125.00	1875.00	管理费用
0300005	笔记本电脑	营销部	48	2018.9.15	15	6000.00	—	125.00	1875.00	销售费用
0300006	笔记本电脑	仓储部	48	2018.9.15	15	6000.00	—	125.00	1875.00	管理费用
0300007	笔记本电脑	生产计划部	48	2018.9.15	15	6000.00	—	125.00	1875.00	制造费用
0300008	台式电脑	财务部	48	2018.9.15	15	4800.00	—	100.00	1500.00	管理费用
0300009	台式电脑	财务部	48	2018.9.15	15	4800.00	—	100.00	1500.00	管理费用
0300010	台式电脑.	企业管理部	48	2018.9.15	15	4800.00	—	100.00	1500.00	管理费用
0300011	台式电脑	人力资源部	48	2018.9.15	15	4800.00	—	100.00	1500.00	管理费用
0300012	台式电脑	财务部	48	2018.9.15	15	4800.00	—	100.00	1500.00	管理费用
0300013	台式电脑	采购部	48	2018.9.15	15	4800.00	—	100.00	1500.00	管理费用
0300014	台式电脑	营销部	48	2018.9.15	15	4800.00	—	100.00	1500.00	销售费用
0300015	台式电脑	营销部	48	2018.9.15	15	4800.00	—	100.00	1500.00	销售费用
0300016	台式电脑	仓储部	48	2018.9.15	15	4800.00	—	100.00	1500.00	管理费用
0300017	台式电脑	生产计划部	48	2018.9.15	15	4800.00	—	100.00	1500.00	制造费用
0300018	台式电脑	生产计划部	48	2018.9.15	15	4800.00	—	100.00	1500.00	制造费用
0300019	打印复印一体机	企业管理部	48	2018.9.15	15	24000.00	—	500.00	7500.00	管理费用
合计						27328800.00		121600.00	1824000.00	

16. 科目余额表(表4-18)

表4-18 制造企业科目余额表

科目编码	科目名称	期初(元)		本期(元)		期末(元)	
		借	贷	借	贷	借	贷
1001	库存现金	20000.00					
1002	银行存款	10000000.00					
100201	工行存款	10000000.00					
1122	应收账款						
112201	旭日商贸有限公司						
112202	华晨商贸有限公司						
112203	仁和商贸有限公司						
112204	天府商贸有限公司						
1221	其他应收款						
1403	原材料	3415824.00					
140301	钢管	1136160.00					
140302	坐垫	432972.00					
140303	车轮	580824.00					
140304	车篷	779004.00					
140305	经济型童车包装套件	486864.00					
140306	镀锌管						
140307	记忆太空棉坐垫						
140308	数控芯片						
140309	舒适型童车包装套件						
140310	豪华型童车包装套件						
1405	库存商品	4086828.00					
140501	经济型童车	4086828.00					
140502	舒适型童车						
140503	豪华型童车						
1409	自制半成品	1869696.00					
140901	经济型童车架	1869696.00					
140902	舒适型童车架						
140903	豪华型童车架						
1601	固定资产	27328800.00					
1602	累计折旧		1824000.00				
2001	短期借款						

续表 4-18

科目编码	科目名称	期初(元)		本期(元)		期末(元)	
		借	贷	借	贷	借	贷
2202	应付账款						
220201	恒通工贸						
220202	邦尼工贸						
220203	思远工贸						
220204	新耀工贸						
220211	隆飞物流						
220212	融通服务						
2211	应付职工薪酬		377275.50				
221101	工资		265500.00				
221103	社会保险		85225.50				
221104	住房公积金		26550.00				
2221	应交税费		170495.58				
222101	应交增值税						
22210101	进项税额	321318.58					
22210103	销项税额		491814.16				
22210106	转出未交税金	170495.58					
222102	未交增值税		170495.58				
222103	已交增值税						
222105	应交个人所得税						
222108	应交企业所得税						
2501	长期借款						
4001	实收资本		35000000.00				
4101	盈余公积		396687.31				
4103	本年利润						
4104	利润分配		8952689.61				
410406	未分配利润		8952689.61				
6001	主营业务收入						
6401	主营业务成本						
6601	销售费用						
6602	管理费用						
6603	财务费用						
合计		44897148.00	44897148.00				

17. 供应商信息(表 4-19)

表 4-19 供应商信息表

序号	企业法定中文名称	简称	办公电话	注册资金(元)	企业注册登记日期	企业法定代表人	企业注册地址	邮政编码	开户银行	银行账号	社会统一信用代码
1	恒通工贸有限公司	恒通	010-51062888	4500000	2015/1/4	张艳	小红门路 45 号	100076	中国工商银行	0100229999000099015	110000001012587015
2	邦尼工贸有限公司	邦尼	010-60423018	4500000	2015/1/4	张伟	曙光西街 722 号	100070	中国工商银行	0100229999000099016	110106311235740016

18. 经销商信息(表 4-20)

表 4-20 经销商信息表

序号	企业法定中文名称	简称	办公电话	注册资金(元)	企业注册登记日期	企业法定代表人	企业注册地址	邮政编码	开户银行	银行账号	社会统一信用代码
1	旭日商贸有限公司	旭日	010-68500412	4500000	2015/1/4	李峰	北清路 5 号	100094	中国工商银行	0100229999000099011	110108554831327011
2	华晨商贸有限公司	华晨	010-62570416	4500000	2015/1/4	王强	沙静南路 671 号	100084	中国工商银行	0100229999000099012	110108753990101012

19. 物流公司信息(表 4-21)

表 4-21 物流公司信息表

企业法定中文名称	简称	办公电话	注册资金(元)	企业注册登记日期	企业法定代表人	企业注册地址	邮政编码	开户银行	银行账号	社会统一信用代码
隆飞物流有限公司	隆飞	010-64667658	6000000	2015/1/4	李靖	卓尔大街 38 号	100106	中国工商银行	100229999000099019	100108231234856019

20. 服务公司信息(表 4-22)

表 4-22 服务公司信息表

企业法定中文名称	简称	办公电话	注册资金(元)	企业注册登记日期	企业法定代表人	企业注册地址	邮政编码	开户银行	银行账号	社会统一信用代码
融通综合服务有限公司	融通	010-64667659	50000000	2015/1/4	王经文	藏龙大道 28 号	100122	中国工商银行	0100229999000099024	100108231234858024

二、制造企业各岗位工作交接的主要内容

(一)总经理工作交接

总经理在开展业务工作之前需要掌握下列信息：制造企业的组织结构、人员配置、各岗位的主要职责、制造企业的经营规则、制造企业的期初数据。

1. 查看制造企业证章资质一览表和办公用品清单(表 4-23、表 4-24)

表 4-23　制造企业证章资质一览表

序号	证章名称	标准用量(1 家企业)
1	企业公章	1
2	合同专用章	1
3	法人章	1
4	财务专用章	1
5	发票专用章	1
6	企业法人营业执照(正本)	1
7	企业法人营业执照(副本)	1
8	生产许可证	1
9	银行开户许可证	1

表 4-24　制造企业办公用品清单

序号	证章名称	标准用量(1 家企业)
1	印泥	1(个)
2	胶棒	1(个)
3	单据	1(套)

2. 了解制造企业各岗位职责

(1) 总经理

①工作职责

总经理是企业的最高管理者，同时兼任企业管理部的负责人，在董事会的领导下，负责相应职责范围内所有的工作。具体职责如下：

a. 负责组织制定公司的总体战略和年度经营规划。

b. 负责组织制定公司的经营预算。

c. 负责建立和健全公司的管理制度和组织结构。

d. 负责主持公司的日常经营管理工作。

e. 对公司的经营管理目标负责。

f. 负责主持召开有关企业重大决策会议。

g. 负责对公司的经营状况进行诊断和改进。

h. 负责监督各部门的工作进展，考核各部门的经营指标。

i. 负责协调公司的人力资源。

j. 负责协调公司的对外联络。

②工作任务

a. 公司组建任务：制作招聘海报、组织招聘、组建团队、召开内部会议、开展岗前培训等。

b. 公司经营任务：制定公司战略和经营计划、组织制定公司预算、建立规章制度、建立组织结构、组织销售、组织生产、组织采购、组织财务核算等。

c. 公司管理任务：财务管理(主要是分析财务指标)、税务管理、工商管理、团队管理、经营分析、企业文化管理等。

(2)行政助理

①工作职责

行政助理由总经理任命，涉及各个部门，工作比较烦琐，主要进行日常行政管理，制定与执行公司规章制度、管理规程等。具体职责如下：

a. 负责企业日常行政工作的管理与协调。

b. 负责协助制定公司的各项管理规章制度。

c. 负责各种合同、公文、档案等文字资料的整理归档。

d. 负责企业证照的办理、年审、更换、作废等，以及印章的保管、使用管理等。

e. 负责企业各部门办公用品的管理和分发。

f. 负责公司固定资产设备的管理。

②工作任务

a. 公司组建任务：管理办公用品、组织九宫格活动。

b. 公司经营任务：部门工作考核、协助制定规章制度、办公用品管理、合同公文档案管理、证照印章管理、资产设备管理、会议组织。

(3)营销部经理

①工作职责

营销部经理是营销部的负责人，在总经理的领导下，与各部门有效合作，全面负责营销部的所有工作。具体职责如下：

a. 负责本部门营销管理制度的制定。

b. 负责制定公司营销总体规划并组织实施。

c. 负责编制本部门的营销预算，并严格控制。

d. 负责制订和组织实施本部门营销计划并监督执行。

e. 负责本部门业务的经营分析。

f. 负责本部门各项业务的审批审核工作。

g. 负责对本部门员工的绩效进行考核。

h. 负责本部门员工的管理。

i. 完成公司总经理交办的其他临时性工作。

②工作任务

市场调研与分析、广告投放申请、产品定价、编制营销企划方案、营销企划方案跟进、编制部门预算、组织制定部门规章制度、销售合同审批、审批销售发货计划、广告费财务报销、召开部门工作会议、部门员工绩效考核。

(4)市场专员

①工作职责

市场专员在营销经理的领导下，承担公司产品市场调查、市场分析与预测、市场开发、产品开发、产品促销等工作。其主要职责如下：

a. 负责相关市场调查与分析，为公司研发、生产及销售提供决策支持。

b. 负责根据市场调研与分析的结果，对公司的产品销售进行预测。

c. 负责根据市场调研与分析的结果，制订公司新产品开发计划。

d. 负责公司广告方案的策划与实施。

e. 负责编制公司广告预算。

f. 完成部门经理安排的其他工作。

②工作任务

市场调研、销售预测、市场开拓、编制营销企划方案、广告投放申请、新产品开发计划制订、广告预算编制、产品定价、广告费报销等。

(5)销售专员

①工作职责

销售专员在营销经理的领导下，负责完成公司下达的销售任务，在指定区域内开展公司产品的客户推广和销售管理工作。其主要职责如下：

a. 负责寻找潜在客户，开发新客户，拓展与老客户的业务。

b. 负责与客户进行产品销售沟通与商务谈判。

c. 负责销售合同的签订。

d. 负责销售合同的履行与管理等，包括及时组织货源、发货与回收货款。

e. 负责建立客户档案，做好产品的售后服务工作，经常走访客户，维护良好的客户关系。

f. 负责公司产品销售竞单工作。

g. 负责编制销售统计报表。

h. 完成部门经理安排的其他工作。

②工作任务

与客户谈判并签订销售合同、销售竞单、编制销售发货计划、销售发货、回收货款、建立客户档案等。

(6)生产计划部经理

①工作职责

生产计划部经理是生产计划部的负责人，在总经理的领导下，全面负责和完成公司生产部门的所有工作。其具体职责如下：

a. 负责制定本部门的生产战略并组织实施。

b. 负责组织制订生产计划。

c. 负责编制本部门的生产预算，并进行各项审批审核工作。

d. 负责制定部门的生产规章制度。

e. 负责制订设备采购计划，组织设备的维护保养。

f. 负责组织新产品开发。

g. 负责与人力资源部门协调，进行生产人员配备。

②工作任务

制定生产战略、编制生产预算、制定规章制度、组织新产品开发、购买生产设备、主生产计划审批、物料需求计划审批、生产通知单审批、请购单审批、领料单/出库单/完工入库单审批、生产人员配置、部门绩效考核、召开部门工作会议。

(7)生产计划员

①工作职责

生产计划员根据客户订单及市场情况，结合企业实际产能与原材料供应情况，在不影响交货的前提下编制合理均衡的生产计划，并安排生产。其具体职责如下：

a. 负责制订企业的主生产计划。

b. 负责编制物料需求计划。

c. 负责填写生产通知单，并派发至生产车间。

d. 负责进行生产监控，保证生产计划的实现。

e. 负责进行日常的物料管理与控制，使物料配套供应，以满足正常的生产所需。

②工作任务

归档整理物料清单(BOM)、编制主生产计划、编制物料需求计划、填写并派发生产通知单、填写并发放请购单、生产监督、物料监控等。

(8)车间管理员

①工作职责

车间管理员全面负责所辖车间的各项工作，通过有效统筹、调度安排，达到车间生产效率的最大化，保证企业各项生产任务顺利完成。其具体职责如下：

a. 按公司下达的生产任务，编制生产作业计划并全面完成。

b. 负责原材料领用和产品完工入库。

c. 负责物料的控制与管理，降低物料成本。

②工作任务

编制生产作业计划、生产线人员配备、领取原材料、实施生产、产成品入库、填写产品质检单、填写生产报表。

(9)采购部经理

①工作职责

采购部经理是采购部的负责人，在总经理的领导下，与各部门有效配合，全面负责和完成采购部的所有工作。其具体职责如下：

a. 负责制定本部门的采购管理制度。

b. 负责制定公司采购规划并组织实施。

c. 负责编制本部门采购预算。

d. 负责分析和预测市场行情。

e. 参与收集供应商信息。

f. 负责开发、选择及评定供应商。

g. 负责审核采购合同并监督执行。

i. 负责审核采购订单。

②工作任务

制定采购战略、制定部门制度、编制采购预算、分析和预测市场行情、审核采购合同、审核采购订单、选择和评定供应商、召开部门工作会议、跟踪合同执行情况。

(10)采购员

①工作职责

采购员负责收集供应商资料和信息，编制采购计划并进行跟进，确保采购物资按时保质保量送达。其具体职责如下：

a. 负责收集供应商资料。

b. 负责编制采购计划。

c. 负责日常采购谈判。

d. 负责签订采购合同。

e. 负责填制采购订单。

f. 负责从订购到交货的全程跟进。

g. 负责协助仓储部收货、点货、检货与入库。

i. 负责货款申请与支付。

②工作任务

收集供应商资料、建立供应商档案、编制采购计划、采购谈判、签订采购合同、填制采购订单、采购跟踪、协助到货入库、采购货款申请与支付、召开部门工作会议。

(11)仓储部经理

①工作职责

仓储部经理是仓储部的负责人，在总经理的领导下，负责完成企业年度的仓储规划，制订部门作业计划，控制库存成本和库存费用等。其具体职责如下：

a. 负责制定本部门的管理制度。

b. 负责制定本部门的仓储规划及组织实施。

c. 负责编制本部门的仓储作业计划。

d. 负责编制本部门的库存费用预算。

e. 负责控制合理库存，加快存货周转速度，降低库存成本。

f. 负责核实物料收、发、存，并监督仓库进行盘点清查，保证账、物、卡相符。

g. 仓库管理，负责物资的出、入库管理，并对各类出、入库单据进行整理归档。

h. 负责物资的合理存放、保管和防护。

i. 负责物资的日常盘点。

②工作任务

制定管理制度、制定仓储规划、编制仓储作业计划、编制部门费用预算、库存控制、仓储布局、仓储安全管理、核实物料收发存、员工绩效管理。

(12)仓管员

①工作职责

仓管员在仓储部经理的领导下，规范地完成入出库、在库保管、盘点、库存控制等工作，保证企业生产和销售所需物资的及时供应。其具体职责如下：

a. 负责仓库物料的入库、保管、出库等日常工作。

b. 负责合理安排物料在仓库内的存放次序。

c. 负责仓库区域内的安全、防盗、消防工作。

d. 负责维护物料的存储环境。

e. 负责定期对仓库物料进行盘点清查，做到账、物、卡三者相符。

f. 负责物料仓库单据、账册的整理归档。

g. 完成上级领导交办的其他临时性工作。

②工作任务

库存控制、仓储安全管理、填写入库单、填写出库单、填写盘点单、填写库存台账等。

(13)人力资源部经理

①工作职责

人力资源部经理是人力资源部门的负责人，对公司的招人、选人、用人、培训、考核进行统筹安排，保证人力资源满足公司的发展要求。其具体职责如下：

a. 负责制定公司人力资源管理制度。

b. 负责制订招聘计划，组织技能考核鉴定。

c. 负责制订培训计划，组织培训实施。

d. 负责人力资源支出预算的编制，控制成本。

e. 负责组织公司人员招聘活动。

f. 负责人事材料及报表的检查。

g. 负责组织制定公司绩效考核体系，定期进行员工考核。

h. 负责本部门员工的绩效管理。

i. 完成上级领导交办的其他临时性工作。

②工作任务

制定管理制度、制订招聘计划、制定绩效考核体系、制订培训计划、编制预算、组织招聘、人事材料检查、员工绩效管理。

(14)人力资源部助理

①工作职责

人力资源部助理负责公司人力资源部门的日常工作。其具体职责如下：

a. 负责招聘渠道的管理与维护，发布招聘信息。

b. 负责筛选应聘简历，预约，安排面试，跟进面试流程。

c. 负责员工入职、调动、离职等手续的办理。

d. 负责员工档案管理。

e. 负责劳动合同管理。

f. 负责实施培训。

g. 负责人事材料的实时更新与维护。

h. 负责公司员工的考勤管理。

i. 负责公司员工薪资的核算与发放。

j. 负责办理社会保险、住房公积金缴纳等相关手续。

k. 完成上级领导交办的其他临时性工作。

②工作任务

发布招聘信息、安排面试、办理入离职手续、员工档案管理、合同管理、实施培训、日常考勤、薪资核算与发放、办理社会保险与住房公积金缴纳。

(15)财务部经理

①工作职责

财务部经理是财务部的负责人，在总经理的领导下，负责相应职责范围内所有的工作。其具体职责如下：

a. 负责制定、解释公司的财务管理规章制度。

b. 负责制定各级会计科目。

c. 负责组织日常财务核算。

d. 负责组织企业的财务分析工作。

e. 负责审核公司财务收支、资金结算事项。

f. 负责审核记账凭证、会计报表、财务报告。

g. 负责组织公司固定资产、存货、库存现金等的盘点工作。

h. 组织期末结算与决算。

i. 负责组织公司的财务预算工作，包括预算体系建设，资金收支、利润预算等。

j. 负责编制部门财务预算。

k. 负责公司资金管理、筹融资管理，编制资金使用计划。

l. 负责按照国家税法和其他规定，严格审查应交税金，督促有关岗位人员及时办理手续。

m. 完成上级领导交办的其他临时性工作。

②工作任务

制定管理制度、制定会计科目、组织财务分析、编制财务报告、审核凭证、审核报表、组织资产盘点、组织期末结算、预算管理、资金筹集、日常资金审批、印章管理、组织纳税。

(16)财务会计

①工作职责

财务会计负责审核和填制有关原始凭证，编制记账凭证，登记账簿，编制报表和纳税申报等工作。其具体职责如下：

a. 负责启用公司账簿。

b. 根据制度要求开设相关总分类账户、明细分类账户。

c. 负责审核和填制原始凭证，编制记账凭证。

d. 负责审核相关记账凭证。

e. 负责登记有关总分类账簿和明细分类账簿。

f. 负责定期进行对账。

g. 负责做好期末业务处理。

h. 负责编制财务报表。

i. 负责纳税申报。

j. 负责会计资料的整理及保管。

k. 完成上级领导交办的其他临时性工作。

②工作任务

启用账簿、开设账户、填制和审核原始凭证、编制记账凭证、审核相关凭证、登记相关总分类账簿、登记相关明细分类账簿、对账、期末处理、编制财务报表、纳税申报、会计资料整理与保管。

(17)成本会计(财务会计兼任)

①工作职责

成本会计是在财务部经理的领导下，对生产过程中发生的各种耗费，采用会计的专门方法，依据一定的标准进行确认、归集、计算和分配，为企业计算盈亏、确认成本补偿提供依据。其具体职责如下：

a. 负责制定成本控制规章制度。

b. 负责编制生产成本预算。

c. 负责材料入库和领用的审核和记账。

d. 负责库存商品入库和出库的审核和登记。

e. 协助仓储部门做好存货的清查盘点和结构分析。

f. 负责存货核算。

g. 负责薪资的核算与分配。

h. 负责固定资产的核算与管理。

i. 负责制造费用的核算与分配。

j. 负责生产成本、销售成本的核算。

k. 负责编制成本费用报表并进行分析。

l. 完成上级领导交办的其他临时性工作。

②工作任务

制定成本制度、编制生产成本预算、材料入库记账、材料领用记账、库存商品入库记账、库存商品领用记账、存货核算、薪资核算与分配、固定资产核算与管理、制造费用核算与分配、产品成本计算、产品销售成本计算、编制成本费用报表、成本报表分析。

(18)出纳

①工作职责

出纳工作是财会工作的一个重要组成部分。出纳的具体职责如下：

a. 负责办理银行账户的开立、变更和撤销业务。

b. 负责办理现金收支业务，做到账款相符，确保现金的安全。

c. 负责办理银行收支业务。

d. 负责定期与银行对账，编制银行存款余额调节表。

e. 负责支票管理。

f. 负责保管库存现金、有价证券、重要空白凭证、印章等。

g. 负责登记现金日记账和银行存款日记账。

h. 编制资金报表，按月装订并定期归档。

i. 完成领导交办的其他各项临时性工作。

②工作任务

银行开户、购买发票、购买支票、支票管理、现金收支、转账付款、银行收款、现金管理、印章管理、登记现金日记账、登记银行存款日记账、编制资金报表、向银行贷款、发放薪资。

3. 了解制造企业运营规则

运营制造企业要遵守一定的规则，此部分内容已在第三章中进行讲解，此处不再赘述。

4. 熟悉制造企业期初数据(见本节第一部分)

(二)行政助理期初建账

行政助理在开展业务之前需要掌握以下信息。

1. 固定资产

制作固定资产卡片，栏目有类别、编号、名称、规格型号、建造单位、日期、投产日期、原始价值、预计使用年限、折旧率、存放地点、使用单位、大修理日期和金额，以及停用、出售、转移、报废清理等。

截至2019年12月31日，企业拥有固定资产33项，每项固定资产均登记在固定资产卡片上。固定资产卡片如图4-1所示。

卡片编号 001　　日期 2018/09/15

固定资产编号 0100001　　固定资产名称 办公楼

类别编号 01　　类别名称 非生产用房

规格型号 　　使用部门 企业管理部

增加方式 购入　　存放地点

使用状况 在用　预计使用年限 20　折旧方法 直线法

开始使用日期 2018/09/15　　已计提月份 15

原值 12000000.00 元　　净残值

累计折旧 712500.00 元

净值 11287500.00 元　折旧费用类别 管理费用　保管人

附属设备

图 4-1　固定资产卡片

2. 资产变动历史表样(表 4-25)

表 4-25　资产变动历史表样

日期	变动事项	变动原因	变动说明

变动事项主要包括资产大修理、资产转移、原值变动、资产减少等。

(三)财务部工作人员期初建账

财务部是指对资产的购置(投资)、资本的融通(筹资)、现金流量(营运资金)，以及利润分配进行管理的部门，是企业、事业单位设立的职能部门，负责本单位的财务管理。VBSE 跨专业综合实训系统中，财务部工作人员主要包括出纳、成本会计、财务会计和财务经理等。

1. 出纳的期初建账

出纳的主要工作是资金收付和票据保管，期初需要填写现金日记账和银行存款日记账，此项单据填写工作可在 VBSE 3.6 系统中完成。

(1)认识日记账

日记账又称序时账，是按经济业务发生和完成时间的先后顺序进行登记的账簿。出纳应逐日按照记账凭证(或记账凭证所附的原始凭证)逐笔进行登记。日记账主要包括现金日记账和银行存款日记账。

现金日记账是用来核算库存现金每天的收入、支出和结存情况的账簿。企业应按币种设置现金日记账进行明细分类核算。现金日记账的格式一般有“三栏式”“多栏式”和“收付分页式”三种，在实际工作中大多采用的是“三栏式”账页格式。

银行存款日记账通常也是由出纳根据审核后的有关银行存款收、付款凭证逐日逐笔顺序登记的。银行存款日记账应按各种存款分别设置对于现金存入银行的业务，存款的收入数应根据现金付款凭证登记。每日终了，应分别计算银行存款收入、付出的合计数和本日余额，以便于检查、监督各收支款项，并便于定期同银行逐笔核对。银行存款日记账的格式分为“三栏式”和“多栏式”两种，其基本结构同现金日记账。

(2)期初日记账的登记

根据期初数据，制造企业期初现金余额为20000元，银行存款为工商银行存款1000万元。出纳依据此数据填写日记账。日记账登记时，主要登记日期、摘要、余额等，登记详情如图4-2、图4-3所示。

1001—库存现金 ▼　　**现金日记账**　　第 1 页

2017年		记账凭证号数	摘要	借方										✓	贷方										✓	余额									
月	日			千	百	十	万	千	百	十	元	角	分		千	百	十	万	千	百	十	元	角	分		千	百	十	万	千	百	十	元	角	分
1	5		上月结转											☑											☐				2	0	0	0	0	0	0
														☐											☐										
														☐											☐										
														☐											☐										
														☐											☐										
														☐											☐										

图4-2　现金日记账

100201—工行存款 ▼　　**银行存款日记账**　　第 1 页

2017年		记账凭证号数	摘要	借方										✓	贷方										✓	余额									
月	日			千	百	十	万	千	百	十	元	角	分		千	百	十	万	千	百	十	元	角	分		千	百	十	万	千	百	十	元	角	分
1	5		上月结转											☑											☐	1	0	0	0	0	0	0	0	0	0
														☐											☐										
														☐											☐										
														☐											☐										
														☐											☐										
														☐											☐										

图4-3　银行存款日记账

2. 成本会计期初建账

成本会计用于估算、跟踪和控制产品和服务成本。期初成本会计需要开设数量金额明细账。

(1)认识明细账

明细账也称明细分类账，是按明细分类账户开设的、用来分类登记某类经济业务详细情况、提供明细核算资料的账簿。明细分类账按账页格式的不同可分为三栏式、数量金额式和多栏式。

①三栏式。三栏式明细账的账页设有借方、贷方和余额三个金额栏，不设数量栏。这种格式适用于各种日记账、总分类账以及资本、债权、债务明细账的登记，以及只需要进行金额核算而不需要进行数量核算的明细核算，如“应收账款”“应付账款”等债权债务结算科目的明细分类核算。

②数量金额式。数量金额式明细账的借方、贷方和余额三个栏目内都分设数量、单价和金额三个小栏目，借以反映财产物资的实物数量和价值量。这种格式适用于既需要进行金额核算，又需要进行账物数量核算的各种财产物资的明细核算，如“原材料”“库存商品”“产成品”“周转材料”等财产物资科目的明细分类核算。

③多栏式。多栏式明细账的账页按照明细科目或明细项目分设若干专栏，以在同一账页上集中反映各有关明细科目或某明细科目各明细项目的金额。这种格式适用于费用、成本、收入和成果的明细核算，如“制造费用”“管理费用”“营业外收入”和“营业外支出”等科目的明细分类核算。

(2)期初明细账的登记

成本会计在期初建账登记多栏式明细账时，有期初余额的要依次建立新账页，并将期初余额过入新的账页；如果某科目期初没有余额，在新发生业务时，要为此科目新建一个账页。

根据 VBSE 提供的期初数据，期初成本会计只需登记数量金额式明细账，主要包括原材料中的钢管、坐垫、车轮、车篷、经济型童车包装套件及库存商品中的经济型童车，外加自制半成品中的经济型童车车架。钢管数量金额式明细账登记如图 4-4 所示。

资产类 负债类 所有者权益类 成本类 损益类 其它

总页：____ 分页____ 140301—钢管 ▼ **数量金额式明细账**

编号名称 B0001 存放地点 普通仓库 寄存放地点 ______ 计量单位 根 规格 $Φ_{外}$ 16$Φ_{内}$ 11… 类别 原材料

2017年		凭证字号	摘要	收入													发出													结存												
月	日			数量	单价	金额											数量	单价	金额											数量	单价	金额										
						亿	千	百	十	万	千	百	十	元	角	分			亿	千	百	十	万	千	百	十	元	角	分			亿	千	百	十	万	千	百	十	元	角	分
1	5		期初结余																											10800	105.20			1	1	3	6	1	6	0	0	0

图 4-4 钢管数量金额式明细账登记

3. 财务会计期初建账

财务会计负责审核和填制有关原始凭证，编制记账凭证，登记账簿，编制报表和纳税申报等工作。在 VBSE 跨专业综合实训系统中，期初建账时财务会计主要依据期初数据登记各个三栏式明细账账簿，主要包括各项税费、实收资本、未分配利润等。未分配利润明细账登记如图 4-5 所示。

总页：____ 分页____

410401—未分配利润▼　　　**明　细　账**

会计科目__________

明细科目__________

记账凭证				摘　要	对应科目	借方金额											贷方金额											借或贷	余　额											
2017年		类别	号数																																					
月	日					十	亿	千	百	十	万	千	百	十	元	角	分	十	亿	千	百	十	万	千	百	十	元	角	分		十	亿	千	百	十	万	千	百	十	元	角	分	✓
1	5			上月结存																										贷				9	2	7	8	6	9	3	7	2	☑

图 4-5　未分配利润明细账登记

4. 财务部经理期初建账

财务部经理是财务部的负责人，在总经理的领导下，负责财务部职责范围内的所有工作。在 VBSE 系统中，财务部经理根据已有的实习装备，开设总账账簿。

(1)认识总账

总账是指总分类账簿，也称总分类账，是根据总分类科目开设的账户，用来登记全部经济业务，进行总分类核算，提供总括核算资料的分类账簿。总分类账所提供的核算资料，是编制会计报表的主要依据，任何单位都必须设置总分类账。

总分类账一般采用订本式账簿。总分类账的账页格式，一般采用“借方”“贷方”“余额”三栏式，根据实际需要，可以在“借方”“贷方”两栏内增设“对方科目”栏，也可以采用多栏式格式，如把序时记录和总分类记录合在一起记账，形成日记总账。

总分类账的登记依据和方法，主要取决于所采用的会计核算形式。可以直接根据各种记账凭证逐笔登记，也可以先把记账凭证按照一定的方式进行汇总，编制成科目汇总表或汇总记账凭证等，然后据以登记。

总分类账为一级账目，总领统驭明细类账目。

(2)期初总账的登记

总账采用订本式，不能添加账页，所以在建账前应根据总账账页页数和一级科目数量及每个科目估计的业务量，为每个科目的业务预留出足够的记录空间。例如，根据业务量可设定 1～4 页登记现金总账，5～9 页登记银行存款总账，然后在每页写上账户名称，并在每个账户起始页右边边缘粘贴表明账户名称的口取纸。期初建账时无余额的账户不登记。库存现金总分类账登记如图 4-6 所示。

资产类 负债类 所有者权益类 成本类 损益类 其它

1001—库存现金 ▼ **总 分 类 账** 总页： 分页 1

2017年		记账凭证号数	摘要	借方													贷方													借或贷	余额													
月	日			百	十	亿	千	百	十	万	千	百	十	元	角	分	百	十	亿	千	百	十	万	千	百	十	元	角	分		百	十	亿	千	百	十	万	千	百	十	元	角	分	✓
1	5		上月结存																											借							2	0	0	0	0	0	0	☑
																																												☐
																																												☐

图 4-6 库存现金总分类账登记

(四)采购部人员期初建账

采购部是制造企业中负责生产物资采购的部门。在 VBSE 跨专业综合实训系统中，采购部共设置了两个岗位：采购经理和采购员。新的团队接手采购工作后，需要先了解前任交接的资料，包括期初采购订单、入库单、采购合同执行情况表、物料结构等。不同角色分管的工作不同，需要了解的重点内容也不同。采购部各岗位人员期初建账的主要任务见表 4-26。

表 4-26 采购部期初建账的主要任务

角色	期初数据	说明
采购员	采购订单	前期下达未完结的采购订单，存档用
	材料入库单	前期入库单，留作未来付款备查用
采购经理	采购合同执行情况表	未完成的采购合同记录
	供应商信息汇总表	企业供应商信息汇总
	供应商考评记录表	供应商的详细资料
	库存期初	各种物料的期初库存情况
	物料清单	产品结构
	企业产能报表	车间产能情况

在 VBSE 3.6 中，系统对采购部工作交接的内容进行了简化，学生在实训中并不需要填写各种单据，但需要对本企业的材料供应商信息、期初库存、物料清单及车间产能等进行了解，并能依据以上信息指导后期的采购工作。

（五）营销部人员期初建账

营销部是一个企业的经济命脉，营销部的业绩直接影响到企业的收入。在 VBSE 跨专业综合实训系统中，营销部共设置了三个岗位：营销部经理、市场专员和销售专员。一般来说，对营销部负责人的要求比较高，要有较好的沟通能力、市场开发和分析能力、管理能力和应变能力，且责任心强，有号召力，熟悉营销模式，具有业务开拓渠道，有良好的营销管理策略及丰富的营销经验。

新的营销团队接手销售工作后，需要先研读前任交接的销售资料，包括销售预测、未完成的销售业务、客户资料等。不同角色分管的工作不同，需要研读的重点内容也不同。表 4-27 为营销部各岗位人员期初建账的主要任务。

表 4-27　营销部各岗位人员期初建账的主要任务

期初数据	相关说明	对应岗位
销售发货明细	已发货未收款订单	营销部经理、销售专员
市场需求预测	2021 年度市场需求预测	营销部经理、市场专员、销售专员
客户信息汇总表	企业客户信息	营销部经理、销售专员
库存期初报表	各种成品的期初库存情况	营销部经理、销售专员
车间产能报表	车间产能情况	营销部经理、销售专员

客户信息汇总表、库存期初报表的相关信息体现在期初数据中，车间产能报表在前述“制造企业经营规则”中进行了说明，此处不再赘述。

童车销售市场分为东、西、南、北、中部地区市场（营销部经理可通过快捷入口进入系统进行查看），每个地区市场的需求数量和价格有所差异。

（六）生产计划部人员期初建账

生产计划部的英语缩写是 PMC（Product Material Control），意思为生产及物料控制。它通常可分为 PC 和 MC 两个部分。PC 指生产控制或生产管制（俗称生管），主要职能是生产计划与生产进度的控制。MC 指物料控制（俗称物控），主要职能包括物料计划、请购、物料调度和物料控制（坏料控制和正常进出用料控制）等。在 VBSE 跨专业综合实训系统中，生产计划部设置了生产计划部经理、生产计划员、车间管理员三个管理岗位。

新的团队接手生产计划工作后，需要先研读前任交接的资料，包括期初派工单、生产执行情况表、车间产能报表等。不同角色分管的工作不同，需要研读的重点内容也不同。在工作交接过程中，生产计划部各岗位人员期初建账的主要任务见表 4-28。

在 VBSE 3.6 系统中，新的团队在接手生产计划部工作时，不存在未完工的派工单和生产，所以实训学生不需要处理。物料清单和车间产能、库存期初报表、2021 年销售预测在前文已做了说明，此处不再赘述。

表 4-28 生产计划部各岗位人员期初建账的主要任务

角色	期初数据	说明
生产计划员	派工单	前期已下达但未完工的派工单
车间管理员	生产执行情况表	未完工的生产记录
生产计划部经理	2021 年销售预测	未完成的采购合同记录
	库存期初	各种物料的期初库存情况
	物料清单	产品结构
	车间产能报表	车间产能情况

（七）仓储部人员期初建账

仓储部主要负责公司各类原材料、辅料、产成品、零部件、设备、废旧物料等物资的入库、保管、库存控制、出库、配送等活动，为公司的生产经营活动提供保障。在 VBSE 跨专业综合实训系统中，仓储部共设置了仓储部经理和仓管员两个管理岗位。

新的团队接手仓储管理工作后，需要先研读前任交接的资料，包括期初采购订单、车间产能报表和期初账、卡、物等。不同角色分管的工作不同，需要研读的重点内容也不同。表 4-29 列出了仓储部各岗位人员期初建账的主要任务。

表 4-29 仓储部各岗位人员期初建账的主要任务

角色	期初数据	说明
仓管员	采购订单	前期已下达但未送货的采购订单
	物料卡	根据物料卡核实物，账实相符
仓储部经理	库存台账	各种物料的期初库存，账卡相符
	库存期初	各种物料的期初库存情况
	物料清单(BOM)	产品结构
	车间产能报表	车间产能情况

1. 库存台账

库存台账用来核算库存商品。将各种库存商品分别设账，能把该商品的进、销、存清晰地反映出来。初次建账，应先盘点商品的实物库存数量，再将各种商品分别建账，将盘点出来的实物库存数作为台账的期初库存，以后进入和发出的数量及时准确地在台账上进行登记，算出结存数。实训中库存商品的数量按科目余额表填列。应特别注意：期初在产品(也就是科目余额表中的生产成本)尚在车间，未入库，不用建库存台账。库存台账登记格式如图 4-7 所示。

140301—钢管 ▼　　**库 存 台 账**　　分页 1 总页：

物料名称：钢管　　规格：$\Phi_{外}$ 16/$\Phi_{内}$ 11/L5000mm　　最高存量：

物料编号：B0001　　存放仓库：普通仓库　　最低存量：　　计量单位：根

2017 年		凭证号数	摘　要	入库		出库		结存	
月	日			数量	单价	数量	单价	数量	单价

图 4-7　库存台账登记格式

2. 登记库存台账的注意事项

为了保证实物明细账的准确性与可用性，仓管员在填写账册时要做到实事求是，依据合法的凭证，掌握正确的记录方法，并采用恰当的书写方式。①登账凭证：仓管员在登记实物明细账时，必须以正式合法的凭证，如物品入库单和出库单、领料单等为依据。②记录方法：仓管员在记账时应依时间顺序连续、完整地填写各项记录，不能隔行、跳页，并对账页依次编号，在年末结存转入新账后，旧账页应该入档妥善保管。③书写要求：仓管员在记账时，应该使用蓝、黑墨水笔，并注意书写内容的工整、清晰，数字最好只占空格的 2/3，以便于改错。当发现记账错误时，应在错处画一红线，表示注销，然后在其上方填上正确的文字或数字，并在更改处加盖更改者的印章。

(八)人力资源部人员期初建账

“人力资源部”的概念是 20 世纪末从美国引入的，在此之前，我国企业中的人事管理部门被称作人事部。人力资源部是对企业中各类人员形成的资源(即把人作为资源)进行管理的部门。在 VBSE 跨专业综合实训系统中，人力资源部共设置了人力资源部经理和人力资源助理两个管理岗位。

新的团队接手人力资源管理工作后，需要先研读前任交接的资料，包括期初人员基本信息、业绩及考核结果数据、薪酬福利发放规则等。不同角色分管的工作不同，需要研读的重点内容也不同。表 4-30 为人力资源部各岗位人员期初建账的主要任务。

表 4-30　人力资源部各岗位人员期初建账的主要任务

角色	期初数据	说明
人力资源部经理、助理	2016 年第四季度绩效考核得分明细	核算季度奖金的依据
	制造企业组织结构图	职位分析、招聘等相关资料
	制造企业岗位设定及定编情况	薪资核算、“五险一金”核算依据

续表 4-30

角色	期初数据	说明
人力资源部经理、助理	岗位职责说明汇总	“五险一金”缴纳依据
	职工薪酬发放表(2016 年 12 月)	企业员工基础信息
	职工薪酬统计表(2016 年 12 月)	企业委托代发工资合同
	职工薪酬统计表—部门汇总表(2016 年 12 月)	社会保险委托扣款合同
	职工薪酬统计表—企业代缴福利(2016 年 12 月)	
	“五险一金”核算表	
	考勤统计表	
	员工银行账号信息	
	北京市 2011 年社会保险缴费基数采集表	
	人事登记表	
	银企代发工资协议	
	委托银行代收社会保险费合同书	

第三节　工贸企业工作交接

一、熟悉工贸企业的基本数据

1. 组织机构(表 4-31)

表 4-31　工贸企业组织机构信息汇总表

组织机构类型	企业法定中文名称	办公电话	简称	注册资金(元)	企业注册登记日期	企业法定代表人	企业注册地址	邮政编码	开户银行	银行账号	社会统一信用代码	工资发放账户
供应商	恒通工贸有限公司	010-51062888	恒通	4500000	2015/1/4	张艳	小红门路 45 号	100076	中国工商银行	0100229999000099015	110000001012587015	0100229999000088015
供应商	邦尼工贸有限公司	010-60423018	邦尼	4500000	2015/1/4	张伟	曙光西街 722 号	100070	中国工商银行	0100229999000099016	110106311235740016	0100229999000088016

2. 部门设置(表 4-32)

表 4-32　工贸企业部门设置表

所属组织类型	部门编号	部门名称
供应商	bm0301	企业管理部
供应商	bm0302	业务部
供应商	bm0303	财务部

3. 岗位设置(表4-33)

表4-33 工贸企业岗位设置表

所属组织类型	部门名称	岗位名称	角色名称
供应商	企业管理部	总经理	工贸总经理
供应商	企业管理部	行政经理	工贸行政经理
供应商	业务部	业务经理	工贸业务经理
供应商	财务部	财务经理	工贸财务经理

4. 人员信息(表4-34)

表4-34 工贸企业员工信息汇总表

工号	姓名	部门	岗位	职务类别	入职时间	每月基本工资(元)	银行卡号
1	赵金金	企业管理部	总经理	总经理		12000	4231588997835209
2	孙灿	企业管理部	行政经理	部门经理		7500	4231588997835210
3	李鑫	业务部	业务经理	部门经理		7500	4231588997835211
4	吴迪	业务部	财务经理	部门经理		7500	4231588997835212

5. 薪酬标准(表4-35)

表4-35 工贸企业薪酬标准

岗位信息	每月薪酬标准(元)
总经理	12000.00
部门经理	7500.00

6. 工资信息(表4-36)

表4-36 工贸企业员工工资表

序号	部门	姓名	岗位名称	职务类别	应发工资	缺勤天数	缺勤扣款	五险小计(个人)	五险小计(单位)	住房公积金(个人)	住房公积金(单位)	五险一金小计(个人)	五险一金小计(单位)	辞退福利	应税工资	应扣个人所得税	实发金额
1	企业管理部	赵金金	总经理	总经理	12000.00	0.00	0.00	1263.00	3912.00	1200.00	1200.00	2463.00	5112.00	0.00	9537.00	457.30	9115.70
2	企业管理部	孙灿	行政经理	部门经理	7500.00	0.00	0.00	790.50	2445.00	750.00	750.00	1540.50	3195.00	0.00	5959.50	29.46	5952.54
3	业务部	李鑫	业务经理	部门经理	7500.00	0.00	0.00	790.50	2445.00	750.00	450.00	1540.50	3195.00	0.00	5959.50	29.46	5952.54
4	财务部	吴迪	财务经理	部门经理	7500.00	0.00	0.00	790.50	2445.00	750.00	750.00	1540.50	3195.00	0.00	5959.50	29.46	5952.54

7. 存货信息(表 4-37)

表 4-37　工贸企业存货信息

存货编码	存货类型	存货名称	规格	计量单位	存货占用存储单位	期初库存量
B0001	原材料	钢管	$\Phi_{外}$ 16/$\Phi_{内}$ 11/L5000mm	根	2	10800.00
B0002	原材料	镀锌管	$\Phi_{外}$ 16/$\Phi_{内}$ 11/L5000mm	根	2	
B0003	原材料	坐垫	HJM500	个	4	5400.00
B0004	原材料	记忆太空棉坐垫	HJM600	个	4	
B0005	原材料	车篷	HJ72 ×32×40	个	2	5400.00
B0006	原材料	车轮	HJ$\Phi_{外}$ 125/$\Phi_{内}$ 60mm	个	1	21600.00
B0007	原材料	经济型童车包装套件	HJTB100	套	2	5400.00
B0008	原材料	数控芯片	MCX3154A	片	1	
B0009	原材料	舒适型童车包装套件	HJTB200	套	2	
B0010	原材料	豪华型童车包装套件	HJTB300	套	2	

8. 库存现金、银行账号信息(表 4-38)

表 4-38　工贸企业库存现金、银行账号信息

编码	企业法定中文名称	库存现金(元)	银行存款(元)	开户银行	银行账号
0301	恒通工贸有限公司	20000	4500000	中国工商银行	0100229999000099015
0302	邦尼工贸有限公司	20000	4500000	中国工商银行	0100229999000099016

9. 仓库信息(表 4-39)

表 4-39　工贸企业仓库信息

仓库类型	使用年限(年)	仓库面积(m^2)	仓库容积(m^3)	仓库总存储单位	售价(万元)	存放产品
普通仓库	30	500	3000	300000	600	原材料：钢管、坐垫、车篷、车轮、经济型童车包装套件、镀锌管、记忆太空棉坐垫、数控芯片、舒适型童车包装套件、豪华型童车包装套件。 半成品：经济型童车车架、舒适型童车车架、豪华型童车车架。 成品：经济型童车、舒适型童车、豪华型童车

10. 固定资产信息(表4-40)

表4-40 工贸企业固定资产基本信息

固定资产编号	固定资产名称	使用部门	使用年限(月)	开始使用日期	已计提月份(月)	原值(元)	残值(元)	月折旧额(元)	累计折旧(元)	对应科目
0100001	办公楼	企业管理部	240	2015.9.15	15	9000000.00	450000.00	35625.00	534375.00	管理费用
0100002	普通仓库	业务部	240	2015.9.15	15	5400000.00	270000.00	21375.00	320625.00	管理费用
0300001	笔记本电脑	企业管理部	48	2015.9.15	15	6000.00	—	125.00	1875.00	管理费用
0300002	笔记本电脑	企业管理部	48	2015.9.15	15	6000.00	—	125.00	1875.00	管理费用
0300003	笔记本电脑	财务部	48	2015.9.15	15	6000.00	—	125.00	1875.00	管理费用
0300004	笔记本电脑	业务部	48	2015.9.15	15	6000.00	—	125.00	1875.00	管理费用
合计						14424000.00		57500.00	862500.00	

11. 科目余额表(表4-41)

表4-41 工贸企业科目余额表

科目编码	科目名称	期初(元)		本期(元)		期末(元)	
		借	贷	借	贷	借	贷
1001	库存现金	20000.00					
1002	银行存款	8000000.00					
100201	工行存款	8000000.00					
1122	应收账款						
112201	好佳童车						
1221	其他应收款						
1405	库存商品	6971800.00					
140501	钢管	2243280.00					
140502	镀锌管						
140503	坐垫	912240.00					
140504	记忆太空棉坐垫						
140505	车篷	1646680.00					
140506	车轮	1140880.00					
140507	经济型童车包装套件	1028720.00					
140508	数控芯片						
140509	舒适型童车包装套件						
140510	豪华型童车包装套件						

续表 4-41

科目编码	科目名称	期初(元)		本期(元)		期末(元)	
		借	贷	借	贷	借	贷
1601	固定资产	14448000.00					
1602	累计折旧		870000.00				
2001	短期借款						
2202	应付账款						
220201	丽华五金						
220211	隆飞物流						
220212	融通服务						
2211	应付职工薪酬		49024.50				
221101	工资		34500.00				
221103	社会保险		11074.50.				
221104	住房公积金		3450.00				
2221	应交税费		49008.89				
222101	应交增值税						
22210101	进项税额	189823.01					
22210103	销项税额		238831.89				
22210106	转出未交税金	58758.59					
222102	未交增值税		49008.89				
222103	已交增值税						
222105	应交个人所得税						
222108	应交企业所得税						
2501	长期借款						
4001	实收资本		20000000				
4101	盈余公积						
4103	本年利润						
4104	利润分配		8471766.61				
410406	未分配利润		8471766.61				
6001	主营业务收入						
6401	主营业务成本						
6601	销售费用						
6602	管理费用						
6603	财务费用						
合计		28569800.00	28569800.00				

二、工贸企业各岗位工作交接的主要内容

(一)总经理工作交接

根据VBSE跨专业综合实训系统的设置，工贸企业只设置了四个岗位，不可避免地存在一岗兼多职的情况。工贸企业总经理除了要掌握本企业的整体信息外，还要了解本企业的现金、银行存款、资金往来的状况等，并登记相应的账簿，为顺利开展各项业务打下良好的基础。

1. 了解工贸企业各岗位的职责

(1)工贸企业总经理的主要职责

①组织制定公司总体战略与年度经营规划。

②建立和健全公司的管理体系与组织结构。

③组织制定公司基本管理制度。

④主持公司的日常经营管理工作。

⑤实现公司的经营管理目标。

⑥主持召开有关企业重大决策会议。

⑦各职能部门经理的任免。

(2)工贸企业行政经理的主要职责

①人力资源管理：缴纳社会保险、公积金，核算工资，管理劳动关系。

②财务工作：现金收付、银行结算等有关账务，保管库存现金。

(3)工贸企业业务经理的主要职责

业务经理负责采购、销售及仓储岗位的业务。

①采购岗位的主要任务是签订原材料采购合同、办理采购入库等。

②销售岗位的主要任务是签订购销合同，确认制造企业的采购订单、销售发货等。

③仓储管理的主要任务包括验收入库管理、储存保管、出库配送管理、物料盘点、库存控制。

(3)工贸企业财务经理的主要职责

①负责公司资金运作管理、日常财务管理与分析、资本运作、筹资方略、对外合作谈判等。

②负责项目成本核算与控制。

③负责公司财务管理及内部控制，根据公司业务发展的计划完成年度财务预算，并跟踪其执行情况。

④制定、维护、改进公司财务管理程序和政策，以满足控制风险的要求。

⑤监控可能会对公司造成经济损失的重大经济活动。

⑥全面负责财务部的日常管理工作。

⑦负责编制及组织实施财务预算报告、月/季/年度财务报告。

⑧维护与银行、税务局、工商局及其他机构的良好关系，并及时办理公司与其之间的业务。

2. 熟悉工贸企业经营规则(见第三章第二节)

3. 熟悉工贸企业期初数据(见本节第一部分)

4. 登记现金日记账和银行存款日记账

现金日记账登记如图 4-8 所示。

1001—库存现金 ▼ **现金日记账** 第 1 页

2017年		记账凭证号数	摘要	借方										✓	贷方										✓	余额									
月	日			千	百	十	万	千	百	十	元	角	分		千	百	十	万	千	百	十	元	角	分		千	百	十	万	千	百	十	元	角	分
1	5		上月结转											☑											☐				2	0	0	0	0	0	0
														☐											☐										
														☐											☐										
														☐											☐										
														☐											☐										
														☐											☐										

图 4-8 现金日记账登记

(二)行政经理工作交接

根据行政经理的职责，行政经理需了解本企业的人力资源信息和库存现金信息。在VBSE 跨专业综合实训系统中，工作交接时，需要行政经理填写固定资产卡片。根据期初数据，工贸企业最初有 6 项固定资产，行政经理需逐项登记固定资产卡片。固定资产卡片登记的要领已在制造企业工作交接中进行了阐述，此处不再赘述。

(三)业务经理工作交接

工贸企业业务经理主要负责采购、销售及仓储岗位的业务。在工作交接时，需要填写库存台账。根据期初数据，工贸企业共有 5 种库存产品，其他产品尚无库存，不需登记库存台账。关于库存台账登记的要领已在制造企业工作交接中进行了阐述，此处不再赘述。

(四)财务经理工作交接

工贸企业财务经理主要负责公司资金运作管理、日常财务管理与分析、资本运作、筹资方略、对外合作谈判等。在工作交接时，财务经理需要根据科目余额表中的项目进行明细账及总账的登记。关于明细账与总账登记的要领在制造企业工作交接中进行了阐述，此处不再赘述。

第四节　商贸企业工作交接

一、熟悉商贸企业的基本数据

1. 组织机构(表 4-42)

表 4-42　商贸企业组织机构信息汇总表

组织机构类型	企业法定中文名称	办公电话	简称	注册资金(元)	企业注册登记日期	企业法定代表人	企业注册地址	邮政编码	开户银行	银行账号	社会统一信用代码	工资发放账号
经销商	旭日商贸有限公司	010-68500412	旭日	4500000	2015/1/4	李峰	北清路5号	100094	中国工商银行	0100229999000099011	110108554831327011	0100229999000088011
经销商	华晨商贸有限公司	010-62570416	华晨	4500000	2015/1/4	王强	沙静南路671号	100084	中国工商银行	0100229999000099012	110108753990101012	0100229999000088012

2. 部门设置(表 4-43)

表 4-43　商贸企业部门设置表

所属组织类型	部门编号	部门名称
经销商	bm0201	企业管理部
经销商	bm0201	营销部
经销商	bm0201	采购部
经销商	bm0201	仓储部
经销商	bm0201	财务部

3. 岗位设置(表 4-44)

表 4-44　商贸企业岗位设置表

所属组织类型	部门名称	岗位名称	角色名称
经销商	企业管理部	总经理	经销商总经理
经销商	企业管理部	行政经理	经销商行政经理
经销商	营销部	营销经理	经销商营销经理
经销商	采购部	采购经理	经销商采购经理
经销商	仓储部	仓储经理	经销商仓储经理
经销商	财务部	财务经理	经销商财务经理
经销商	财务部	出纳	经销商出纳

4. 人员信息(表 4-45)

表 4-45　商贸企业员工信息汇总表

工号	姓名	部门	岗位名称	职务类别	入职时间	每月基本工资(元)	银行卡号
1	关雅寒	企业管理部	总经理	总经理	2018-11-05	12000	4231588997835181
2	牧雪瑶	企业管理部	行政经理	部门经理	2018-11-05	7500	4231588997835182
3	杨绮萱	营销部	营销经理	部门经理	2018-11-05	7500	4231588997835183
4	范易龙	采购部	采购经理	部门经理	2018-11-05	7500	4231588997835184
5	陈寒丘	仓储部	仓储经理	部门经理	2018-11-05	7500	4231588997835185
6	武妍伊	财务部	财务经理	部门经理	2018-11-05	7500	4231588997835186
7	吴亦竹	财务部	出纳	职能主管	2018-11-05	5500	4231588997835187

5. 工资信息(表 4-46)

表 4-46　商贸企业员工工资表

序号	部门	姓名	岗位名称	职务类别	应发工资(元)	累积应税所得额(元)	本月应税所得额(元)	上月累计已缴税额(元)	本月累计预扣税额(元)	本月预扣预缴(元)	实发金额(元)
1	企业管理部	关雅寒	总经理	总经理	12000.00	50303.00	4573.00	2510.30	2967.60	457.30	9115.70
2	企业管理部	牧雪瑶	行政助理	部门经理	7500.00	10802.00	982.00	324.06	353.52	29.46	5952.54
3	营销部	杨绮萱	营销经理	部门经理	7500.00	10802.00	982.00	324.06	353.52	29.46	5952.54
4	采购部	范易龙	采购经理	部门经理	7500.00	10802.00	982.00	324.06	353.52	29.46	5952.54
5	仓储部	陈寒丘	仓储经理	部门经理	7500.00	10802.00	982.00	324.06	353.52	29.46	5952.54
6	财务部	武妍伊	财务经理	部门经理	7500.00	10802.00	982.00	324.06	353.52	29.46	5952.54
7	财务部	吴亦竹	出纳	职能主管	5500.00	0.00	0.00	0.00	0.00	0.00	4386.00

6. 存货档案(表 4-47)

表 4-47　商贸企业存货档案

存货编码	存货类型	存货名称	规格	计量单位	市场供应平均单价(元)	存货占用存储单位	组织机构类型
P0001	产成品	经济型童车		辆		10	制造企业、经销商、虚拟经销商
P0002	产成品	舒适型童车		辆		10	制造企业、经销商、虚拟经销商
P0003	产成品	豪华型童车		辆		10	制造企业、经销商、虚拟经销商

7. 期初存货(表4-48)

表4-48 商贸企业存货期初数据

存货编码	存货类型	存货名称	规格	计量单位	市场供应平均单价(元)	期初库存量	库存量
P0001	库存商品	经济型童车		辆	992.00	14000	14000
P0002	库存商品	舒适型童车		辆		0	0
P0003	库存商品	豪华型童车		辆		0	0

8. 仓库(表4-49)

表4-49 商贸企业仓库信息

仓库类型	使用年限(年)	仓库面积(m^2)	仓库容积(m^3)	仓库总存储单位	售价(万元)	存放产品
普通仓库	20	500	3000	300000	540	原材料:钢管、坐垫、车篷、车轮、经济型童车包装套件、镀锌管、记忆太空棉坐垫、数控芯片、舒适型童车包装套件、豪华型童车包装套件。 半成品:经济型童车车架、舒适型童车车架、豪华型童车车架。 成品:经济型童车、舒适型童车、豪华型童车

9. 仓库期初状况(表4-50)

表4-50 商贸企业仓库期初状况

序号	仓库类型	使用年限(年)	仓库面积(m^2)	仓库容积(m^3)	仓库总存储单位	售价(万元)	数量
1	普通仓库	20	500	3000	300000	540	1

10. 固定资产分类(表4-51)

表4-51 商贸企业资产分类

分类编码	分类名称	折旧年限(月)	折旧方法	残值率(%)
01	房屋及土地	240	直线法(一)	5
02	生产设备	120	直线法(一)	5
03	办公设备	60	直线法(一)	0

11. 固定资产信息(表 4-52)

表 4-52　商贸企业固定资产基本信息

固定资产编号	固定资产名称	使用部门	使用年限(月)	开始使用日期	已计提月份(月)	原值(元)	残值(元)	月折旧额(元)	累计折旧(元)	对应科目
0100001	办公楼	企业管理部	240	2018.9.15	15	9000000.00	450000.00	35625.00	534375.00	管理费用
0100002	普通仓库	仓储部	240	2018.9.15	15	5400000.00	270000.00	21375.00	320625.00	管理费用
0300001	笔记本电脑	企业管理部	48	2018.9.15	15	6000.00		125.00	1875.00	管理费用
0300002	笔记本电脑	企业管理部	48	2018.9.15	15	6000.00		125.00	1875.00	管理费用
0300003	笔记本电脑	财务部	48	2018.9.15	15	6000.00		125.00	1875.00	管理费用
0300004	笔记本电脑	采购部	48	2018.9.15	15	6000.00		125.00	1875.00	管理费用
0300005	笔记本电脑	营销部	48	2018.9.15	15	6000.00		125.00	1875.00	销售费用
0300006	笔记本电脑	仓储部	48	2018.9.15	15	6000.00		125.00	1875.00	管理费用
0300019	打印复印一体机	企业管理部	48	2018.9.15	15	24000.00		500.00	7500.00	管理费用
合计						14460000.00		58250.00	873750.00	

12. 科目余额表(表 4-53)

表 4-53　商贸企业科目余额表

科目编码	科目名称	期初(元)		本期(元)		期末(元)	
		借	贷	借	贷	借	贷
1001	库存现金	20000.00					
1002	银行存款	4700000.00					
100201	工行存款	4700000.00					
1122	应收账款	—					

续表 4-53

科目编码	科目名称	期初(元)		本期(元)		期末(元)	
		借	贷	借	贷	借	贷
112201	爱喜商贸						
1221	其他应收款						
1405	库存商品	13888000.00					
140501	经济型童车	13888000.00					
140502	舒适型童车						
140503	豪华型童车						
1601	固定资产	14460000.00					
1602	累计折旧		873750.00				
2001	短期借款						
2202	应付账款						
220201	好佳童车						
220211	隆飞物流						
220212	融通服务						
2211	应付职工薪酬		78430.00				
221101	工资		55000.00				
221103	社会保险(单)		17655.00				
221104	住房公积金(单)		5500.00				
2221	应交税费		79380.51				
222101	应交增值税						
22210101	进项税额	248495.60					
22210103	销项税额		327876.11				
22210106	转出未交税金	79380.51					
222102	未交增值税		79380.51				
4001	实收资本		28000000				
4104	利润分配		4036714.49				
410406	未分配利润		4036714.49				
合计		32194250.00	32194250.00				

13. 供应商信息(表 4-54)

表 4-54 供应商信息

序号	企业法定中文名称	简称	办公电话	注册资金(元)	企业注册登记日期	企业法定代表人	企业注册地址	邮政编码	开户银行	银行账号	社会统一信用代码
1	宝乐童车制造有限公司	宝乐	010-6234-5678	15000000	2015/1/4	赵成	永定路 66 号	102202	中国工商银行	0100229999000099001	1101088090186 32001
2	小精灵童车制造有限公司	小精灵	010-6234-5679	15000000	2015/1/4	钱乾	越秀东路 45 号	102202	中国工商银行	0100229999000099002	110108809018633002
3	童飞童车制造有限公司	童飞	010-6234-5680	15000000	2015/1/4	孙鸿铭	康安北街 5 号	102202	中国工商银行	0100229999000099003	110108809018634003
4	爱贝尔童车制造有限公司	爱贝尔	010-6234-5681	15000000	2015/1/4	李刚	新园西路 666 号	102202	中国工商银行	0100229999000099004	110108809018635004
5	隆飞物流有限公司	隆飞	010-64667658	6000000	2015/1/4	李靖	卓尔大街 38 号	100106	中国工商银行	0100229999000099019	100108231234856019
6	融通综合服务有限公司	融通	010-64667659	50000000	2015/1/4	王经文	藏龙大道 28 号	100122	中国工商银行	0100229999000099024	100108231234858024

二、商贸企业各岗位工作交接

(一)总经理工作交接

根据VBSE跨专业综合实训系统的设置，商贸企业设置了7个岗位，总经理统领全局。在工作交接中，总经理需要了解本企业各岗位的工作职责、本企业的经营规则及期初数据。

1. 了解商贸企业各岗位的职责

(1)总经理岗位职责

①组织制定公司总体战略与年度经营规划。

②建立和健全公司的管理体系与组织结构。

③组织制定公司基本管理制度。

④主持公司的日常经营管理工作。

⑤实现公司的经营管理目标。

⑥主持召开有关企业重大决策会议。

⑦各职能部门经理的任免。

(2)财务经理岗位职责

①根据公司发展战略，协助公司领导组织制定公司财务部的战略规划，确定部门工作目标和计划并分解到个人。

②全面负责公司的财务会计工作。

③负责制定公司的财务会计制度、规定和办法。

④分析公司财务收支和预算的执行情况。

⑤审核公司的原始单据，办理日常会计业务。

⑥编制财务报表、登记总账及审定财务数据。

⑦日常会计凭证审核，包括总账会计的凭证审核和成本会计的凭证审核。

⑧制定部门预算。

⑨负责定期财产清查。

⑩负责公司预算制定与监控，包括预算体系建设、日常预算控制、预算支出审核。

⑪资金管理、筹融资管理，制订资金使用计划等。

⑫组织期末结算与决算，进行经营分析。

⑬保证按时纳税，负责按照国家税法和其他规定，严格审查应交税金，督促有关岗位人员及时办理手续。

⑭管理、维护、更新部门所需的信息。

(3)行政经理岗位职责

①负责协助制定公司各项管理规章制度。

②负责各种合同、公文、档案等文字资料的整理归档。

③负责企业证照的办理、年审、更换、作废等，以及印章的保管、使用管理等。

④负责公司固定资产设备的管理。

⑤负责制定公司人力资源管理制度。

⑥负责人事材料及报表的检查。

⑦负责组织制定公司绩效考核体系，定期进行员工考核。

⑧负责筛选应聘简历，预约，安排面试，跟进面试流程。

⑨负责员工入职、调动、离职等手续的办理。

⑩负责员工档案、劳动合同管理。

⑪负责员工考勤管理。

⑫负责员工薪资核算与发放。

⑬负责办理社会保险、住房公积金申报、变更、缴纳等相关工作。

⑭完成领导交办的其他临时性工作。

(4)出纳岗位职责

①负责办理银行账户的开立、变更和撤销业务。

②现金收支管理，做到账款相符，确保现金的安全。

③定期与银行对账，编制银行存款余额调节表。

④银行结算业务的办理。

⑤签发支票、汇票等重要空白凭证并登记。

⑥保管库存现金、有价证券、重要空白凭证、印章等。

⑦登记现金日记账和银行存款日记账。

⑧及时整理并传递原始票据，完成协同工作。

⑨编制资金报表，按月装订并定期归档。

⑩办理贷款卡的年检。

⑪完成领导交办的其他临时性工作。

(5)采购经理岗位职责

①统筹采购规划和确定采购内容，保证满足经营活动的需要，降低库存成本。

②制订采购计划和目标，改进采购的工作流程和标准，降低进货成本。

③收集供应商信息，开发、选择与考核供应商，建立供应商档案管理制度。

④负责采购物流、资金流、信息流的管理工作。

⑤审核、签署与监督执行采购合同，审核采购订单和物资调拨单。

⑥根据需要采取相应的应急行动或进行后续跟踪，保证完成紧急采购任务。

⑦解决与业务主管在合同上产生的分歧以及支付条款问题。

⑧负责制定本部门各级人员的职责和权限，指导、管理、监督本部门人员的业务工作，做好绩效考核和奖励惩罚工作，进行部门建设、部门内员工的管理培训工作。

⑨确保所采取的采购行为符合有关政策、法规和道德规范。

⑩完成领导交办的其他临时性工作。

(6)营销经理岗位职责

①根据公司发展战略和总体目标，负责制定企业营销总体规划并组织实施。

②负责制订本部门的业务计划并监督执行。

③负责营销经费的预算和控制。

④负责营销方案的审核、批准与监督执行。

⑤负责营销管理制度的拟定、实施与改进。

⑥负责对本部门员工的绩效进行评定。

⑦负责本部门年度经营分析。

⑧负责本部门员工的培训工作。

⑨负责本部门员工队伍的建设工作。

⑩完成领导交办的其他临时性工作。

(7)仓储经理岗位职责

①依据公司经营计划和总目标，制定本部门的目标及工作规划。

②根据仓储规划和目标，改进仓库的工作流程和标准，优化库存方案，加快存货周转速度，降低库存成本。

③合理规划公司仓储场所，对公司仓储场所进行全面管理，达到最佳利用率。

④监督仓库的安全管理和现场规范管理。

⑤督促仓库管理员对物料的收、发、存进行管理，并监督仓库管理员进行盘点清查，发现账、物、卡不符时，找出原因并予以调账或上报处理。

⑥设计、推行及改进仓储管理制度，并确保其有效实施。

⑦安全库存分析。根据经验对每个季度的销售或会计周期进行预测，评估库龄，避免呆滞死货占用资金。

⑧制定本部门各级人员的职责和权限，指导、管理、监督本部门人员的业务工作，做好绩效考核和奖励惩罚工作，进行部门建设、部门内员工的管理培训工作。

⑨运用有效的领导方法，有计划地开展培训，激励部门员工的士气，提高工作效率，督促其按照工作标准或要求有效开展工作，确保本部门的目标达成。

⑩完成领导交办的其他临时性工作。

2. 熟悉商贸企业经营规则(见第三章第三节)

3. 熟悉商贸企业期初数据(见本节第一部分)

(二)行政经理工作交接

根据行政经理的职责，行政经理需协助总经理制定本企业的各项管理规章制度，负责本企业重要文书、文档的起草与保管等工作。在 VBSE 跨专业综合实训系统中，工作交接时，需要行政经理填写固定资产卡片。由期初数据可知，商贸企业最初有 9 项固定资产，行政经理需逐项对固定资产登记。关于固定资产卡片登记的要领已在制造企业工作交接中进行了阐述，此处不再赘述。

(三)财务经理工作交接

财务经理主要负责本公司的财务工作。由于商贸企业财务部人员的划分较粗，仅仅只有财务经理和出纳两人，在 VBSE 跨专业综合实训系统中，工作交接时，财务经理要依据相应的期初数据填写明细账和总分类账。期初数据可在科目余额表中查询。关于明细账和总分类账的登记要领已在制造企业工作交接中进行了阐述，此处不再赘述。

（四）出纳工作交接

商贸企业的出纳负责本公司现金日记账、银行存款日记账的登记，原始票据的保存，签发支票、汇票等重要票据。在 VBSE 跨专业综合实训系统中，工作交接时，商贸企业出纳需填写现金日记账和银行存款日记账。关于现金日记账和银行存款日记账的登记要领已在制造企业工作交接中进行了阐述，此处不再赘述。

（五）采购经理工作交接

商贸企业采购部只设置了采购经理一个职位。商贸企业采购经理的主要任务是向制造企业采购童车。VBSE 跨专业综合实训系统中，虽然采购经理在工作交接时并无具体的操作业务，但是仍然应该认真研读本公司的期初数据，了解即将与本公司发生业务往来的制造企业的具体情况，认真研究采购流程，为后期的业务开展做准备。

（六）营销经理工作交接

商贸企业营销经理除了负责营销部的工作以外，还要负责本部门工作人员的绩效考核、培训等工作。在 VBSE 跨专业综合实训系统中，营销经理在工作交接时并无具体的业务需要操作，但需要对本公司的期初数据、市场预测等相关信息进行研读，为后期工作做准备。

（七）仓储经理工作交接

商贸企业仓储经理主要负责掌握与分析与本公司商品库存相关的信息。在 VBSE 跨专业综合实训系统中，工作交接时，仓储经理需要填写库存台账。根据商贸企业的期初数据，商贸企业仅有经济型童车一种库存商品，因此仓储经理只需登记经济型童车的库存台账。关于库存台账的登记要领已在制造企业工作交接中进行了阐述，此处不再赘述。

整体来看，VBSE 3.6 实训系统大量简化了工作交接的业务操作项目，更多的是认知性工作，要求参训学生认知所在组织的相关信息，甚至根据岗位的要求自发地收集资料。鉴于此，本教材不再对其他组织其他岗位的工作交接进行阐述。

第五章　制造企业日常业务

第一节　制造企业经营准备业务

一、批量办理个人银行卡(业务代码：MKK1)

1. 业务概述

人力资源部根据本企业员工人数，办理发放工资的银行卡。

2. 业务流程(表 5-1)

表 5-1　MKK1 批量办理个人银行卡(制造企业)业务流程

编号	活动名称	角色	活动描述—操作指导
1	填制“借记卡集体申领登记表”	人力资源助理	1. 填写“借记卡集体申领登记表”，项目包含姓名、身份证号等； 2. 收集员工姓名、身份证号信息，并录入“借记卡集体申领登记表”； 3. 由员工核对信息并签字确认，“负责人姓名”处由人力资源助理签字
2	审核登记表	人力资源部经理	人力资源助理将“借记卡集体申领登记表”交人力资源部经理审核
3	去银行办理开卡业务	人力资源助理	到银行柜台递交“借记卡集体申领登记表”，办理银行开卡手续(实际业务中必须带身份证原件)
4	发放银行卡	人力资源助理	办理完毕，把银行卡交给办卡申请人
5	资料归档管理	人力资源助理	“借记卡集体申领登记表”归档

3. 业务流程图(图 5-1)

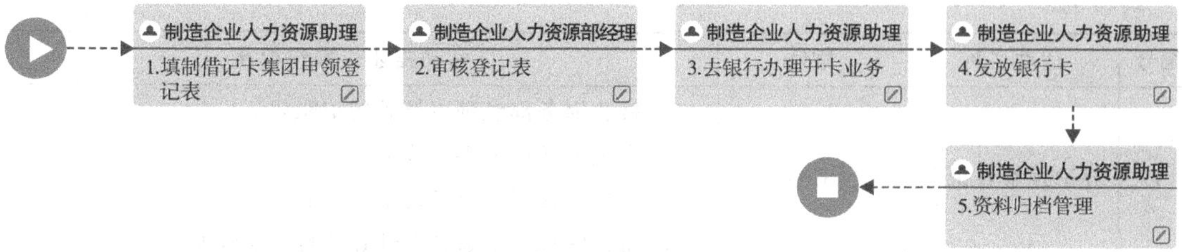

图 5-1　MKK1 批量办理个人银行卡(制造企业)业务流程图

4. 注意事项

该业务是办理新入职员工的工资银行卡。

二、企业各部门借款(业务代码：MJK1)

1. 业务概述

制造企业各部门助理为开展业务，去财务部借备用金 500 元，并依据公司流程办理相关手续。

2. 业务流程(表 5-2)

表 5-2　MJK1 企业各部门借款(制造企业)业务流程

编号	活动名称	角色	活动描述—操作指导
1	填写借款单	行政助理/人力资源助理/采购员/销售专员/仓管员/生产计划员	1. 在 VBSE 系统中填写借款单(实际工作中可能填写纸质借款单)； 2. 借款用途为部门备用金； 3. 拿借款单找部门经理(总经理兼)审核
2	审核借款单	各部门经理	1. 在 VBSE 系统中对借款用途、金额、付款条款进行审核； 2. 审核无误，在审核意见处签字确认
3	审核借款单	财务部经理	1. 在 VBSE 系统中对借款用途、金额、付款条款进行审核； 2. 审核无误，在审核意见处签字确认
4	确认借款单并支付现金	出纳	1. 接收财务部经理已审核过的借款单； 2. 支付现金给借款人，并由借款人签字； 3. 借款单签字盖章后交给财务会计(做凭证)
5	填制记账凭证	财务会计	1. 接收出纳提交的借款单； 2. 填制记账凭证，将借款单粘贴在后面作为附件； 3. 送财务部经理审核
6	审核记账凭证	财务部经理	1. 接收财务会计提交的记账凭证，进行审核； 2. 审核无误后，在记账凭证上签字或盖章； 3. 交出纳登记现金日记账

续表 5-2

编号	活动名称	角色	活动描述—操作指导
7	登记现金日记账	出纳	1. 接收财务部经理审核后的记账凭证； 2. 在记账凭证上签字或盖章； 3. 根据记账凭证登记现金日记账； 4. 将记账凭证交财务会计登记科目明细账
8	登记科目明细账	财务会计	1. 接收出纳提交的记账凭证； 2. 在记账凭证上签字或盖章； 3. 根据记账凭证登记科目明细账
9	登记总账	财务部经理	1. 接收财务会计提交的记账凭证； 2. 在记账凭证上签字或盖章； 3. 根据记账凭证登记总账

3. 业务流程图(图 5-2)

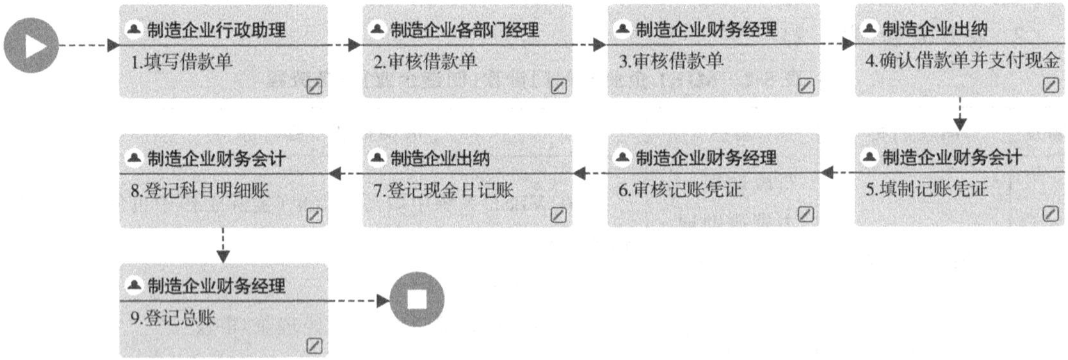

图 5-2　MJK1 企业各部门借款(制造企业)业务流程图

三、签订代发工资协议(业务代码：MGZ1)

1. 业务概述

人力资源部与银行签订银企代发工资合作协议，由银行按照双方约定的时间统一发放工资给本企业的各个员工。

2. 业务流程(表 5-3)

表 5-3　MGZ1 签订代发工资协议(制造企业)业务流程

编号	活动名称	角色	活动描述—操作指导
1	签订银企代发工资合作协议	人力资源经理	1. 整理资料，带上营业执照、法定代表人身份证、公章、预留印鉴(实训中带上营业执照和公章即可)； 2. 去银行签订银企代发工资合作协议，并加盖单位公章

续表 5-3

编号	活动名称	角色	活动描述—操作指导
2	签订银企代发工资合作协议	银行柜员	1. 核对内容是否填写完整、规范； 2. 在银企代发工资合作协议上签字盖章； 3. 协议一份交给客户，一份自己保存
3	协议书归档	人力资源经理	收到银行签字盖章的银企代发工资合作协议后进行归档

3. 业务流程图(图 5-3)

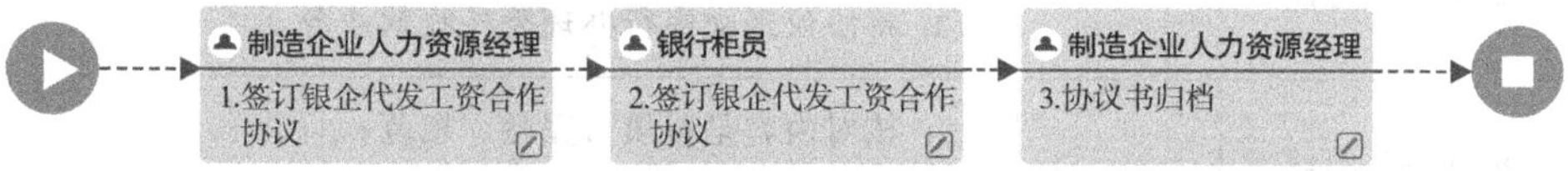

图 5-3 MGZ1 签订代发工资协议(制造企业)业务流程图

四、签订社保、公积金委托收款协议(业务代码：MSB1)

1. 业务概述

财务经理与银行签订社保、公积金委托收款协议。

2. 业务流程(表 5-4)

表 5-4 MSB1 签订社保、公积金委托收款协议(制造企业)业务流程

编号	活动名称	角色	活动描述—操作指导
1	签订社保、公积金委托收款协议	财务经理	1. 去银行领取社保、公积金委托收款协议，一式三份； 2. 按要求填写社保、公积金委托收款协议，并加盖单位公章； 3. 将协议送交银行，办理委托收款业务
2	签订社保、公积金委托收款协议	银行柜员	1. 核对内容是否填写完整、规范； 2. 在社保、公积金委托收款协议上签字盖章； 3. 协议一份交给客户，一份自己保存，一份交给人力资源和社会保障局
3	社保、公积金委托收款协议归档	财务经理	收到银行签字盖章的社保、公积金委托收款协议后进行归档

3. 业务流程图(图 5-4)

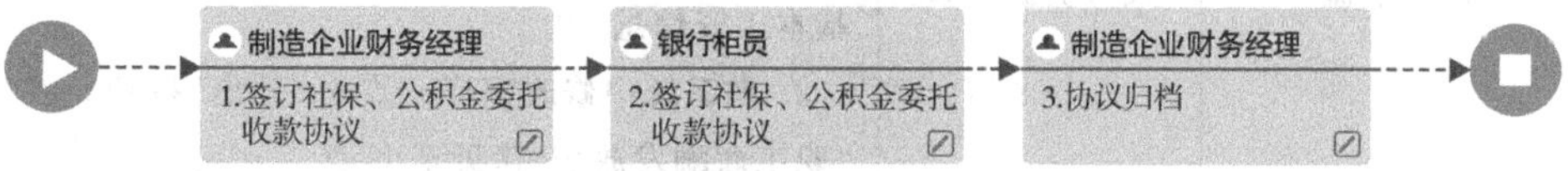

图 5-4 MSB1 签订社保、公积金委托收款协议(制造企业)业务流程图

五、签订税务同城委托收款协议(业务代码：MSS1)

1. 业务概述

财务经理与银行签订税务同城委托收款协议，代理本企业扣缴税款。

2. 业务流程(表5-5)

表5-5 MSS1签订税务同城委托收款协议(制造企业)业务流程

编号	活动名称	角色	活动描述—操作指导
1	签订税务同城委托收款协议	财务经理	1. 去银行领取税务同城委托收款协议，一式三份； 2. 按要求填写税务同城委托收款协议，并加盖单位公章； 3. 将协议送交银行办理委托收款业务
2	签订税务同城委托收款协议	银行柜员	1. 核对内容是否填写完整、规范； 2. 在授权划缴税款协议上签字盖章； 3. 协议一份交给客户，一份自己保存，一份交给税务局
3	协议归档	财务经理	收到银行签字盖章的税务同城委托收款协议后进行归档

3. 业务流程图(图5-5)

图5-5 MSS1签订税务同城委托收款协议(制造企业)业务流程图

六、发放薪酬(业务代码：MXC2)

1. 业务概述

人力资源部经理依据本企业在职员工的状况，核算本企业员工的薪酬，并按月制作薪酬发放表，由财务部依据此表发放员工薪酬。

2. 业务流程(表5-6)

表5-6 MXC2发放薪酬(制造企业)业务流程

编号	活动名称	角色	活动描述—操作指导
1	薪资录盘	人力资源助理	1. 打开VBSE系统的“薪资录盘”界面，检查员工的相关信息； 2. 依据“职工薪酬发放表”在系统中修改并保存职工基本工资信息； 3. 在系统中修改完毕，点击“导出”按钮，将导出的“职工薪酬发放表”拷贝至U盘

续表 5-6

编号	活动名称	角色	活动描述—操作指导
2	填写支出凭单	人力资源助理	1. 依据“职工薪酬发放表”填写支出凭单； 2. 将拷贝了“职工薪酬发放表”的U盘交人力资源经理和财务经理进行审核
3	审核支出凭单和薪酬发放表	人力资源经理	1. 审核支出凭单信息和薪酬发放表是否一致、正确； 2. 审核支出凭单的日期、金额、支出方式、支出用途及金额大小写是否正确； 3. 审核完成后在支出凭单上签字确认
4	审核支出凭单和薪酬发放表	财务经理	1. 审核支出凭单信息和薪酬发放表是否一致、正确； 2. 审核支出凭单的日期、金额、支出方式、支出用途及金额大小写是否正确； 3. 审核完成后在支出凭单上签字确认
5	开具转账支票	出纳	1. 根据支出凭单的信息开具转账支票； 2. 支票填写无误后加盖公司财务章和法定代表人章
6	登记支票使用登记簿	出纳	1. 根据签发的支票登记“支票登记簿”； 2. 支票领用人在“支票登记簿”上签字
7	去银行办理薪资发放	财务会计	带齐薪资发放资料：“职工薪酬发放表”、转账支票、薪资录盘
8	银行柜台发放薪酬	银行柜员	按照企业的职工薪酬发放表发放薪酬
9	取得银行业务回单	出纳	可以直接在柜台办理时由银行柜员打印后取回；若未在柜台打印，次日可以在回单柜中取得
10	填制记账凭证	财务会计	1. 依据银行业务回单、转账支票存根、支出凭单填制记账凭证； 2. 编制记账凭证，将原始单据作为附件粘贴在记账凭证后面； 3. 将记账凭证和相关原始单据交给财务经理审核
11	审核记账凭证	财务经理	1. 审核财务会计提交的记账凭证； 2. 核对记账凭证与原始凭证的一致性，审核无误后签字或盖章； 3. 将审核后的记账凭证交给出纳登记日记账

续表 5-6

编号	活动名称	角色	活动描述—操作指导
12	登记银行存款日记账	出纳	1. 根据审核后的记账凭证登记银行存款日记账； 2. 记账后在记账凭证上签字或盖章； 3. 将记账凭证交回财务会计登记科目明细账
13	登记科目明细账	财务会计	1. 接收出纳交还的记账凭证； 2. 根据记账凭证登记科目明细账； 3. 记账后在记账凭证上签字或盖章
14	登记总账	财务经理	1. 接收财务会计交给的记账凭证； 2. 在记账凭证上签字或盖章； 3. 根据记账凭证登记科目总账

3. 业务流程图(图 5-6)

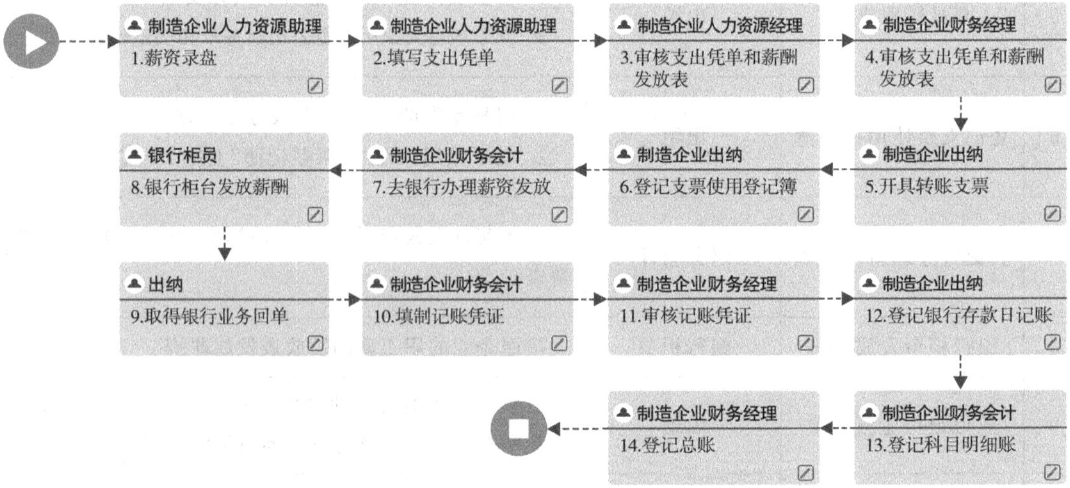

图 5-6 MXC2 发放薪酬(制造企业)业务流程图

4. 注意事项

公司的财务制度规定本月工资下月初发放。

七、个人所得税申报(业务代码：MGS1)

1. 业务概述

财务会计依据人力资源部提交的个人所得税申报表，进行相关的账务处理，办理完相关手续后进行网上申报。

2. 业务流程(表 5-7)

表 5-7 MGS1 个人所得税申报(制造企业)业务流程

编号	活动名称	角色	活动描述—操作指导
1	整理汇总工资表、员工信息	人力资源助理	1. 整理、汇总工资表和员工信息； 2. 提交工资表和员工信息给财务会计
2	收到工资表、员工信息	财务会计	1. 收到人力资源助理提交的工资表和员工信息； 2. 与人力资源助理确认工资表和员工信息，之后提交给财务经理
3	审核工资表、员工信息	财务经理	1. 收到财务会计提交的工资表和员工信息； 2. 审核个人所得税金额； 3. 交给财务会计
4	提交个人信息	财务会计	1. 根据员工信息在 VBSE 系统中下载导入模板，根据员工信息填写“个人所得税基础信息模板”； 2. 将填好的“个人所得税基础信息模板”导入系统中并提交税务局
5	审核企业个人所得税申报	税务专员	在 VBSE 系统中审核企业提交的个人所得税申报
6	网上个人所得税申报	财务会计	1. 在 VBSE 系统中下载“扣缴个人所得税报告表模板”； 2. 根据工资表和员工信息填写“扣缴个人所得税报告表模板”； 3. 将填好的“扣缴个人所得税报告表模板”导入系统中并扣缴个人所得税

3. 业务流程图(图 5-7)

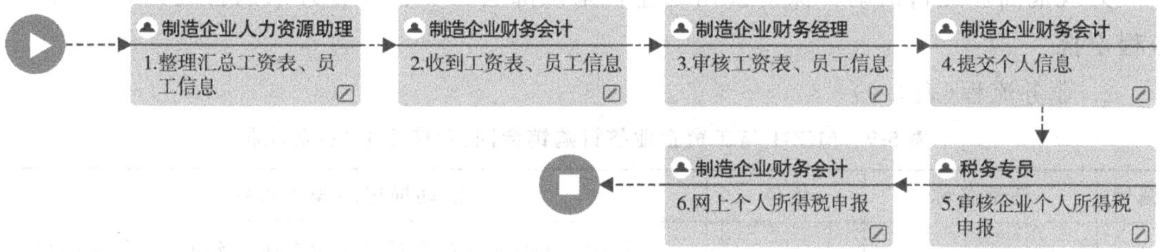

图 5-7 MGS1 个人所得税申报(制造企业)业务流程图

4. 注意事项

此业务申报的是上月应缴纳的个人所得税。

八、申报企业增值税(业务代码：MZZ1)

1. 业务概述

财务部经理依据业务流程办理增值税申报。

2. 业务流程(表5-8)

表5-8 MZZ1申报企业增值税(制造企业)业务流程

编号	活动名称	角色	活动描述—操作指导
1	填写增值税纳税申报表	财务经理	1. 汇总上期的进项税并进行整理； 2. 汇总上期的销项税并进行整理
2	网上增值税纳税申报	财务经理	1. 在VBSE系统中根据确认的金额进行增值税纳税申报； 2. 填写完成后提交税务机关审核
3	审核企业增值税申报	税务专员	在VBSE系统中审核企业提交的增值税申报

3. 业务流程图(图5-8)

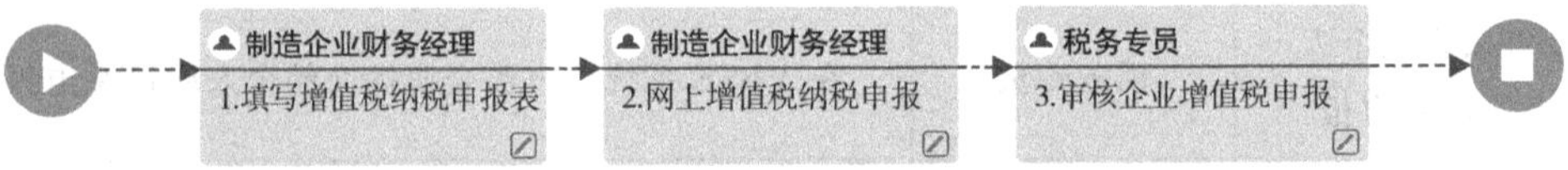

图5-8 MZZ1申报企业增值税(制造企业)业务流程图

4. 注意事项

此业务申报的是上月应缴纳的未交增值税。

九、与工贸企业签订购销合同(业务代码：MCG1)

1. 业务概述

为规范商业经营活动，保证公司利益，采购部与工贸企业签订采购合同，并依据公司流程审批。

2. 业务流程(表5-9)

表5-9 MCG1与工贸企业签订购销合同(制造企业)业务流程

编号	活动名称	角色	活动描述—操作指导
1	填写购销合同	采购员	1. 根据采购计划选择合适的工贸企业，沟通采购细节内容； 2. 填写购销合同，一式两份
2	填写合同会签单	采购员	1. 根据合同的信息填写合同会签单； 2. 将购销合同和合同会签单提交给采购部经理

续表 5-9

编号	活动名称	角色	活动描述—操作指导
3	合同会签单签字	采购部经理	1. 接收采购员提交的购销合同及合同会签单； 2. 审核购销合同内容填写的准确性和合理性，审核同意后在合同会签单上签字确认； 3. 将购销合同和合同会签单发送给财务部经理
4	合同会签单签字	财务部经理	1. 接收采购部经理提交的购销合同及合同会签单； 2. 审核购销合同的准确性和合理性，审核同意后在合同会签单上签字； 3. 将购销合同和合同会签单提交给总经理
5	合同会签单签字	总经理	1. 接收财务部经理提交的购销合同及合同会签单； 2. 审核采购部经理和财务部经理是否签字，审核购销合同的准确性和合理性，审核同意后在合同会签单、购销合同上签字； 3. 将购销合同和合同会签单发送给行政助理
6	购销合同盖章	行政助理	1. 接收总经理发送的购销合同和合同会签单； 2. 检查总经理是否在合同会签单上签字，确认无误后盖章； 3. 将购销合同发送给采购员
7	登记采购合同执行情况表	采购员	1. 接收行政助理发送的购销合同； 2. 根据制造企业与工贸企业签订的购销合同，登记采购合同执行情况表； 3. 将购销合同送交供应商

3. 业务流程图(图 5-9)

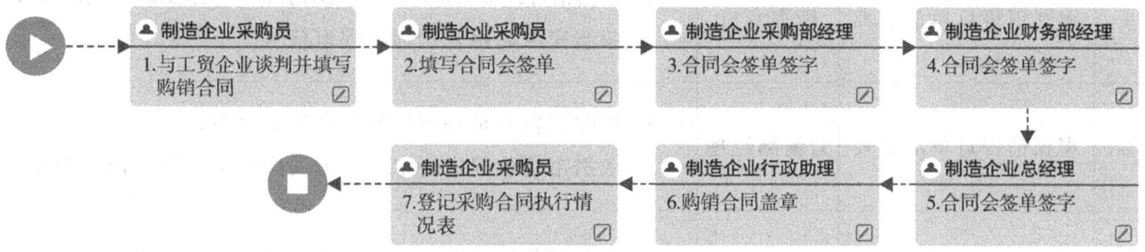

图 5-9　MCG1 与工贸企业签订购销合同(制造企业)业务流程图

4. 注意事项

制造企业与每一家工贸企业签订采购合同购买材料。采购的数量为按照物资需求计划(MRP)计算的需求总量除以工贸企业开课组数。

十、录入采购订单(业务代码：MCG3)

1. 业务概述

制造企业录入与工贸企业的采购订单。

2. 业务流程(表 5-10)

表 5-10　MCG3 录入采购订单(制造企业)业务流程

编号	活动名称	角色	活动描述—操作指导
1	在系统中录入采购订单	采购员	1. 根据制造企业与工贸企业签订的购销合同，将采购订单信息录入 VBSE 系统； 2. 通知供货方确认订单

3. 业务流程图(图 5-10)

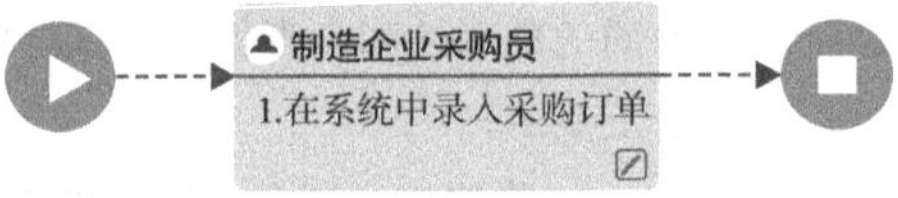

图 5-10　MCG3 录入采购订单(制造企业)业务流程图

十一、整理销售需求(业务代码：MSC1)

1. 业务概述

营销部将与经销商签订的销售订单汇总并制表，将此表下发给生产计划部和采购部，作为制订主生产计划的依据。

2. 业务流程(表 5-11)

表 5-11　MSC1 整理销售需求(制造企业)业务流程

编号	活动名称	角色	活动描述—操作指导
1	编制销售订单汇总表	销售专员	1. 根据销售订单和销售预测编制销售订单汇总表(一式两份)； 2. 编制完成后报营销部经理审核
2	审核销售订单汇总表	营销部经理	1. 接收销售专员编制的销售订单汇总表； 2. 依据市场状况进行审核，无误后签字并返回销售专员
3	下发销售订单汇总表	销售专员	1. 将营销部经理审核过的销售订单汇总表送生产计划部，由生产计划员签收(作为制订主生产计划的主要依据)； 2. 将营销部经理审核过的销售订单汇总表送采购部，由采购员签收(作为采购计划的指导)

3. 业务流程图(图 5-11)

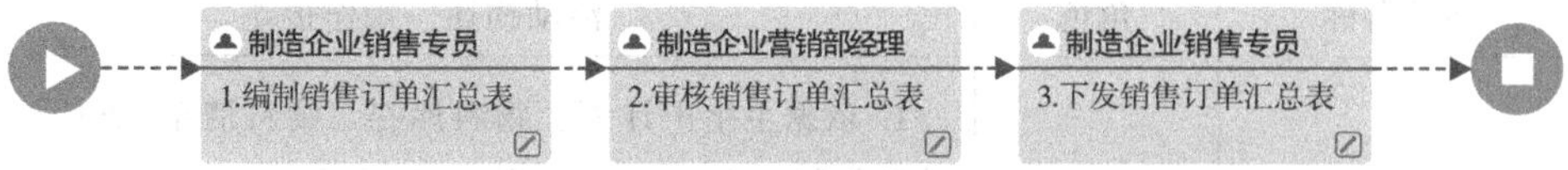

图 5-11　MSC1 整理销售需求(制造企业)业务流程图

十二、编制主生产计划(业务代码：MSC2)

1. 业务概述

生产计划部依据营销部的销售信息，结合当前生产、库存的状况编制主生产计划。

2. 业务流程(表 5-12)

表 5-12　MSC2 编制主生产计划(制造企业)业务流程

编号	活动名称	角色	活动描述—操作指导
1	编制主生产计划	生产计划员	1. 依据接收的销售订单汇总表，结合各车间的生产能力、产品库存状况编制主生产计划表； 2. 主生产计划表为 EXCEL 电子表，需要从教师处拷贝； 3. 将主生产计划表交车间管理员核验，然后交生产计划部经理审批
2	核验主生产计划	车间管理员	1. 根据车间产能检查主生产计划是否可行(如不可行返回第一步重新调整编制)； 2. 核对确认后签字交还给生产计划员
3	审批主生产计划	生产计划部经理	审批车间管理员核验过的主生产计划表，签字后交还给生产计划员

3. 业务流程图(图 5-12)

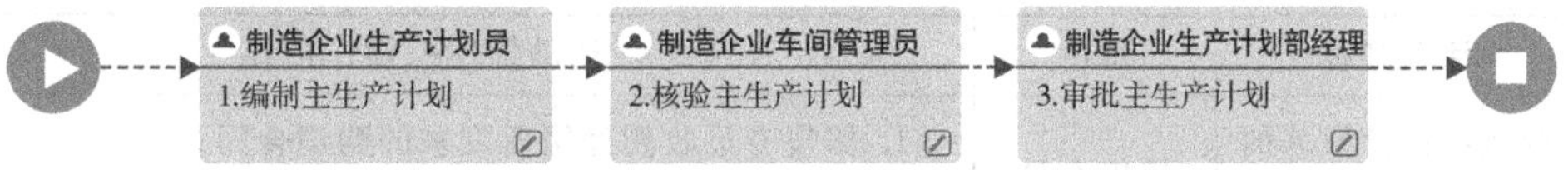

图 5-12　MSC2 编制主生产计划(制造企业)业务流程图

十三、编制物料净需求计划(业务代码：MSC3)

1. 业务概述

生产计划部依据需求、库存、物料清单制订物料的需求计划，并发给其他部门。

2. 业务流程(表 5-13)

表 5-13 MSC3 编制物料净需求计划(制造企业)业务流程

编号	活动名称	角色	活动描述—操作指导
1	编制物料净需求计划	生产计划员	1. 依据主生产计划、物料库存、物料清单(BOM),通过填制物料需求计算表计算物料净需求; 2. 物资需求计划(MRP)计算需要用的EXCEL电子表从教师处拷贝; 3. 将物料净需求计划表先送车间管理员校对,后送生产计划部经理审批
2	审核物料净需求计划	生产计划部经理	1. 收到生产计划员送交的物料净需求计划表后核对计算是否正确; 2. 审核物料净需求计划中物料需求时间与数量是否同主生产计划一致; 3. 确认后批准,交还生产计划员
3	将物料净需求计划送交相关部门	生产计划员	1. 第一联留下,用以安排生产; 2. 第二联送采购部经理,以便其安排采购

3. 业务流程图(图 5-13)

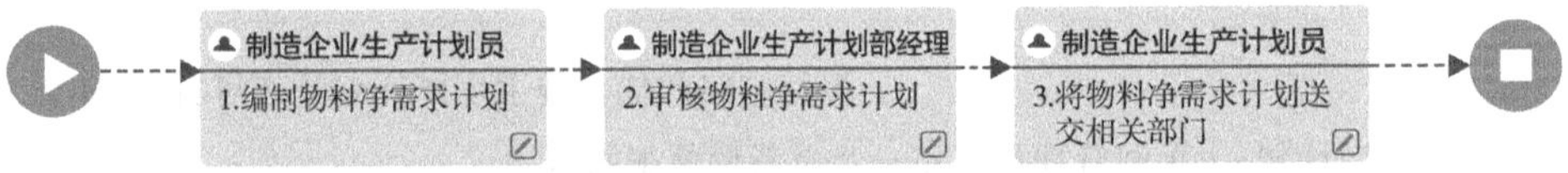

图 5-13 MSC3 编制物料净需求计划(制造企业)业务流程图

十四、与经销商签订购销合同(业务代码:DCG2)

1. 业务概述

营销部为保护公司利益,与经销商签订购销合同。

2. 业务流程(表 5-14)

表 5-14 DCG2 与经销商签订购销合同(制造企业)业务流程

编号	活动名称	角色	活动描述—操作指导
1	收到经销商发来的购销合同	销售专员	1. 销售专员收到经销商发来的购销合同; 2. 与经销商达成共识
2	填写合同会签单	销售专员	1. 填写合同会签单; 2. 将购销合同和合同会签单送交营销部经理审核
3	合同会签单签字	营销部经理	1. 接收销售专员送交的购销合同及合同会签单; 2. 审核购销合同内容填写的准确性和合理性; 3. 在合同会签单上签字确认

续表 5-14

编号	活动名称	角色	活动描述—操作指导
4	合同会签单签字	财务部经理	1. 接收营销部经理送交的购销合同及合同会签单； 2. 审核购销合同内容填写的准确性和合理性； 3. 在合同会签单上签字确认
5	合同会签单签字	总经理	1. 接收财务部经理送交的购销合同及合同会签单； 2. 审核购销合同内容填写的准确性和合理性； 3. 在合同会签单上签字确认
6	购销合同盖章	行政助理	接到审核通过的合同会签单，在购销合同上盖章
7	合同存档	行政助理	1. 行政助理将合同会签单与一份盖章的购销合同一起进行归档； 2. 行政助理将一份盖章的购销合同交给销售专员
8	购销合同登记	销售专员	1. 销售专员登记盖章的购销合同后，把合同交给合同当事人； 2. 更新采购合同执行情况表

3. 业务流程图(图 5-14)

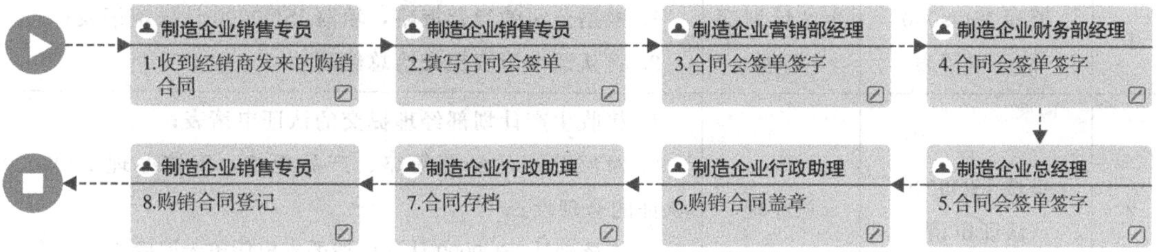

图 5-14　DCG2 与经销商签订购销合同(制造企业)业务流程图

4. 注意事项

制造企业与每一家商贸企业签订销售合同。销售的数量为每家制造企业供应量 4800 台除以商贸企业开课组数。

十五、确认经销商的采购订单(业务代码：DCG4)

1. 业务概述

为规范地开展商业活动，保证企业的经营利益，便于跟踪了解市场信息，营销部应将经销商的采购订单存档保存。

2. 业务流程(表 5-15)

表 5-15　DCG4 确认经销商的采购订单(制造企业)业务流程

编号	活动名称	角色	活动描述—操作指导
1	在系统中确认经销商的采购订单	销售专员	1. 根据制造企业与经销商签订的销售合同，在系统中确认经销商的采购订单； 2. 根据系统的采购订单信息填写销售订单

3. 业务流程图(图 5-15)

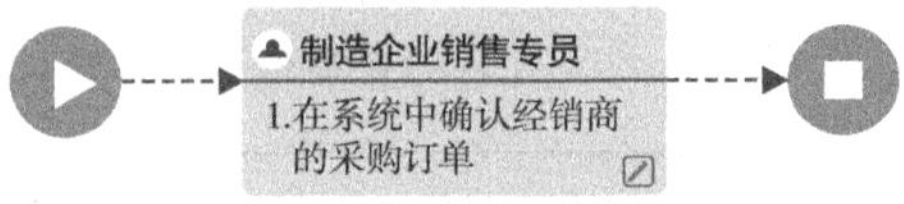

图 5-15　DCG4 确认经销商的采购订单(制造企业)业务流程图

十六、申请和办理 ISO9000 认证(业务代码：MRZ1)

1. 业务概述

为开发新产品，满足市场对产品销售要求，生产计划部经理应申请办理 ISO9000 认证。

2. 业务流程(表 5-16)

表 5-16　MRZ1 申请和办理 ISO9000 认证(制造企业)业务流程

编号	活动名称	角色	活动描述—操作指导
1	填写 ISO9000 认证申请表	生产计划部经理	1. 根据公司的经营策略，填写 ISO9000 认证申请表； 2. 将认证申请表提交给总经理
2	审核 ISO9000 认证申请	总经理	1. 接收生产计划部经理提交的认证申请表； 2. 对照公司的经营策略、产品规格，审核办理 ISO9000 认证的合理性； 3. 审核确认 ISO9000 认证申请的支出凭单无误后签字确认； 4. 将认证申请表发送给行政助理
3	ISO9000 申请认证盖章	行政助理	1. 接收总经理发送的认证申请表； 2. 查看总经理的审核批复及签字； 3. 将认证申请表发送给生产计划部经理
4	到服务公司办理 ISO9000 认证	生产计划部经理	1. 接收行政助理发送的认证申请表； 2. 通知服务公司办理生产许可证
5	收到 ISO9000 申请单	服务公司业务员	接收制造企业生产计划部经理提交的 ISO9000 申请单
6	办理 ISO 认证	服务公司业务员	为申请企业办理 ISO9000 认证

3. 业务流程图(图 5-16)

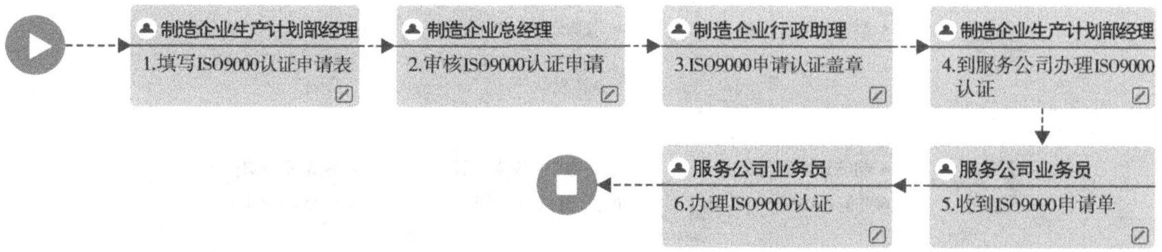

图 5-16 MRZ1 申请和办理 ISO9000 认证(制造企业)业务流程图

4. 注意事项

制造企业在生产前应进行 ISO9000 的资质认证。制造企业生产计划部经理需要前往服务公司办理本企业的 ISO9000 资质认证业务，具体费用为 50000 元/次，认证一次即可，立即可用。

十七、收到 ISO9000 认证发票(业务代码：MRZ2)

1. 业务概述

制造企业收到服务公司的 ISO9000 认证发票，进行付款审核及相关的账务处理。

2. 业务流程(表 5-17)

表 5-17 MRZ2 收到 ISO9000 认证发票(制造企业)业务流程

编号	活动名称	角色	活动描述—操作指导
1	开具 ISO9000 认证发票	服务公司业务员	1. 根据 ISO9000 认证发票的金额和生产计划员提供的企业信息开具增值税专用发票； 2. 将增值税专用发票发票联、抵扣联交给生产计划员； 3. 将增值税专用发票记账联备案留档
2	领取 ISO9000 认证发票	生产计划员	1. 从服务公司领取 ISO9000 认证费用专用发票并登记备案； 2. 将 ISO9000 认证费用专用发票送至财务会计处
3	收到发票并填制记账凭证	财务会计	1. 收到生产计划员提交的 ISO9000 认证费用专用发票； 2. 根据 ISO9000 认证费用专用发票填制记账凭证
4	审核记账凭证	财务经理	1. 审核财务会计编制的记账凭证并对照相关附件检查是否正确； 2. 审核无误，在记账凭证上签字或盖章
5	登记科目明细账	财务会计	1. 根据记账凭证登记科目明细账； 2. 记账后在记账凭证上签字或盖章
6	登记总账	财务经理	1. 根据记账凭证登记总账； 2. 记账后在记账凭证上签字或盖章

3. 业务流程图(图 5-17)

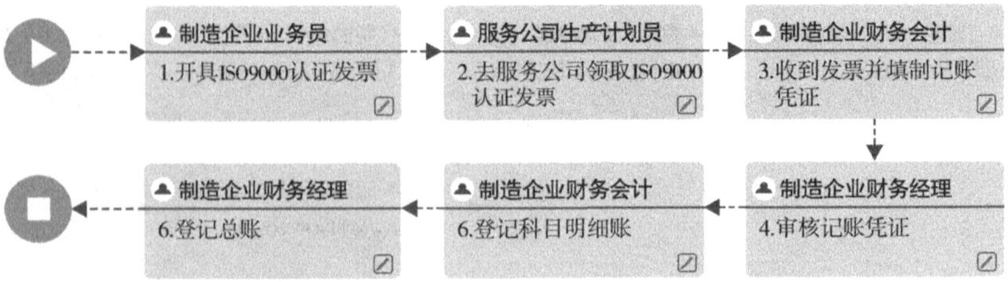

图 5-17 MRZ2 收到 ISO9000 认证发票(制造企业)业务流程图

十八、支付 ISO9000 认证费(业务代码：MRZ3)

1. 业务概述

制造企业生产计划员依据服务公司开具的 ISO9000 认证发票进行付款，交公司财务审核并做相关账务处理。

2. 业务流程(表 5-18)

表 5-18 MRZ3 支付 ISO9000 认证费(制造企业)业务流程

编号	活动名称	角色	活动描述—操作指导
1	填写付款申请表	生产计划员	1. 根据 ISO9000 认证的发票填写付款申请表； 2. 将发票粘在付款申请表后
2	审核付款申请表	生产计划部经理	1. 收到生产计划员提交的付款申请表； 2. 查看 ISO9000 认证合同的执行情况，审核付款申请表的准确性和合理性； 3. 确认后在付款申请表上签字； 4. 将付款申请表交由生产计划员送给财务部经理审核
3	审核付款申请表	财务部经理	1. 收到生产计划部经理审核同意的付款申请表； 2. 审核付款申请表的准确性和合理性； 3. 确认后在付款申请表上签字
4	填写支票	出纳	依据审核通过的付款申请表填写转账支票
5	审核支票	财务部经理	1. 审核 ISO9000 认证的发票是否正确； 2. 审核支票填写的正确与否； 3. 确认无误，加盖财务专用章和法定代表人章
6	登记支票登记簿	出纳	1. 填写支票登记簿； 2. 将支票正联交给生产计划员； 3. 生产计划员在支票登记簿上登记后签收
7	填制记账凭证	财务会计	1. 接收出纳送交的 ISO9000 认证发票付款申请表； 2. 核对出纳送交的 ISO9000 认证发票； 3. 根据付款申请表及支票金额编制记账凭证

续表 5-18

编号	活动名称	角色	活动描述—操作指导
8	审核记账凭证	财务部经理	1. 审核财务会计提交的记账凭证； 2. 审核无误，在记账凭证上签字或盖章； 3. 将记账凭证交给出纳，作为记账依据
9	登记银行存款日记账	出纳	1. 根据记账凭证登记银行存款日记账； 2. 在记账凭证上签字或盖章； 3. 将记账凭证交财务会计登账
10	登记科目明细账	财务会计	1. 根据记账凭证登记科目明细账； 2. 在记账凭证上签字或盖章； 3. 将记账凭证交财务部经理登记总账
11	登记总账	财务部经理	1. 接收财务会计送交的记账凭证； 2. 根据记账凭证登记总账； 3. 在记账凭证上签字或盖章
12	将支票送服务公司	生产计划员	将支票送交服务公司
13	收到转账支票并到银行办理转账	服务公司总经理	1. 向办理 ISO9000 认证的企业催收 ISO9000 认证费； 2. 收到办理 ISO9000 认证费转账支票； 3. 根据转账支票填写进账单； 4. 携带转账支票与进账单到银行进行转账
14	办理转账并打印银行回单(银行)	银行柜员	1. 收到企业提交的进账单与支票； 2. 根据进账单信息办理转账业务； 3. 根据办理的转账业务打印银行业务回单； 4. 将银行业务回单交给企业办事员

3. 业务流程图(图 5-18)

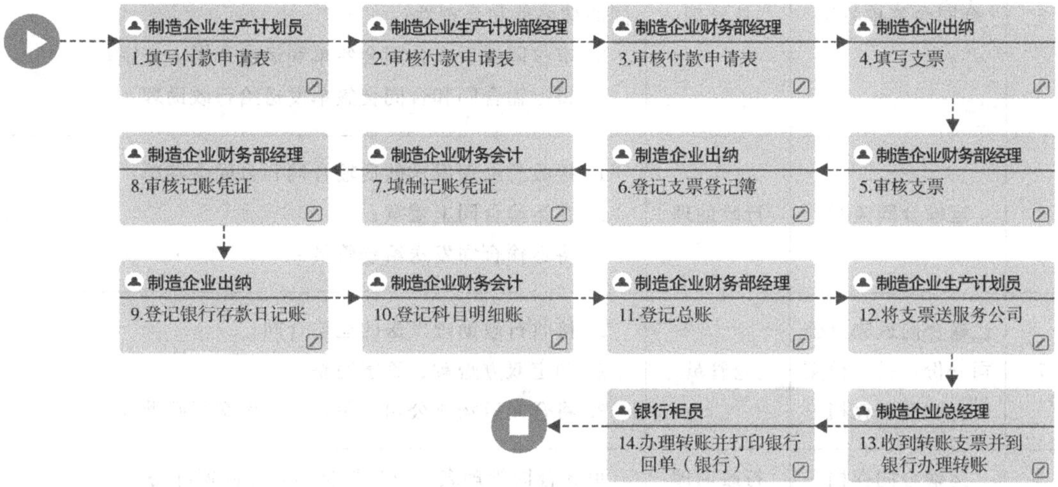

图 5-18　MRZ3 支付 ISO9000 认证费(制造企业)业务流程图

十九、与物流公司签订运输合同(业务代码：MYS2)

1. 业务概述

为规范商业活动，保护公司利益，仓储部与物流公司签订运输合同。

2. 业务流程(表5-19)

表5-19　MYS2与物流公司签订运输合同(制造企业)业务流程

编号	活动名称	角色	活动描述—操作指导
1	接收物流公司送来的运输合同	仓管员	1. 根据采购计划等选择合适的物流公司，沟通运输细节(送货地、包装方式、运输方式、价格、保险、付款方式等)； 2. 接收物流送达的盖有物流公司印章的运输合同，一式两份
2	填写合同会签单	仓管员	1. 填写合同会签单； 2. 将运输合同和合同会签单提交给仓储部经理
3	合同会签单签字	仓储部经理	1. 接收仓管员提交的运输合同及合同会签单； 2. 审核运输合同内容填写的准确性和合理性，审核后在合同会签单上签字确认； 3. 将运输合同和合同会签单发送给财务部经理
4	合同会签单签字	财务部经理	1. 接收仓储部经理发送的运输合同及合同会签单； 2. 审核运输合同内容的准确性和合理性，审核后在合同会签单上签字确认； 3. 将运输合同和合同会签单提交给总经理
5	合同会签单签字	总经理	1. 接收财务部经理提交的运输合同及合同会签单； 2. 检查仓储部经理和财务部经理是否签字，审核运输合同的准确性和合理性； 3. 审核同意后在合同会签单和运输合同上签字； 4. 将运输合同和合同会签单发送给行政助理
6	运输合同盖章	行政助理	1. 接收总经理发送的运输合同和合同会签单； 2. 在运输合同上盖章； 3. 将运输合同发送给仓管员
7	运输合同返物流公司一份，另一份交行政助理存档	仓管员	1. 接收行政助理发送的运输合同； 2. 确定双方盖章、签字完整； 3. 将合同返物流公司一份，另一份交行政助理存档
8	运输合同存档	行政助理	更新合同管理表，登记后把运输合同留存备案

3. 业务流程图(图 5-19)

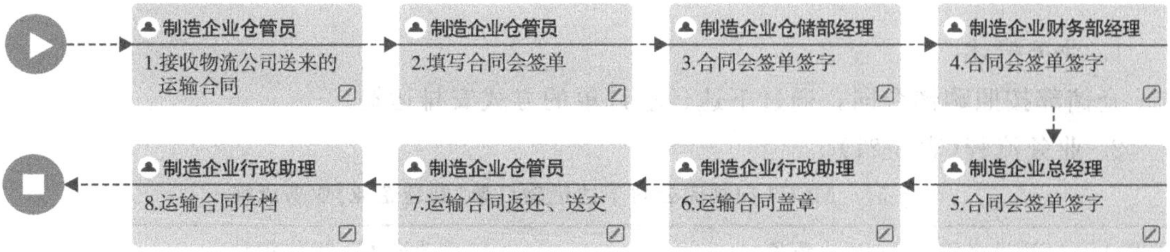

图 5-19　MYS2 与物流公司签订运输合同(制造企业)业务流程图

4. 注意事项

运输费用为采购订单金额的 5%(含税)。

第二节　制造企业月初经营业务

一、接到发货单准备收货(业务代码：MCG6)

1. 业务概述

采购员收到工贸企业的发货单并告知仓管员准备收货。

2. 业务流程(表 5-20)

表 5-20　MCG6 收到发货单准备收货(制造企业)业务流程

编号	活动名称	角色	活动描述—操作指导
1	收到工贸企业的发货通知	采购员	1. 按照购销合同约定的到货日期，工贸企业具备发货条件后通知采购员； 2. 收到发货通知； 3. 将发货通知发送给仓管员
2	准备收货	仓管员	1. 接收采购员发送的工贸企业发货通知； 2. 准备收货

3. 业务流程图(图 5-20)

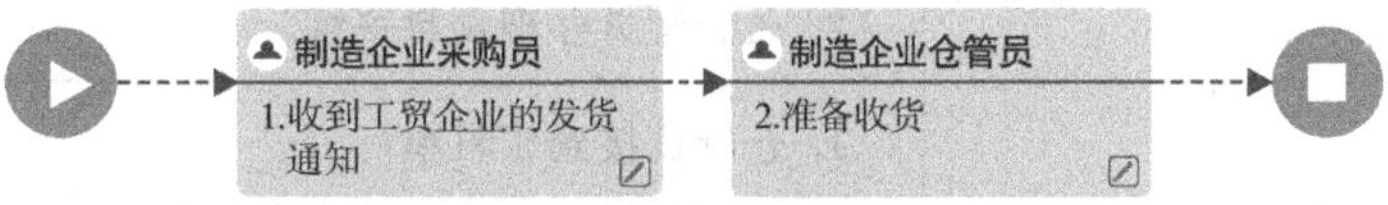

图 5-20　MCG6 接到发货单准备收货(制造企业)业务流程图

二、向物流公司下达运输订单(MCG7)

1. 业务概述

仓储部按照购销合同，通过下达运输订单的方式安排运输。

2. 业务流程(表5-21)

表5-21　MCG7向物流公司下达运输订单(制造企业)业务流程

编号	活动名称	角色	活动描述—操作指导
1	填写运输订单	仓管员	1. 收到采购员的发货通知； 2. 联系物流公司，确认购销合同约定的发货计划、到货日期、运输方式等； 3. 手工填制运输订单
2	确认运输订单	仓储部经理	1. 审核运输订单内容的准确性和合理性； 2. 确认运输订单并签字

3. 业务流程图(图5-21)

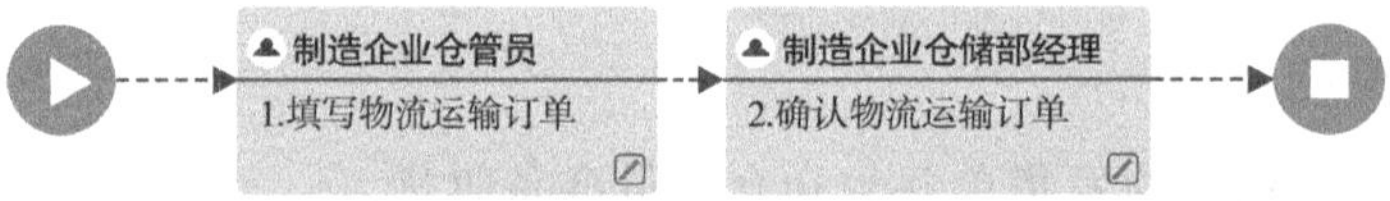

图5-21　MCG7向物流公司下达运输订单(制造企业)业务流程图

三、派工领料—车架(业务代码：MSC4)

1. 业务概述

生产计划部计划员进行派工，车间管理员填写领料单去库房领取生产所需物料，仓库管理员按领料单发放并登记库存台账。

2. 业务流程(表5-22)

表5-22　MSC4派工领料—车架(制造企业)业务流程

编号	活动名称	角色	活动描述—操作指导
1	填写派工单	生产计划员	1. 根据主生产计划表编制车架派工单； 2. 车架派工单一式两份，将其中一份发送给车间管理员； 3. 另一份车架派工单生产计划员留存
2	填写领料单	车间管理员	1. 根据派工单和物料清单(BOM)填写一式二联领料单； 2. 送仓管员办理领料手续
3	核对生产用料	仓管员	1. 仓管员接到领料单； 2. 核对领料单中物料的库存情况； 3. 确认满足条件后在领料单上签字

续表 5-22

编号	活动名称	角色	活动描述—操作指导
4	填写材料出库单	仓管员	根据领料单填写材料出库单
5	办理材料出库	仓管员	1. 在 VBSE 系统中办理材料出库，车间管理员在材料出库单上签字确认； 2. 材料出库单的生产计划部联交车间管理员，随材料一起拿走
6	登记库存台账	仓储部经理	1. 接收仓管员送来的材料出库单； 2. 根据材料出库单登记库存台账； 3. 登记后交仓管员留存备案
7	机加工车间开工	车间管理员	在 VBSE 系统中办理派工。车间依据物料、人员、设备的状况决定生产时间

3. 业务流程图(图 5-22)

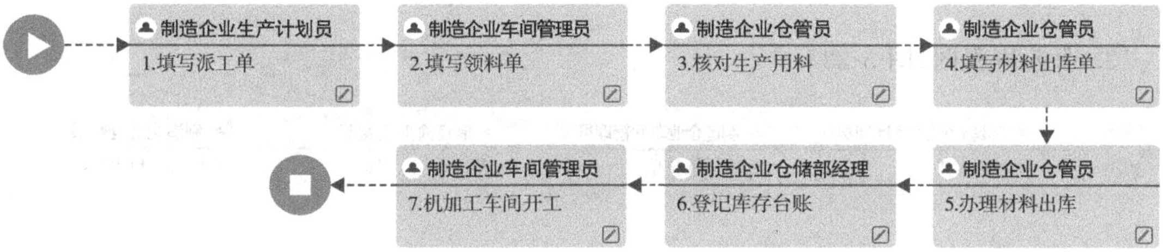

图 5-22　MSC4 派工领料—车架(制造企业)业务流程图

四、派工领料—童车(业务代码：MSC5)

1. 业务概述

生产计划部安排车间领料生产整车，车间管理员领取物料，库房依据领料单发料并变更库存台账。

2. 业务流程(表 5-23)

表 5-23　MSC5 派工领料—童车(制造企业)业务流程

编号	活动名称	角色	活动描述—操作指导
1	填写派工单	生产计划员	1. 根据主生产计划表编制整车派工单； 2. 整车派工单一式两份，将其中一份交给车间管理员； 3. 另一份整车派工单生产计划员自己留存
2	填写领料单	车间管理员	1. 根据派工单和物料清单(BOM)填写一式二联领料单； 2. 送仓管员办理领料手续
3	核对生产用料	仓管员	1. 仓管员接收车间管理员的领料单； 2. 核对领料单上物料的库存情况； 3. 确认条件满足后在领料单上签字

续表 5-23

编号	活动名称	角色	活动描述—操作指导
4	填写材料出库单	仓管员	根据领料单填写材料出库单
5	办理材料出库	仓管员	1. 在VBSE系统中办理材料出库，车间管理员在材料出库单上签字确认； 2. 材料出库单的生产计划部联交车间管理员，随材料一起拿走； 3. 材料出库单财务联交成本会计； 4. 材料出库单仓储部联交仓储部经理登记库存台账
6	登记库存台账	仓储部经理	1. 接收仓管员送来的材料出库单； 2. 根据材料出库单登记库存台账； 3. 登记后交仓管员留存备案
7	组装车间开工	车间管理员	车间管理员根据人员、物料、设备的状况决定生产时间

3. 业务流程图(图 5-23)

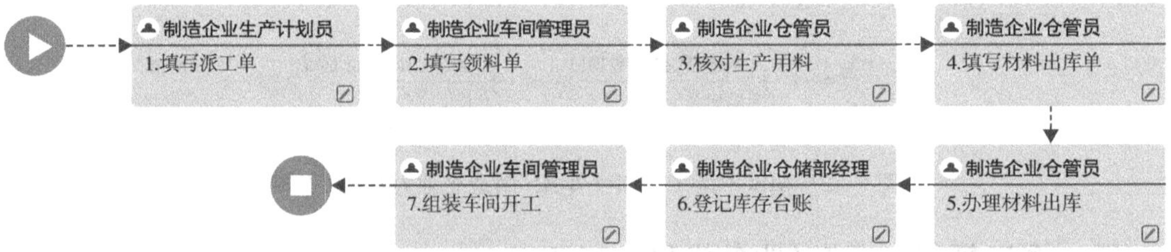

图 5-23 MSC5 派工领料—童车(制造企业)业务流程图

五、下达发货通知给经销商(业务代码：DCG5)

1. 业务概述

营销部销售专员填写发货单，交营销部经理审核批准后通知经销商。

2. 业务流程(表 5-24)

表 5-24 DCG5 下达发货通知给经销商(制造企业)业务流程

编号	活动名称	角色	活动描述—操作指导
1	填写发货单	销售专员	1. 填写发货单； 2. 将发货单送交营销部经理审核
2	审核发货单	营销部经理	1. 接收销售专员送交的发货单并进行审核； 2. 将发货单发送给销售专员
3	分发发货单	销售专员	1. 接收营销部经理发送的发货单； 2. 将仓储留存联、客户留存联、财务留存联一并送至仓储部

3. 业务流程图(图 5-24)

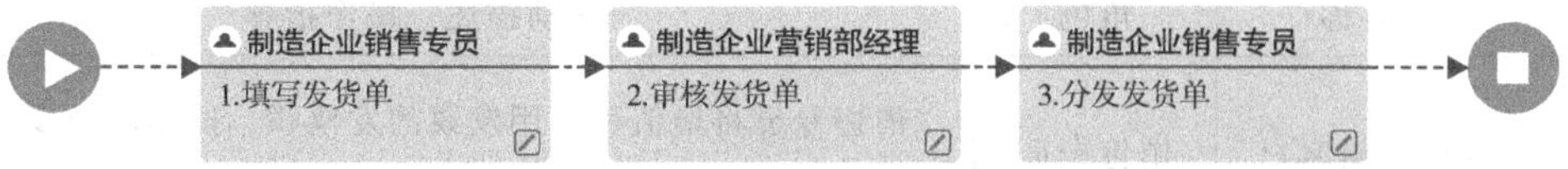

图 5-24 DCG5 下达发货通知给经销商(制造企业)业务流程图

六、给经销商办理出库及开票(业务代码：DCG10)

1. 业务概述

仓储部给经销商办理出库，由销售专员申请开具发票后，进行相关账务处理。

2. 业务流程(表 5-25)

表 5-25 DCG10 给经销商办理出库及开票(制造企业)业务流程

编号	活动名称	角色	活动描述—操作指导
1	接收物流运单并填制产品出库单	仓管员	1. 接收物流运单，根据发货单填制产品的销售出库单； 2. 提交至仓储部经理审批
2	审核产品出库单	仓储部经理	1. 仓储部经理收到仓管员开具的产品销售出库单； 2. 审核填写是否正确； 3. 确认无误，签字并交还仓管员去办理出库手续； 4. 在系统中办理出库
3	登记库存台账	仓管员	1. 接收仓储部经理审核批准的产品销售出库单并将仓储部留存联留存备案； 2. 将发货单的客户留存联、营销部留存联、财务留存联和销售出库单的两联传至销售专员
4	销售发运并申请开票	销售专员	1. 接收仓管员发送的发货单客户留存联、营销部留存联、财务留存联和销售出库单的两联，核对出库数量无误后分别签字确认，留存一份销售出库单； 2. 将签字确认的发货单客户留存联交给物流公司带至客户处； 3. 根据发货单财务留存联、销售出库单财务留存联填写开票申请单，将发货单财务留存联、销售出库单财务留存联和开票申请单一并交至财务部出纳处，由出纳开具增值税专用发票
5	开具发票	出纳	1. 根据销售专员提交的开票申请单、发货单财务留存联、销售出库单财务留存联开具增值税专用发票； 2. 销售专员在发票领用表上登记并签字； 3. 将开好的增值税专用发票的发票联、抵扣联交给销售专员； 4. 将发货单财务留存联、销售出库单财务留存联、增值税专用发票的记账联送交财务会计

续表 5-25

编号	活动名称	角色	活动描述—操作指导
6	将发票送给客户	销售专员	销售专员将增值税专用发票的发票联、抵扣联及发货单的客户留存联一并交给物流公司，由物流公司送交客户
7	填制记账凭证	财务会计	1. 根据开具的发票、销售出库单填制记账凭证； 2. 将记账凭证交给财务部经理审核
8	审核记账凭证	财务部经理	1. 接收财务会计提交的记账凭证，进行审核； 2. 审核无误后，在记账凭证上签字或盖章； 3. 交财务会计登记科目明细账
9	登记明细账	财务会计	1. 接收财务部经理提交的记账凭证并审核； 2. 在记账凭证上签字或盖章； 3. 根据审核后的记账凭证登记科目明细账
10	登记总账	财务部经理	1. 接收财务会计提交的记账凭证； 2. 根据记账凭证登记总账； 3. 记账后在记账凭证上签字或盖章

3. 业务流程图(图 5-25)

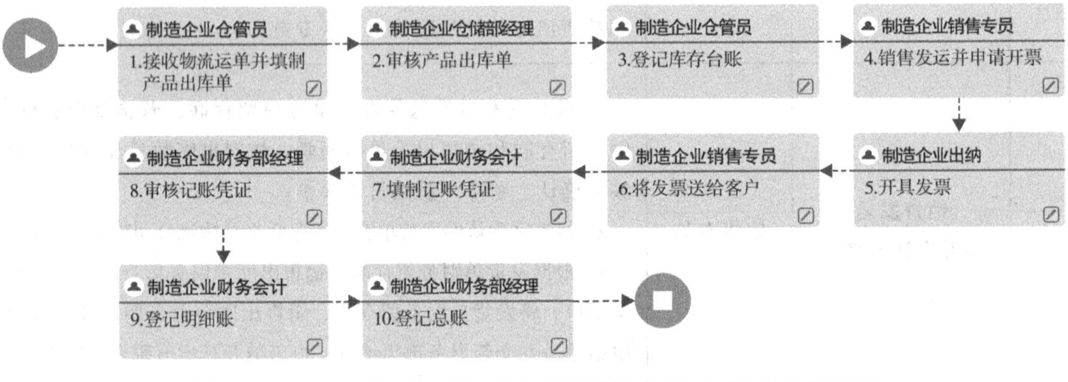

图 5-25　DCG10 给经销商办理出库及开票(制造企业)业务流程图

七、缴纳个人所得税(业务代码：MGS2)

1. 业务概述

出纳取得个人所得税扣款通知后，取回税收交款书并按照公司财务的工作流程进行财务处理。

2. 业务流程(表 5-26)

表 5-26 MGS2 缴纳个人所得税(制造企业)业务流程

编号	活动名称	角色	活动描述—操作指导
1	查询网银扣款情况	出纳	1. 查询网银，确认个人所得税是否已扣款成功； 2. 到银行打印缴税证明
2	打印缴税证明	银行柜员	1. 查询转账记录； 2. 确认后打印缴税证明
3	收到缴税证明	出纳	取回缴税证明并交给财务会计
4	填制记账凭证	财务会计	1. 根据扣款通知和税收缴款书填制记账凭证； 2. 将扣款通知和税收缴款书粘贴在记账凭证后作为原始单据； 3. 提交给财务经理审核
5	审核记账凭证	财务经理	1. 收到记账凭证和相关原始单据； 2. 审核记账凭证是否正确； 3. 确认无误后签字或盖章，将记账凭证交给出纳，登记银行存款日记账
6	登记银行存款日记账	出纳	1. 根据审核后的记账凭证登记银行存款日记账； 2. 记账后在记账凭证上签字或盖章； 3. 将记账凭证交给财务会计登记科目明细账
7	登记科目明细账	财务会计	1. 根据审核后的记账凭证登记科目明细账； 2. 记账后在记账凭证上签字或盖章
8	登记总账	财务经理	1. 根据审核后的记账凭证登记总账； 2. 记账后在记账凭证上签字或盖章

3. 业务流程图(图 5-26)

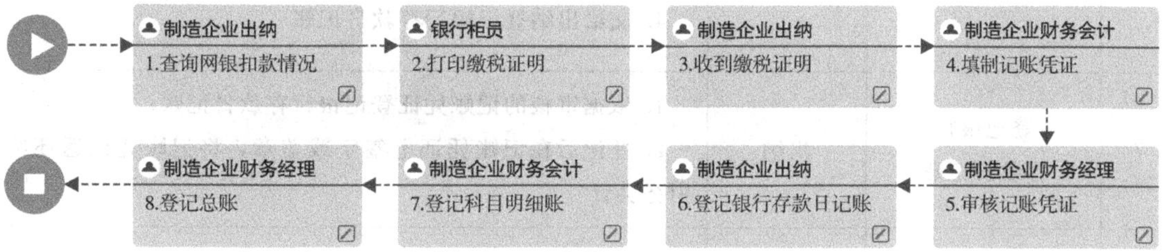

图 5-26 MGS2 缴纳个人所得税(制造企业)业务流程图

4. 注意事项

2020 年 1 月 5 日，制造企业在系统中申报 2019 年 12 月员工的个人所得税，由银行代扣税款，制造企业收到银行扣税回单之后进行财务记账。

八、缴纳企业增值税(业务代码：MZZ2)

1. 业务概述

出纳收到增值税扣款通知后，取回税收交款书并按照公司财务的工作流程进行财务处理。

2. 业务流程(表5-27)

表5-27 MZZ2缴纳企业增值税(制造企业)业务流程

编号	活动名称	角色	活动描述—操作指导
1	确认申报状态并提交扣款	财务经理	1. 在VBSE系统中查看申报状态； 2. 审核通过后点击“扣款”
2	查询网银扣款情况	出纳	1. 查询网银，确认增值税是否已扣款成功； 2. 到银行打印缴税证明
3	打印缴税证明	银行柜员	1. 查询转账记录； 2. 确认后打印缴税证明
4	收到银行缴税扣款证明	出纳	1. 收到银行的缴税扣款证明； 2. 将缴税扣款证明交给财务会计
5	填制记账凭证	财务会计	1. 根据缴税扣款证明编制记账凭证； 2. 将银行税收缴款单和完税证明粘贴在记账凭证后面作为附件； 3. 将记账凭证交给财务经理审核
6	审核记账凭证	财务经理	1. 收到记账凭证和缴款书； 2. 审核记账凭证是否正确； 3. 审核无误，在记账凭证上签字或盖章； 4. 交给出纳登记银行存款日记账
7	登记银行存款日记账	出纳	1. 依据审核的记账凭证登记银行存款日记账； 2. 登记后在记账凭证上签字或盖章，将记账凭证返还给财务会计
8	登记科目明细账	财务会计	1. 根据审核后的记账凭证登记科目明细账； 2. 记账后在记账凭证上签字或盖章
9	登记总账	财务经理	1. 根据审核后的记账凭证登记总账； 2. 记账后在记账凭证上签字或盖章

3. 业务流程图(图 5-27)

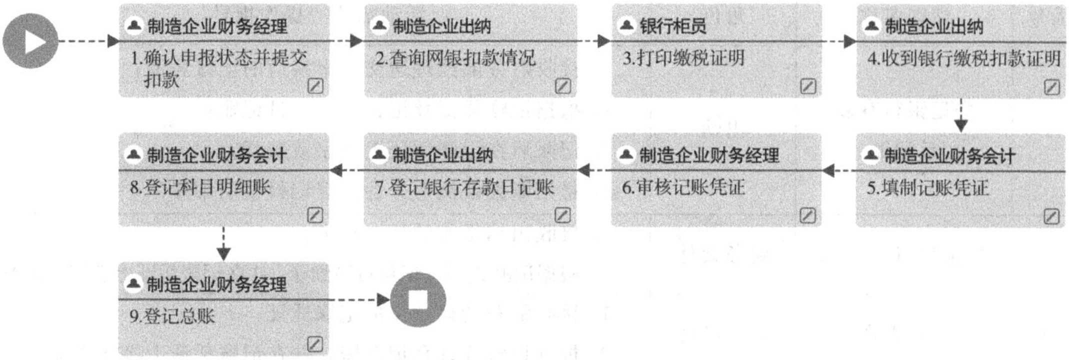

图 5-27 MZZ2 缴纳企业增值税(制造企业)业务流程图

九、收到“五险一金”缴款通知及账务处理(业务代码：MWX1)

1. 业务概述

出纳取回银行代扣“五险一金”的回单，进行相关的财务处理。

2. 业务流程(表 5-28)

表 5-28 MWX1 收到“五险一金”缴款通知及账务处理(制造企业)业务流程

编号	活动名称	角色	活动描述—操作指导
1	领取“五险一金”扣款回单	出纳	到银行取“五险一金”扣款回单
2	代扣社会保险	银行柜员	为企业代理扣缴社会保险
3	代扣公积金	银行柜员	为企业代理扣缴公积金
4	打印“五险一金”扣款回单	银行柜员	1. 接到客户打印请求，查询相关交易记录； 2. 确认交易记录后为客户打印回单； 3. 打印后将回单交与客户
5	编制记账凭证	财务会计	1. 依据银行回单填制记账凭证，将银行扣款凭证和“五险一金”扣款通知粘贴在记账凭证后作为附件； 2. 将记账凭证传递给财务经理审核
6	审核记账凭证	财务经理	1. 接收财务会计送交的记账凭证； 2. 审核记账凭证； 3. 审核无误，在记账凭证上签字或盖章，并将记账凭证交给出纳登记银行存款日记账

续表 5-28

编号	活动名称	角色	活动描述—操作指导
7	登记银行存款日记账	出纳	1. 接收财务部经理送交的审核后的记账凭证； 2. 根据记账凭证登记银行存款日记账； 3. 记账后在记账凭证上签字或盖章； 4. 将记账凭证交财务会计登记科目明细账
8	登记科目明细账	财务会计	1. 接收出纳送交的记账凭证； 2. 根据记账凭证登记科目明细账，并在记账凭证上签字或盖章
9	登记总账	财务经理	1. 接收财务会计送交的记账凭证； 2. 根据记账凭证登记总账，并在记账凭证上签字或盖章

3. 业务流程图(图 5-28)

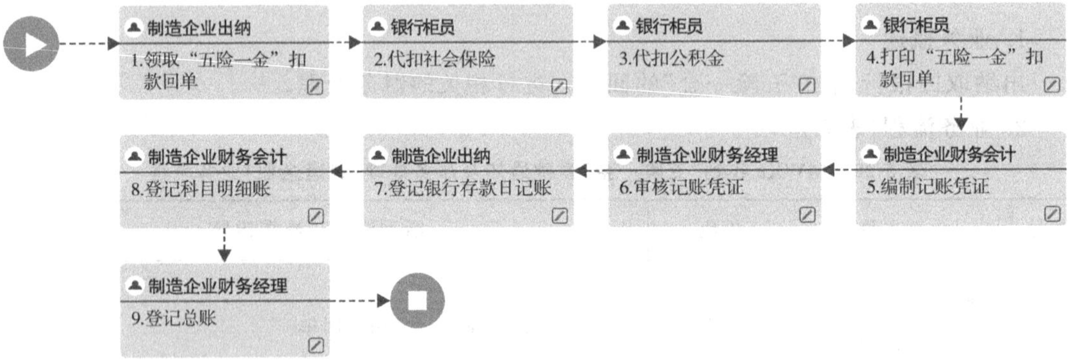

图 5-28 MWX1 收到“五险一金”缴款通知及账务处理(制造企业)业务流程图

第三节 制造企业月末经营业务

一、到货并办理入库(业务代码：MCG13)

1. 业务概述

仓管员接收供应商来料，检验后办理相关入库手续。

2. 业务流程(表 5-29)

表 5-29 MCG13 到货并办理入库(制造企业)业务流程

编号	活动名称	角色	活动描述—操作指导
1	运输车辆到达，收到物流运单	仓管员(兼原料质检员)	1. 接收供应商发来的材料，附有物流运单； 2. 接收运输费发票与工贸企业发票； 3. 记录运输费发票金额并准备支付运输费； 4. 将运输费发票与工贸企业发票交采购员

续表 5-29

编号	活动名称	角色	活动描述—操作指导
2	物料验收 并办理入库	仓管员 （兼原料质检员）	1. 根据发货单和质量检验标准进行质量、数量、包装等的检测； 2. 根据检验结果填写物料检验单，并签字确认； 3. 检验无误，在发货单上签字收货； 4. 在 VBSE 系统中办理采购入库手续
3	填写采购入库单	仓管员 （兼原料质检员）	1. 根据物料检验单填写采购入库单(一式三联)； 2. 将采购入库单提交给仓储部经理； 3. 将审核后的入库单自留一联，另外两联交采购部和财务部(其中一联采购入库单发送给采购员)
4	登记采购合同 执行情况表	采购员	1. 接收仓管员发送的采购入库单、运输费发票、工贸企业发票； 2. 登记采购合同执行情况表； 3. 记录工贸企业发票金额并准备支付工贸企业货款； 4. 将运输费发票、工贸企业发票(发票联和抵扣联)和对应的采购入库单的财务联送交财务部
5	登记库存台账	仓管员	1. 接收采购入库单； 2. 根据入库单登记库存台账
6	填制记账凭证	成本会计	1. 根据发票记账联填制记账凭证，将发票记账联和销售出库单粘贴到记账凭证后面作为附件； 2. 将记账凭证交财务经理审核
7	审核记账凭证	财务经理	1. 接收成本会计送交的记账凭证，进行审核； 2. 审核无误后，在记账凭证上签字或盖章； 3. 将记账凭证交还成本会计登记数量金额明细账
8	登记数量金额明细账	成本会计	根据记账凭证后所附的销售出库单填写数量金额明细账
9	登记科目明细账	财务会计	1. 根据记账凭证登记科目明细账； 2. 记账后在记账凭证上签字或盖章
10	登记总账	财务经理	1. 根据记账凭证登记总账； 2. 记账后在记账凭证上签字或盖章

3. 业务流程图(图 5-29)

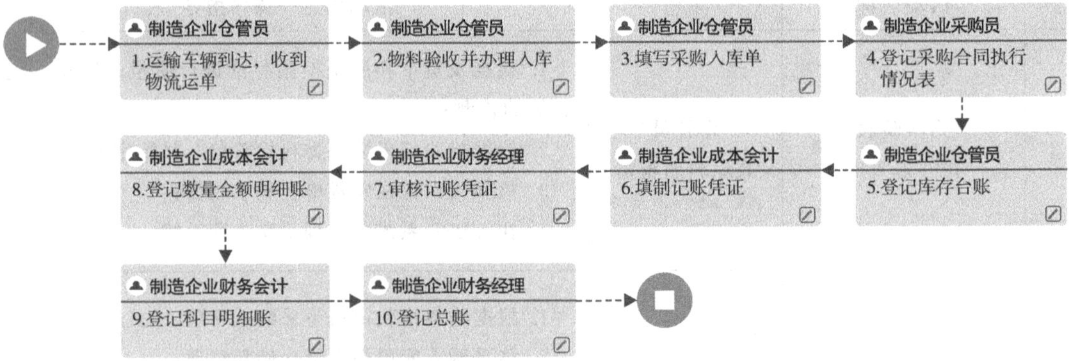

图 5-29 MCG13 到货并办理入库(制造企业)业务流程图

二、支付运输费(业务代码：MCG14)

1. 业务概述

仓管员根据运输费发票，填写付款申请单后交仓储部经理审批，审批后交财务部办理付款手续。

2. 业务流程(表 5-30)

表 5-30 MCG14 支付运输费(制造企业)业务流程

编号	活动名称	角色	活动描述—操作指导
1	填写运输费付款申请单	仓管员	依据运输费发票填写付款申请单
2	审核付款申请单	仓储部经理	1. 收到仓管员提交的付款申请单； 2. 审核付款要求是否合理； 3. 确认合理后签字，仓管员送交财务部经理
3	审核付款申请单	财务部经理	1. 收到仓储部经理审核同意的付款申请单； 2. 根据运输费发票审核付款申请单的准确性和合理性； 3. 确认后在付款申请单上签字
4	办理网银付款(转账)	出纳	1. 收到仓管员转交的财务部经理和仓储部经理批复的付款申请单； 2. 检查财务部经理是否签字，确认后对照付款申请单办理网银付款
5	填制记账凭证	财务会计	1. 接收出纳提交的仓储部经理、财务部经理签字的付款申请单； 2. 编制记账凭证； 3. 将记账凭证、发票提交给财务部经理

续表 5-30

编号	活动名称	角色	活动描述—操作指导
6	审核记账凭证	财务部经理	1. 接收财务会计提交的记账凭证和发票； 2. 审核记账凭证填写的准确性、合法性和真实性； 3. 审核资金使用的合理性； 4. 审核无误后，在记账凭证上签字或盖章； 5. 将记账凭证交给出纳
7	登记银行存款日记账	出纳	1. 根据记账凭证登记银行存款日记账； 2. 记账后在记账凭证上签字或盖章； 3. 将记账凭证交财务会计登记科目明细账
8	登记科目明细账	财务会计	1. 接收出纳送交的记账凭证； 2. 根据记账凭证登记科目明细账； 3. 记账后在记账凭证上签字或盖章
9	登记总账	财务部经理	1. 接收财务会计送交的记账凭证； 2. 根据记账凭证登记科目总账； 3. 记账后在记账凭证上签字或盖章

3. 业务流程图(图 5-30)

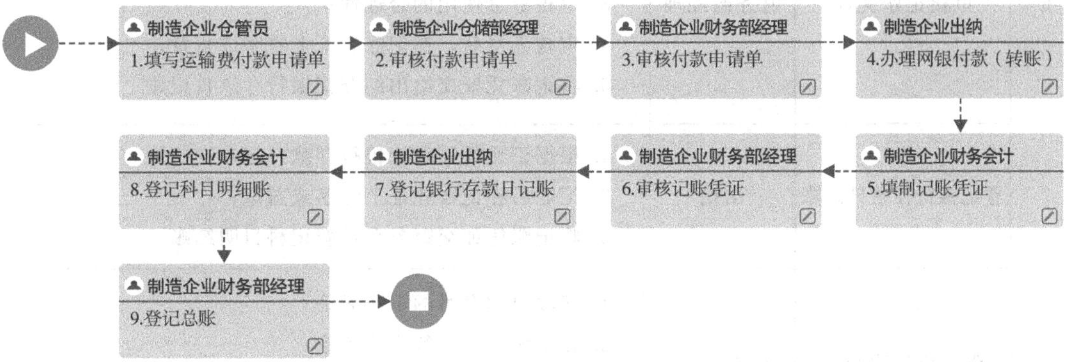

图 5-30 MCG14 支付运输费(制造企业)业务流程图

三、支付工贸企业货款(业务代码：MCG15)

1. 业务概述

采购员根据工贸企业发票，填写付款申请单后交采购部经理审批，审批后交财务部办理付款手续。

2. 业务流程(表5-31)

表5-31 MCG15支付工贸企业货款(制造企业)业务流程

编号	活动名称	角色	活动描述—操作指导
1	根据工贸企业发票填写付款申请单	采购员	根据工贸企业发票在系统中录入付款申请单
2	审核付款申请单	采购部经理	1. 收到采购员提交的付款申请单； 2. 审核付款申请要求是否合理； 3. 确认合理后，签字并交还采购员
3	审核付款申请单	财务部经理	1. 收到采购部经理审核同意的付款申请单； 2. 根据工贸企业发票审核付款申请单的准确性和合理性； 3. 确认后在付款申请单上签字
4	办理网银付款(转账)	出纳	1. 收到采购员转交的财务部经理和采购部经理批复的付款申请单； 2. 检查财务部经理是否签字，确认后对照付款申请单办理网银付款
5	填制记账凭证	财务会计	1. 接收出纳提交的采购部、财务部经理签字的付款申请单； 2. 编制记账凭证； 3. 将记账凭证、发票提交给财务部经理
6	审核记账凭证	财务部经理	1. 接收财务会计提交的记账凭证和发票； 2. 审核记账凭证填写的准确性、合法性和真实性； 3. 审核资金使用的合理性； 4. 审核无误后，在记账凭证上签字或盖章； 5. 将记账凭证交给出纳登记银行存款日记账
7	登记银行存款日记账	出纳	1. 根据记账凭证登记银行存款日记账； 2. 记账后在记账凭证上签字或盖章； 3. 将记账凭证交财务会计登记科目明细账
8	登记科目明细账	财务会计	1. 接收出纳交给的记账凭证； 2. 在记账凭证上签字或盖章； 3. 根据记账凭证登记科目明细账； 4. 将记账凭证发送给财务部经理
9	登记总账	财务部经理	1. 接收财务会计交给的记账凭证； 2. 根据记账凭证登记科目总账； 3. 记账后在记账凭证上签字或盖章

3. 业务流程图(图 5-31)

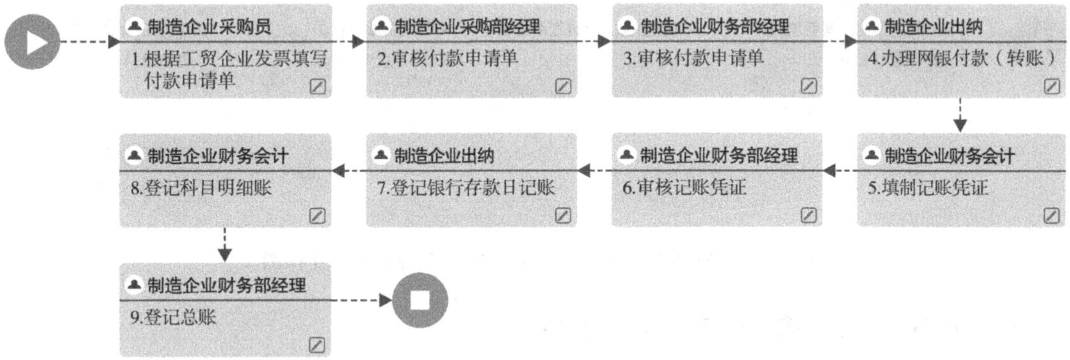

图 5-31　MCG15 支付工贸企业货款(制造企业)业务流程图

四、车架完工入库(业务代码：MSC6)

1. 业务概述

生产计划部完成车架生产，由生产计划部经理审核后办理入库，仓管员收货并登记库存台账。

2. 业务流程(表 5-32)

表 5-32　MSC6 车架完工入库(制造企业)业务流程

编号	活动名称	角色	活动描述—操作指导
1	生成完工单	车间管理员	1. 机加工车间车架生产完工，车间管理员根据派工单填写完工单； 2. 将派工单及填写的完工单交给生产计划部经理审核
2	审核完工单并签字	生产计划部经理	1. 接收车间管理员送来的派工单和完工单； 2. 依据派工单对照审核完工单所填写的产品是否已经完工； 3. 审核无误后签字； 4. 完工单第一联留存于车间管理员处，完工单第二联和车架由车间管理员交给仓管员
3	填写生产入库单	仓管员	1. 仓管员核对车架完工单和实物是否相符； 2. 根据车架完工单填写一式三联的生产入库单； 3. 车间管理员在生产入库单上签字确认
4	办理入库	仓管员	1. 仓管员收到车间管理员确认的生产入库单，登记办理入库手续； 2. 仓管员把审核完的生产入库单的财务联给财务部，生产部联给生产部，仓库联自留； 3. 在系统中办理车架完工入库手续
5	登记库存台账	仓管员	仓管员根据生产入库单登记库存台账

3. 业务流程图(图 5-32)

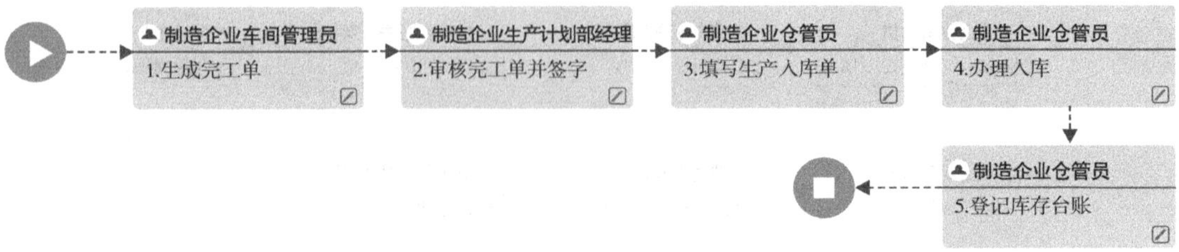

图 5-32 MSC6 车架完工入库(制造企业)业务流程图

五、整车完工入库(业务代码：MSC7)

1. 业务概述

在完成整车生产后，车间管理员填写完工送检单，将完工送检单和整车交由生产计划部经理代为检验，合格后送到仓库，由仓储部仓管员办理入库，并登记库存台账。

2. 业务流程(表 5-33)

表 5-33 MSC7 整车完工入库(制造企业)业务流程

编号	活动名称	角色	活动描述—操作指导
1	填写完工送检单	车间管理员	1. 根据整车生产计划完成生产任务； 2. 车间管理员填写完工送检单(一式三联)； 3. 车间管理员将完工送检单送生产计划部经理处进行审验
2	审核完工送检单	生产计划部经理	1. 生产计划部经理接收车间管理员送来的完工送检单； 2. 生产计划部经理对整车进行检验； 3. 将检验结果填入完工送检单
3	生成完工单	车间管理员	1. 根据生产计划部经理批复的完工送检单生成生产完工单； 2. 根据完工单和完工送检单填写生产执行情况表； 3. 将生产完工单第一联自行留存，第二联交仓管员
4	填写生产入库单，办理入库	仓管员	1. 仓管员核对完工单和完工送检单及实物； 2. 根据完工单填写一式三联的生产入库单； 3. 车间管理员在生产入库单上签字确认； 4. 仓管员在系统中办理组装完工入库手续； 5. 仓管员把审核完的生产入库单的财务联给财务部，生产部联给生产部，仓库联自留
5	登记库存台账	仓管员	仓管员根据生产入库单登记库存台账

3. 业务流程图(图 5-33)

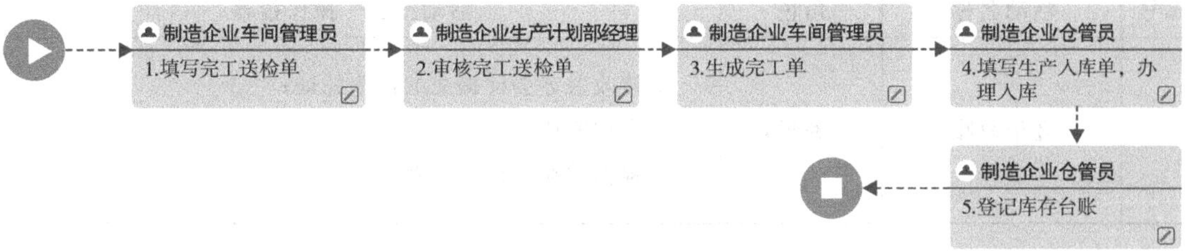

图 5-33 MSC7 整车完工入库(制造企业)业务流程图

六、收到经销商货款银行回单(业务代码：DCG17)

1. 业务概述

出纳从银行取回经销商货款的电汇凭单，交由财务部依据公司流程进行账务处理。

2. 业务流程(表 5-34)

表 5-34 DCG17 收到经销商货款银行回单(制造企业)业务流程

编号	活动名称	角色	活动描述—操作指导
1	查询网银	出纳	1. 接收经销商的付款通知； 2. 查询网银，确认已收到货款； 3. 到银行打印款项回单
2	打印业务回单	银行柜员	1. 根据出纳提供的信息查询转账记录并打印； 2. 将打印好的业务回单交给出纳
3	编制记账凭证	财务会计	1. 接收出纳送来的银行进账单回单； 2. 编制记账凭证； 3. 将电汇回单粘贴到记账凭证后面； 4. 将记账凭证交财务经理审核
4	审核记账凭证	财务经理	1. 接收财务会计送来的记账凭证； 2. 审核记账凭证的附件是否齐全、正确； 3. 审核记账凭证的编制是否正确； 4. 审核无误后，在记账凭证上签字或盖章； 5. 交出纳登记银行存款日记账
5	登记银行存款日记账	出纳	1. 根据审核后的记账凭证登记银行存款日记账； 2. 记账后在记账凭证上签字或盖章； 3. 交财务会计登记科目明细账
6	登记科目明细账	财务会计	1. 接收出纳送来的记账凭证； 2. 在记账凭证上签字或盖章； 3. 根据审核后的记账凭证登记科目明细账

续表 5-34

编号	活动名称	角色	活动描述—操作指导
7	登记总账	财务经理	1. 接收财务会计提交的记账凭证； 2. 在记账凭证上签字或盖章； 3. 根据记账凭证登记总账

3. 业务流程图(图 5-34)

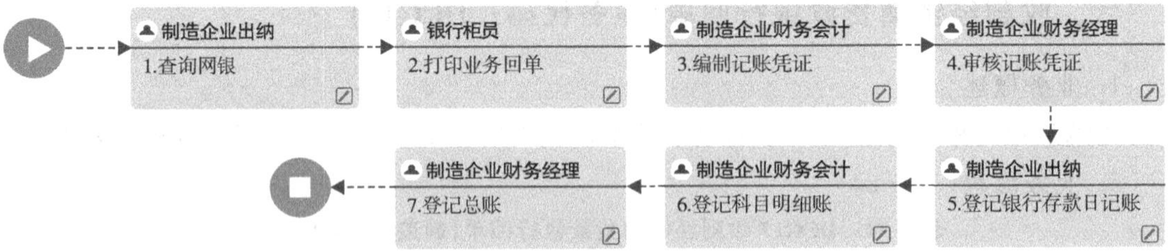

图 5-34　DCG17 收到经销商货款银行回单(制造企业)业务流程图

七、核算薪酬(业务代码：MXC1)

1. 业务概述

制造企业核算职工薪酬，制作工资表。

2. 业务流程(表 5-35)

表 5-35　MXC1 核算薪酬(制造企业)业务流程

编号	活动名称	角色	活动描述—操作指导
1	收集工资数据	人力资源助理	1. 依据期初数据查找当月入职人员记录，收集整理新增数据； 2. 依据期初数据查找当月离职人员记录，收集整理减少数据； 3. 依据期初数据查找当月晋升、调动及工资调整记录，收集整理变更数据； 4. 依据期初数据查找当月考勤信息，整理汇总当月考勤数据； 5. 依据期初数据查找当期绩效考核评价评分资料，整理汇总绩效考核结果； 6. 依据期初数据查找当月奖励、处罚记录，并进行整理汇总； 7. 依据期初数据查找当月“五险一金”增减、缴费数据，计算“五险一金”
2	审核工资	人力资源经理	1. 审核薪酬核算金额，重点对人员变动的正确性进行核查； 2. 审核完所有表单后，在表单对应位置签字； 3. 将签字后的表单返还人力资源助理

续表 5-35

编号	活动名称	角色	活动描述—操作指导
3	审核工资	总经理	1. 收到人力资源助理提交的薪酬发放表； 2. 审核薪酬核算金额，重点对人员变动的正确性进行核查； 3. 审核完后在表单对应位置签字； 4. 将签字后的表单返还人力资源助理
4	填制记账凭证	财务会计	1. 收到人力资源部提交的薪酬表单； 2. 编制本月薪酬发放的记账凭证
5	审核记账凭证	财务经理	1. 收到财务会计提交的薪酬表单和记账凭证； 2. 审核记账凭证的正确性； 3. 审核无误后，在记账凭证上签字或盖章； 4. 将薪酬表单和记账凭证交给财务会计
6	登记科目明细账	财务会计	1. 根据记账凭证和薪酬表单填写科目明细账； 2. 记账后在记账凭证上签字或盖章
7	登记总账	财务经理	1. 根据记账凭证登记总账； 2. 记账后在记账凭证上签字或盖章

3. 业务流程图(图 5-35)

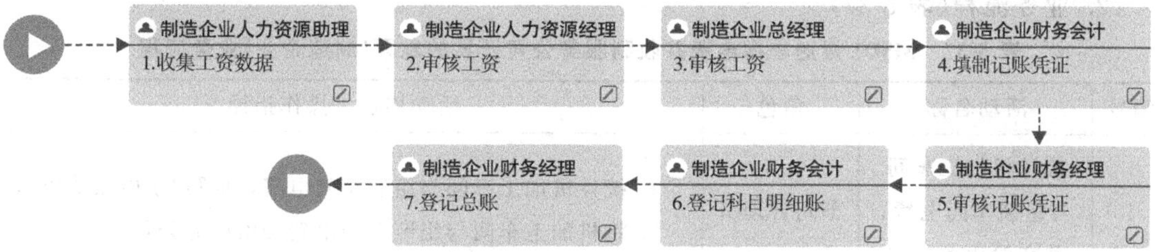

图 5-35　MXC1 核算薪酬(制造企业)业务流程图

4. 注意事项

(1)在 1 月份的薪酬发放表中，职工姓名为实际参训学员姓名；

(2)个人所得税采用全年累计的方式，故每月的个人所得税需要独立计算。

八、认证增值税抵扣联(业务代码：MZZ3)

1. 业务概述

财务会计收集公司的增值税抵扣联后，到税务部门认证，获得盖章的认证结果通知书，与抵扣联一并装订。

2. 业务流程(表5-36)

表5-36 MZZ3认证增值税抵扣联(制造企业)业务流程

编号	活动名称	角色	活动描述—操作指导
1	收集抵扣联	财务会计	统一收集抵扣联
2	到税务局认证	财务会计	1. 持抵扣联到税务局认证； 2. 取回税务局盖章的认证结果通知书
3	审核企业提交的进项税抵扣联	税务专员	对企业提交的进项税抵扣联进行审核，审核通过后打印认证结果通知书并盖章，交给企业办事人员
4	抵扣联装订归档	财务经理	将从税务局取得的认证结果通知书与抵扣联装订，归档备查

3. 业务流程图(图5-36)

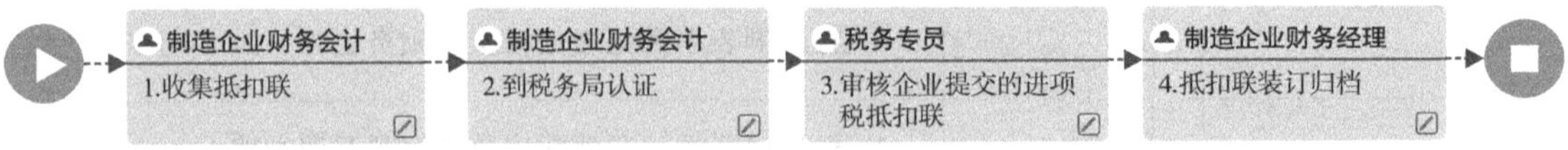

图5-36 MZZ3认证增值税抵扣联(制造企业)业务流程图

九、报送车间电费并收到服务公司开具的发票(业务代码：MSD1)

1. 业务概述

车间管理员统计机加工车间与组装车间电费并交给服务公司。服务公司开具电费发票，车间管理员收到发票后按照制造企业财务相关流程进行处理。

2. 业务流程(表5-37)

表5-37 MSD1报送车间电费并收到服务公司开具的发票(制造企业)业务流程

编号	活动名称	角色	活动描述—操作指导
1	统计机加工车间与组装车间电费，并交给服务公司	车间管理员	1. 统计机加工车间与组装车间电费，填写“水电缴费单”； 2. 将机加工车间与组装车间电费交给服务公司
2	查看电费单	服务公司业务员	1. 收到企业提交的“水电缴费单”，核准单据； 2. 通知企业找服务公司总经理领取发票
3	开具发票	服务公司总经理	1. 确定金额； 2. 根据金额为企业开具电费专用发票
4	收取电费专用发票并交经理审核	车间管理员	1. 从服务公司领取电费专用发票并登记备案，即将发票信息登记到发票记录表上，内容包括发票号、开票单位、金额、日期、到期日等； 2. 确认发票信息无误； 3. 将发票提交给生产计划部经理审核

续表 5-37

编号	活动名称	角色	活动描述—操作指导
5	审核电费专用发票	生产计划部经理	1. 收到车间管理员提交的电费专用发票； 2. 审核发票金额是否与合同规定的金额一致； 3. 确认无误后将电费专用发票送至成本会计处
6	收到电费专用发票并记账	成本会计	1. 收到生产计划部经理送交的电费专用发票； 2. 根据电费专用发票填制记账凭证
7	审核记账凭证	财务经理	1. 审核记账凭证并对照相关附件检查是否正确； 2. 审核无误后，在记账凭证上签字或盖章； 3. 审核通过后交成本会计登记数量金额明细账
8	登记数量金额明细账	成本会计	1. 根据记账凭证登记数量金额明细账； 2. 记账后在记账凭证上签字或盖章； 3. 将记账凭证交财务会计登记科目明细账
9	登记科目明细账	财务会计	1. 根据记账凭证登记科目明细账； 2. 记账后在记账凭证上签字或盖章； 3. 登记后将记账凭证交财务经理登记总账
10	登记总账	财务经理	1. 根据记账凭证登记科目总账； 2. 记账后在记账凭证上签字或盖章

3. 业务流程图(图 5-37)

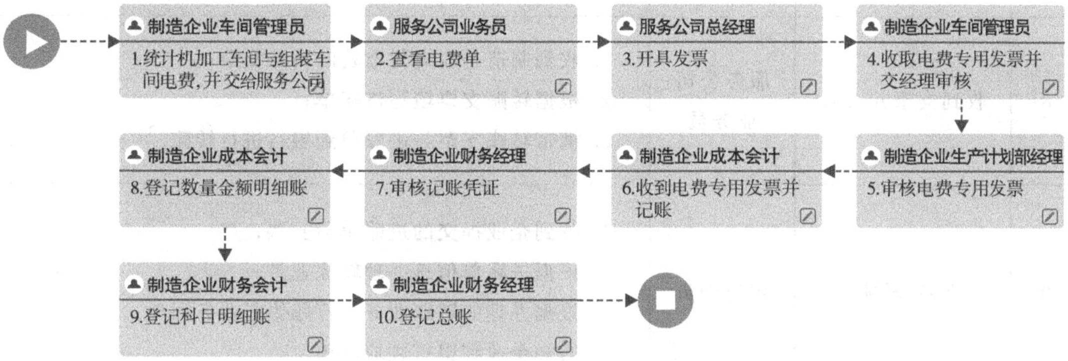

图 5-37 MSD1 报送车间电费并收到服务公司开具的发票(制造企业)业务流程图

十、支付车间电费(业务代码：MSD2)

1. 业务概述

车间管理员收到电费发票并支付电费后，交财务部的成本会计进行账务处理。

2. 业务流程(表 5-38)

表5-38 MSD2支付车间电费(制造企业)业务流程

编号	活动名称	角色	活动描述—操作指导
1	填写付款申请单	车间管理员	1. 查看发票记录表，登记未支付的发票信息； 2. 对照发票记录表上的未支付发票信息填写付款申请单； 3. 将付款申请单提交给生产计划部经理审核
2	审核付款申请单	生产计划部经理	1. 审核付款申请单和发票金额是否一致，确认无误后在付款申请单上签字； 2. 将付款申请单交车间管理员送财务经理审核
3	审核付款申请单	财务经理	1. 审核付款申请单，确认无误后在付款申请单上签字； 2. 将付款申请单交给出纳安排付款
4	填写转账支票	出纳	1. 收到财务经理转交的批复后的付款申请单； 2. 确认后对照付款申请单金额开具转账支票
5	登记支票登记簿	出纳	1. 出纳登记支票登记簿，支票领用人签字； 2. 将支票正联交给财务经理审核、盖章
6	审核支票	财务经理	1. 审核支票填写的正确与否； 2. 确认无误后签字，加盖公司财务章和法定代表人章； 3. 将支票正联交给车间管理员
7	将支票送至服务公司	车间管理员	1. 将支票信息登记在支票登记簿上； 2. 将支票交给服务公司，完成付款
8	收到支票并入账	服务公司业务员	1. 收到制造企业支付电费的转账支票； 2. 根据转账支票填写进账单； 3. 携带转账支票与进账单到银行进行转账
9	银行转账	银行柜员	1. 收到企业提交的进账单与支票； 2. 根据进账单信息办理转账业务； 3. 根据办理的转账业务，打印银行业务回单； 4. 通知企业到银行领取回单
10	填制记账凭证	财务会计	1. 到银行领取业务回单； 2. 根据审核的付款申请单和支票存根填制记账凭证； 3. 将支票存根和付款申请单粘贴在记账凭证后作为附件； 4. 将记账凭证提交给财务经理审核

续表 5-38

编号	活动名称	角色	活动描述—操作指导
11	审核记账凭证	财务经理	1. 审核财务会计填制的记账凭证并对照相关附件检查是否正确； 2. 审核无误后，在记账凭证上签字或盖章； 3. 将审核后的记账凭证交给出纳，登记银行存款日记账
12	登记银行存款日记账	出纳	1. 根据记账凭证登记银行存款日记账； 2. 记账后在记账凭证上签字或盖章； 3. 将记账凭证交给财务会计登记科目明细账
13	登记科目明细账	财务会计	1. 接收出纳送交的记账凭证； 2. 根据记账凭证登记科目明细账； 3. 记账后在记账凭证上签字或盖章； 4. 将记账凭证提交给财务经理登记总账
14	登记总账	财务经理	1. 接收财务会计提交的记账凭证； 2. 根据记账凭证登记科目总账； 3. 记账后在记账凭证上签字或盖章

3. 业务流程图(图 5-38)

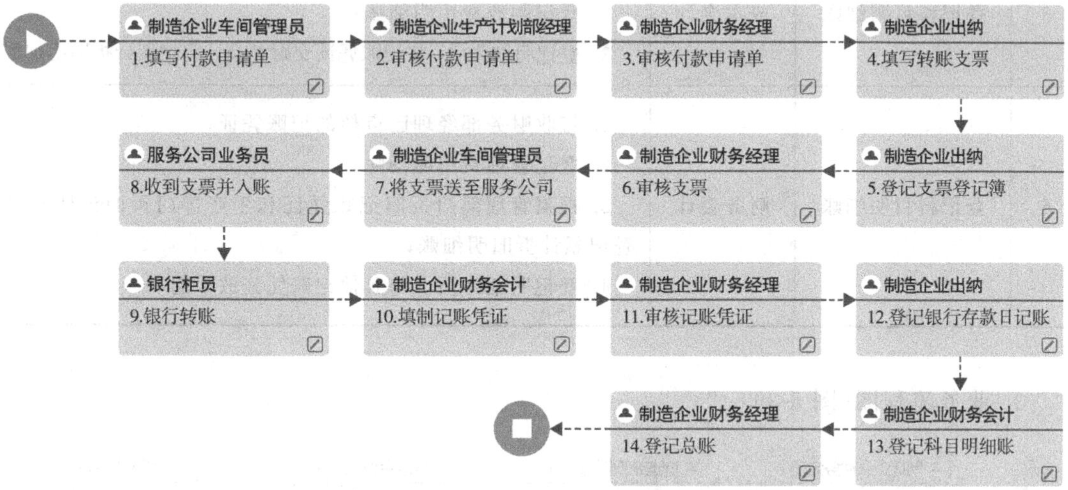

图 5-38　MSD2 支付车间电费(制造企业)业务流程图

十一、计提折旧(业务代码：MZJ1)

1. 业务概述

财务会计依据固定资产的政策计提折旧后，交给成本会计和财务经理进行相关账务处理。

2. 业务流程(表 5-39)

表 5-39　MZJ1 计提折旧(制造企业)业务流程

编号	活动名称	角色	活动描述—操作指导
1	计提折旧	财务会计	1. 根据固定资产政策及固定资产明细账计提折旧； 2. 填写企业管理部门固定资产折旧计算表、生产部门固定资产折旧计算表
2	编制企业管理部门折旧记账凭证	财务会计	1. 根据企业管理部门固定资产折旧计算表填写管理部门折旧记账凭证； 2. 将生产部门固定资产折旧计算表交成本会计填制凭证； 3. 交财务部经理审核记账凭证
3	编制生产部门折旧记账凭证	成本会计	1. 接收财务会计提交的生产部门固定资产折旧计算表，并填写生产部门折旧记账凭证； 2. 交财务部经理审核记账凭证
4	审核记账凭证	财务部经理	1. 接收财务会计、成本会计提交的记账凭证，进行审核； 2. 审核无误，在记账凭证上签字或盖章； 3. 审核后登记总分类账，并将记账凭证分别返还财务会计和成本会计登记科目明细账
5	登记科目明细账	成本会计	1. 接收财务部经理已审核的记账凭证； 2. 登记制造费用明细账； 3. 登记明细账后，将记账凭证交财务会计登记累计折旧明细账
6	登记科目明细账	财务会计	1. 接收财务部经理已审核的记账凭证； 2. 登记管理费用明细账； 3. 根据管理部门折旧记账凭证和生产部门折旧记账凭证登记累计折旧明细账； 4. 登记明细账后，与其他记账凭证放一起

3. 业务流程图(图 5-39)

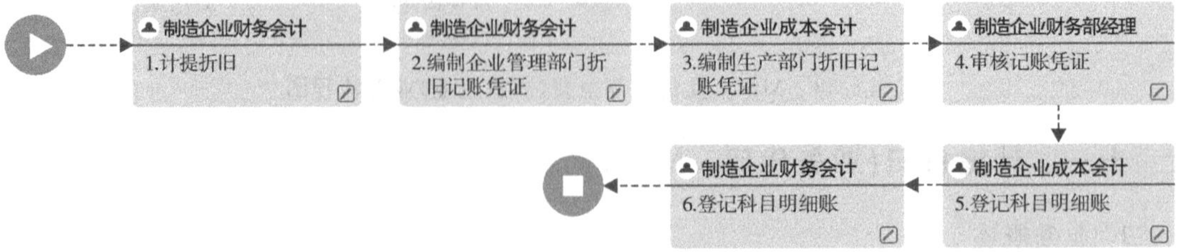

图 5-39　MZJ1 计提折旧(制造企业)业务流程图

十二、成本计算(业务代码：MCB1)

1. 业务概述

成本会计编制制造费用记账凭证，计算原材料的出库成本、车架成本，由财务经理审核后登记明细账。

2. 业务流程(表 5-40)

表 5-40　MCB1 成本计算(制造企业)业务流程

编号	活动名称	角色	活动描述—操作指导
1	分配制造费用并编制记账凭证	成本会计	1. 根据制造费用明细账归集的制造费用，编制制造费用分配表； 2. 编制记账凭证
2	计算原材料出库价格并编制记账凭证	成本会计	1. 根据原材料明细账、本月的原材料出库单，计算本月原材料的出库成本； 2. 编制记账凭证
3	计算车架成本并编制记账凭证	成本会计	1. 根据车架物料清单(BOM)和生产成本明细账，分别汇总直接材料、直接人工、制造费用本月发生数； 2. 编制车架的产品成本计算表； 3. 编制记账凭证
4	计算车架出库价格并编制记账凭证	成本会计	1. 根据车架明细账、本月的领料单，计算本月车架的出库成本； 2. 编制记账凭证
5	计算童车成本并填写记账凭证	成本会计	1. 编制童车的产品成本计算表(包括料工费)； 2. 编制记账凭证
6	审核记账凭证	财务部经理	1. 接收成本会计提交的记账凭证，进行审核，并登记总分类账； 2. 审核无误，在记账凭证上签字或盖章； 3. 交成本会计登记科目明细账
7	登记科目明细账	成本会计	1. 接收经财务部经理审核的记账凭证； 2. 根据记账凭证登记科目明细账

3. 业务流程图(图 5-40)

十三、销售成本核算(业务代码：MCH1)

1. 业务概述

财务会计汇总销售出库单，编制销售成本结转表交出纳记账，由财务经理审核后，登记科目明细账、数量金额明细账。

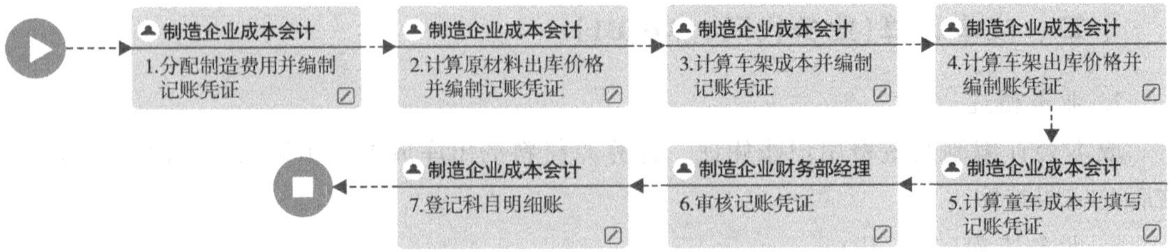

图 5-40　MCB1 成本计算(制造企业)业务流程图

2. 业务流程(表 5-41)

表 5-41　MCH1 销售成本核算(制造企业)业务流程

编号	活动名称	角色	活动描述—操作指导
1	汇总销售收入和销售出库数量	财务会计	1. 根据销售出库单汇总销售出库数量； 2. 根据主营业务收入总账计算销售收入
2	编制销售成本结转表	财务会计	根据出库数量和库存商品成本金额采用全月一次加权平均法计算平均单价，编制销售成本结转表
3	填制记账凭证	出纳	1. 根据原始凭证及产成品出库单、销售成本结转表反映的业务内容，编制记账凭证； 2. 在记账凭证“制单”处签字或盖章； 3. 将记账凭证提交给财务部经理
4	审核记账凭证	财务部经理	1. 接收出纳提交的记账凭证并进行审核； 2. 审核无误，在记账凭证上签字或盖章； 3. 登记总分类账
5	登记科目明细账	财务会计	1. 根据记账凭证登记科目明细账； 2. 记账后在记账凭证上签字或盖章
6	登记数量金额明细账	财务会计	1. 根据记账凭证登记数量金额明细账； 2. 记账后在记账凭证上签字或盖章
7	登记总账	财务部经理	1. 接收财务会计提交的记账凭证； 2. 根据记账凭证登记总账； 3. 记账后在记账凭证上签字或盖章

3. 业务流程图(图 5-41)

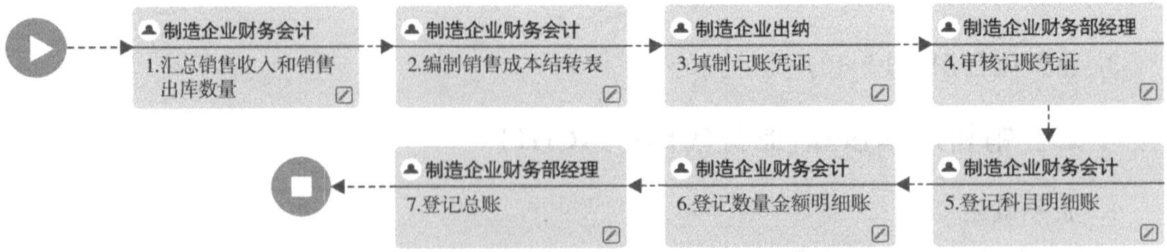

图 5-41　MCH1 销售成本核算(制造企业)业务流程图

十四、期末账务处理(业务代码：MQM1)

1. 业务概述

期末结转销售成本及结转损益。

2. 业务流程(表 5-42)

表 5-42　MQM1 期末账务处理(制造企业)业务流程

编号	活动名称	角色	活动描述—操作指导
1	编制销售产品成本汇总表，填制记账凭证	成本会计	1. 根据产品出库单汇总销售出库的产品数量； 2. 根据销售数量和库存商品平均单价，用 EXCEL 编制销售成本结转明细表； 3. 根据销售出库单及销售成本结转明细表反映的业务内容，编制记账凭证； 4. 在记账凭证“制单”处签字或盖章
2	审核记账凭证	财务部经理	1. 审核记账凭证的附件、记账科目、金额、手续是否正确与齐全； 2. 经审核无误，财务部经理在“复核”和“财务主管”处签字或盖章； 3. 根据已审核记账凭证登记总分类账
3	计提企业所得税费用并结转	财务会计	1. 根据本年利润余额计算企业所得税； 2. 填制记账凭证
4	审核记账凭证	财务部经理	收到已填制的记账凭证，进行审核，并登记总账
5	结转本年利润	财务会计	将本年利润余额结转至利润分配中，填制记账凭证
6	审核记账凭证	财务经理	收到已填制的记账凭证，进行审核，并登记总账
7	计提法定盈余公积并结转	成本会计	1. 按本年净利润(减弥补以前亏损后)的 10% 提取法定盈余公积，法定盈余公积累计额达到注册资本的 50% 时可以不再提取； 2. 将提取的法定盈余公积结转至利润分配中，登记记账凭证
8	审核记账凭证	财务部经理	收到已填制的记账凭证，进行审核，并登记总账
9	登记科目明细账	财务会计	1. 根据审核后的记账凭证登记科目明细账； 2. 记账后在记账凭证上签字或盖章

3. 业务流程图(图 5-42)

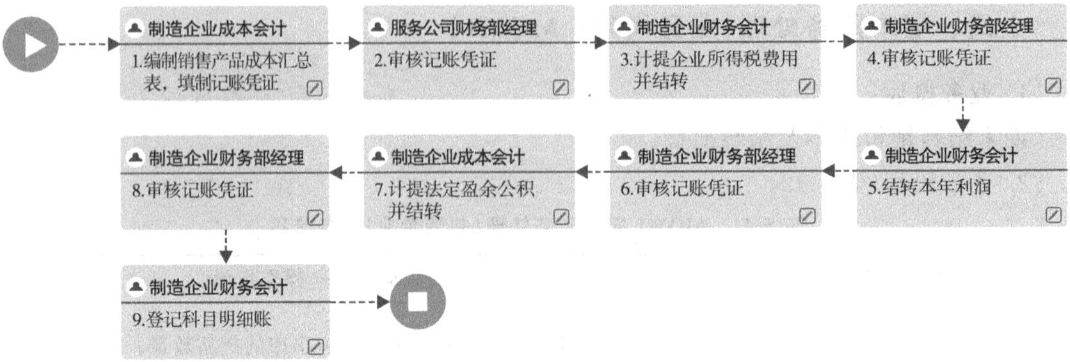

图 5-42　MQM1 期末账务处理(制造企业)业务流程图

十五、编制资产负债表(业务代码：MZC1)

1. 业务概述

财务经理编制资产负债表。

2. 业务流程(表 5-43)

表 5-43　MZC1 编制资产负债表(制造企业)业务流程

编号	活动名称	角色	活动描述—操作指导
1	编制资产负债表	财务经理	编制资产负债表

3. 业务流程图(图 5-43)

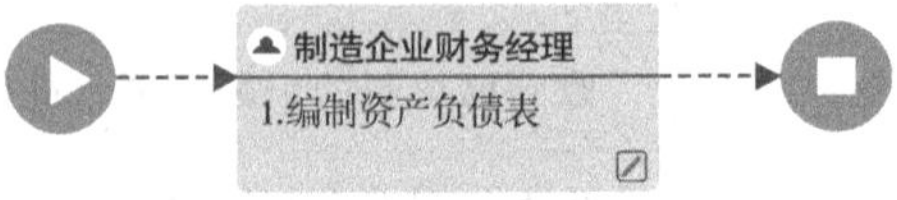

图 5-43　MZC1 编制资产负债表(制造企业)业务流程图

十六、编制利润表(业务代码：MLR1)

1. 业务概述

财务经理根据总分类账和明细账期末余额及发生额编制利润表。

2. 业务流程(表 5-44)

表 5-44　MLR1 编制利润表(制企造业)业务流程

编号	活动名称	角色	活动描述—操作指导
1	编制利润表	财务经理	编制利润表

3. 业务流程图(图 5-44)

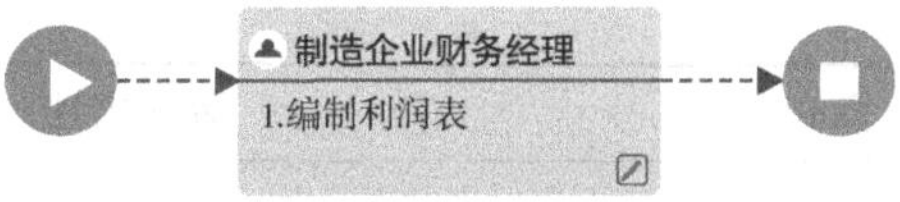

图 5-44　MLR1 编制利润表(制造企业)业务流程图

第四节　制造企业其他相关业务

一、收到市场开拓费用发票(制造企业)

1. 业务概述

市场专员收到服务公司关于市场开拓费用的发票，核对后交本企业相关部门审核，并按照公司的财务付款流程，依次办理财务手续，最终支付市场开拓的费用。

2. 业务流程(表 5-45)

表 5-45　收到市场开拓费用发票(制造企业)业务流程

编号	活动名称	角色	活动描述—操作指导
1	到服务公司领市场开拓费用发票	市场专员	到服务公司领取其开具的市场开拓费用发票
2	开具市场开拓费用发票	服务公司业务员	1. 根据市场开拓申请单的金额和市场专员提供的企业信息开具增值税专用发票； 2. 将增值税专用发票的发票联、抵扣联交给市场专员； 3. 将增值税专用发票的记账联备案留档
3	收到市场开拓费用发票并登记	市场专员	1. 将发票信息登记到发票记录表上，包括发票号、开票单位、金额、日期、到期日等； 2. 确认发票信息无误后交给营销部经理审核
4	审核收到的市场开拓费用发票	营销部经理	1. 接到市场专员交来的市场开拓费用发票； 2. 审核市场开拓费用发票与市场开拓合同是否一致； 3. 确认无误后，由市场专员交给财务会计
5	收到市场开拓费用发票并记账	财务会计	1. 收到营销部经理审核后的市场开拓费用发票； 2. 根据市场开拓费用专用发票填制记账凭证
6	审核记账凭证	财务部经理	1. 审核财务会计编制的记账凭证并对照相关附件检查是否正确； 2. 审核无误，在记账凭证上签字或盖章

续表 5-45

编号	活动名称	角色	活动描述—操作指导
7	登记科目明细账	财务会计	1. 根据记账凭证登记科目明细账； 2. 记账后在记账凭证上签字或盖章
8	登记总账	财务部经理	1. 根据记账凭证登记总账； 2. 记账后在记账凭证上签字或盖章

二、申请和办理广告投放(制造企业)

1. 业务概述

市场专员依据公司的销售策略，提交投放广告申请单，由营销部经理审核批准后，去服务公司办理投放广告业务。

2. 业务流程(表 5-46)

表 5-46　申请和办理广告投放(制造企业)业务流程

编号	活动名称	角色	活动描述—操作指导
1	申请广告投放并编制广告投放申请单	市场专员	根据公司销售策略，提交广告投放申请单，内容包括广告的主题结构、内容、金额等
2	审批广告投放申请单	营销部经理	1. 接收市场专员交来的广告投放申请单； 2. 审核广告投放申请单填写的准确性； 3. 审核广告投放申请单是否合理； 4. 审核通过，确认进行广告投放
3	到服务公司办理广告投放	市场专员	持营销部经理批准的广告投放申请单到服务公司办理广告投放业务
4	签订广告合同	服务公司业务员	1. 接收制造企业市场专员提交的广告投放申请单； 2. 在制造企业的申请单上盖章，办理广告投放业务
5	办理广告投放	服务公司业务员	1. 查看制造企业市场专员指定的广告投放地点； 2. 在指定广告投放地点投放广告； 3. 告知制造企业办理人员业务办结，到总经理处开具增值税专用发票

三、收到广告费发票(制造企业)

1. 业务概述

市场专员收到服务公司关于市场广告费的发票，核对后交本企业相关部门审核，并按照公司的财务付款流程，依次办理财务手续，最终支付市场广告的费用。

2. 业务流程(表 5-47)

表 5-47 收到广告费发票(制造企业)业务流程

编号	活动名称	角色	活动描述—操作指导
1	到服务公司领取广告费发票	市场专员	到服务公司领取广告费发票
2	开具广告费发票	服务公司业务员	1. 根据广告费申请单的金额和市场专员提供的企业信息开具增值税专用发票； 2. 将增值税专用发票的发票联、抵扣联交给市场专员； 3. 将增值税专用发票的记账联备案留档
3	收取广告费发票并交经理审核	市场专员	1. 从服务公司收取广告费发票并登记备案，即将发票信息登记到发票记录表上，包括发票号、开票单位、金额、日期、到期日等； 2. 确认发票信息无误后将发票交给营销部经理审核
4	审核广告费发票	营销部经理	1. 收到市场专员提交的广告费发票； 2. 审核发票金额是否与合同规定的金额一致； 3. 确认无误后，将广告费发票送至财务会计处
5	收到广告费发票并记账	财务会计	1. 收到营销部经理送交的市场广告费发票； 2. 根据广告费发票填制记账凭证
6	审核记账凭证	财务部经理	1. 审核财务会计编制的记账凭证并对照相关附件检查是否正确； 2. 审核无误后，在记账凭证上签字或盖章
7	登记科目明细账	财务会计	1. 根据记账凭证登记科目明细账； 2. 记账后在记账凭证上签字或盖章
8	登记总账	财务部经理	1. 根据记账凭证登记总账； 2. 记账后在记账凭证上签字或盖章

四、查看虚拟销售订单(制造企业)

1. 业务概述

市场专员在系统中查看销售订单。

2. 业务流程(表 5-48)

表 5-48 查看虚拟销售订单(制造企业)业务流程

编号	活动名称	角色	活动描述—操作指导
1	查看订单并确定预期订单	销售专员	1. 在系统中查看可选订单； 2. 收到服务公司通知后，到服务公司进行选单

五、查看竞单结果(制造企业)

1. 业务概述

销售专员在系统中查看竞单结果。

2. 业务流程(表5-49)

表5-49　查看竞单结果(制造企业)业务流程

编号	活动名称	角色	活动描述—操作指导
1	查看竞单结果	销售专员	1. 查看已选中订单； 2. 确定订单信息(包括公司名称、产品规格、价格、数量、质量标准、交货方式等)是否正确； 3. 确认交货日期是否正确

六、给虚拟经销商发货(制造企业)

1. 业务概述

给虚拟经销商发货。

2. 业务流程(表5-50)

表5-50　给虚拟经销商发货(制造企业)业务流程

编号	活动名称	角色	活动描述—操作指导
1	填制发货单	销售专员	1. 销售专员根据销售订单填写发货单； 2. 将发货单的财务联送交财务部的财务会计； 3. 将发货单的客户联自留(因为对方是虚拟企业，无实体)； 4. 携带发货单的仓储联前往仓储部办理发货
2	审核发货单	营销部经理	1. 收到销售专员送交的发货单； 2. 对照销售合同审核销售发货单的时间、数量、发货方式填写是否正确； 3. 确认无误，在销售发货单上签字
3	审核发货单	财务会计	1. 收到销售专员传送的销售发货单； 2. 检查本企业的应收账款额度是否过高，如过高，则应通知营销部经理限制发货； 3. 将发货单留存联交给出纳填制记账凭证
4	确认发货单	仓储部经理	1. 收到发货单并审核其填写是否正确，库存是否足够； 2. 与财务部确认客户回款状态是否符合发货的条件； 3. 确认正确无误，依照其登记库存台账并办理出库手续

七、给虚拟经销商办理出库并开发票(制造企业)

1. 业务概述

仓储部仓管员按照销售部提供的发货单，填制产品出库单，并报仓储部经理审核，批准后给虚拟经销商发货。营销部提交开具增值税专用发票申请，财务部开出增值税专用发票并记账。

2. 业务流程(表 5-51)

表 5-51 给虚拟经销商办理出库并开发票(制造企业)业务流程

编号	活动名称	角色	活动描述—操作指导
1	填制产品出库单	仓管员	1. 根据发货单填制产品出库单(一式三联)； 2. 请销售专员签字确认； 3. 提交至仓储部经理审批
2	审核产品出库单	仓储部经理	1. 收到仓管员提交的产品出库单并审核； 2. 确认正确后交还仓管员在 VBSE 系统中办理出库手续
3	办理出库	仓管员	1. 在 VBSE 系统中办理出库手续，把出库单的一联给销售专员； 2. 按照仓库联登记台账； 3. 把出库单的一联送给成本会计
4	登记销售发货明细表	销售专员	1. 根据发货单进行销售发运； 2. 登记并更新销售发货明细表
5	提交增值税专用发票申请	销售专员	1. 根据销售发货明细表和销售订单的信息提交开具增值税专用发票申请； 2. 开票申请单提交财务出纳并开具增值税专用发票
6	开具增值税专用发票	出纳	根据销售专员提供的信息开具增值税专用发票
7	登记发票领用表	出纳	1. 销售专员在发票领用表上登记并签字； 2. 出纳将增值税专用发票记账联保留，将发票联和抵扣联交给销售专员送给客户
8	发票送给虚拟经销商(服务公司代收)	销售专员	收到出纳开具的销售发票并传给购货方(外部虚拟商业社会环境)
9	填制记账凭证	出纳	1. 接收销售专员送交的销售发票和销售回款结果，填制记账凭证； 2. 在记账凭证上签字或盖章； 3. 将发票粘贴在记账凭证后面； 4. 将记账凭证交财务部经理审核

续表 5-51

编号	活动名称	角色	活动描述—操作指导
10	审核记账凭证	财务部经理	1. 接收出纳编制的记账凭证并审核； 2. 审核无误后在记账凭证上签字或盖章； 3. 将记账凭证交给财务会计登记明细账
11	登记三栏式明细账	财务会计	1. 接收财务部经理送交的记账凭证，进行审核； 2. 审核后，登记三栏式科目明细账； 3. 记账后在记账凭证上签字或盖章
12	登记数量金额明细账	成本会计	根据记账凭证后所附的销售出库单填写数量金额明细账
13	登记总账	财务部经理	1. 根据记账凭证登记总账； 2. 记账后在记账凭证上签字或盖章

八、办理产品研发(制造企业)

1. 业务概述

按生产需求，研发新产品。

2. 业务流程(表 5-52)

表 5-52 办理产品研发(制造企业)业务流程

编号	活动名称	角色	活动描述—操作指导
1	产品研发申请	生产计划部经理	1. 确定要研发的产品类型； 2. 在系统中提出研发申请
2	填写支出凭单	生产计划部经理	1. 根据研发申请费用，填写支出凭单； 2. 研发由服务公司代理，费用支付给服务公司
3	审核支出凭单	财务部经理	查看产品研发的信息，审核支出凭单的内容
4	审核支出凭单	总经理	查看产品研发的信息，审核支出凭单的内容
5	填写转账支票，更新支付状态	出纳	1. 根据审核通过的支出凭单，填写支票，收款方为服务公司； 2. 在系统中选择对应的申请研发的产品线，点击支付； 3. 将转账支票送交服务公司
6	收票入账	服务公司业务员	1. 收到制造企业出纳递交的办理产品研发的支票； 2. 根据支票填写进账单； 3. 携带支票与进账单到银行入账
7	银行转账	银行柜员	1. 收到服务公司提交的转账支票； 2. 在系统中为服务公司进行入账操作

续表 5-52

编号	活动名称	角色	活动描述—操作指导
8	打印研发费用回单	银行柜员	1. 打印研发费用转账业务回单； 2. 通知对应企业领取回单
9	填制记账凭证	财务会计	1. 到银行领取回单； 2. 根据银行回单填制记账凭证； 3. 将银行回单粘贴在记账凭证后作为附件
10	审核记账凭证	财务部经理	1. 审核财务会计编制的记账凭证并对照相关附件检查是否正确； 2. 审核无误，在记账凭证上签字或盖章； 3. 将确认后的记账凭证发送给出纳登记银行存款日记账
11	登记银行存款日记账	出纳	1. 根据记账凭证登记银行存款日记账； 2. 记账后在记账凭证上签字或盖章； 3. 将记账凭证发送给财务会计登记科目明细账
12	登记科目明细账	财务会计	1. 根据记账凭证登记科目明细账； 2. 记账后在记账凭证上签字或盖章； 3. 将记账凭证发送给财务部经理登记总账
13	登记总账	财务部经理	1. 根据记账凭证登记总账； 2. 记账后在记账凭证上签字或盖章

九、办理 3C 认证(制造企业)

1. 业务概述

按生产需求，办理 3C 认证。

2. 业务流程(表 5-53)

表 5-53 办理 3C 认证(制造企业)业务流程

编号	活动名称	角色	活动描述—操作指导
1	填写 3C 认证申请表	生产计划部经理	1. 根据公司经营策略，选择需要进行 3C 认证的产品，计算投入 3C 认证的费用； 2. 填写产品 3C 认证的费用申请表； 3. 将认证申请表提交给总经理
2	审核 3C 认证申请表	总经理	1. 接收生产计划部经理提交的 3C 认证申请表； 2. 根据公司的经营计划，审核 3C 认证费用的合理性、准确性，同意后签字； 3. 将认证申请表发送给行政助理

续表 5-53

编号	活动名称	角色	活动描述—操作指导
3	3C认证申请盖章	行政助理	1. 接收总经理发送的3C认证申请表； 2. 查看总经理的审核是否为同意，确认无误后盖章； 3. 将认证申请表发送给生产计划部经理
4	到服务公司办理3C认证	生产计划部经理	1. 接收行政助理发送的认证申请表； 2. 携带认证申请表到服务公司办理认证
5	办理3C认证	服务公司业务员	1. 收到企业的3C认证申请表； 2. 为企业办理3C认证
6	开具发票	服务公司总经理	依据办理3C认证的金额，为企业开具发票

十、支付3C认证款(制造企业)

1. 业务概述

企业支付3C认证款。

2. 业务流程(表5-54)

表5-54 支付3C认证款(制造企业)业务流程

编号	活动名称	角色	活动描述—操作指导
1	收到发票	采购部经理	收到服务公司开具的增值税专用发票
2	填写付款申请单	采购部经理	1. 对照服务公司开具的增值税专用发票填写付款申请单； 2. 将付款申请单及发票提交给财务部经理审核
3	审核付款申请单	财务部经理	1. 检查收到的付款申请单与增值税发票是否相符，审核其正确性； 2. 将发票抵扣联留档； 3. 将付款申请单交总经理审核
4	审核付款申请单	总经理	1. 审核付款申请单，确认无误后签字； 2. 将付款申请单交给出纳付款
5	支付认证款	出纳	1. 收到总经理转交的批复后的付款申请单，审核其准确性； 2. 按付款申请单金额开具转账支票； 3. 将转账支票交给服务公司总经理
6	填制记账凭证	财务会计	1. 根据付款申请单和银行回单填制记账凭证； 2. 将银行回单、付款申请单和支票存根粘贴在记账凭证后作为附件

续表 5-54

编号	活动名称	角色	活动描述—操作指导
7	审核记账凭证	财务部经理	1. 审核财务会计编制的记账凭证并对照相关附件检查是否正确； 2. 审核无误，在记账凭证上签字或盖章； 3. 将确认后的记账凭证传递给出纳登记日记账
8	登记日记账	出纳	1. 根据记账凭证登记银行存款日记账； 2. 记账后在记账凭证上签字或盖章； 3. 将记账凭证传递给财务会计登记科目明细账
9	登记科目明细账	财务会计	1. 根据记账凭证登记科目明细账； 2. 记账后在记账凭证上签字或盖章
10	登记总账	财务部经理	1. 根据记账凭证登记总账； 2. 记账后在记账凭证上签字或盖章

十一、收到虚拟企业的货款及账务处理(制造企业)

1. 业务概述

销售专员收到客户用于支付货款的转账支票，交给财务人员办理收款手续。

2. 业务流程(表 5-55)

表 5-55 收到虚拟企业的货款及账务处理(制造企业)业务流程

编号	活动名称	角色	活动描述—操作指导
1	销售收款	销售专员	接收客户采购员交付的转账支票
2	到银行办理入账	出纳	填写银行进账单交给银行柜员进行转账
3	收支票划款转账	银行柜员	1. 收到企业出纳交来的转账支票； 2. 验证支票后办理转账； 3. 划款转账后将收款结算凭证交给出纳
4	取回银行收款结算凭证(电汇回单)	出纳	1. 收到银行柜员打印的收款结算凭证； 2. 将银行进账单回单交给财务会计
5	编制记账凭证	财务会计	1. 根据销售发票和银行进账单回单填制记账凭证； 2. 将发票粘贴到记账凭证后面； 3. 将记账凭证交财务部经理审核
6	审核记账凭证	财务部经理	1. 审核记账凭证的附件是否齐全、正确； 2. 审核记账凭证的编制是否正确； 3. 审核无误，在记账凭证上签字或盖章； 4. 交出纳登记银行存款日记账

续表 5-55

编号	活动名称	角色	活动描述—操作指导
7	登记银行日记账	出纳	1. 根据审核后的记账凭证登记银行存款日记账； 2. 记账后在记账凭证上签字或盖章； 3. 交财务会计登记明细账
8	登记科目明细账	财务会计	1. 接收出纳送交的记账凭证； 2. 检查财务部经理是否已审核； 3. 根据审核后的记账凭证登记主营业务收入科目明细账； 4. 记账后在记账凭证上签字或盖章

十二、支付市场开拓费(制造企业)

1. 业务概述

市场专员收到服务公司关于市场开拓的发票，核对后交本企业相关部门审核，并按照公司的财务付款流程，依次办理财务手续，最终支付市场开拓费。

2. 业务流程(表 5-56)

表 5-56　支付市场开拓费(制造企业)业务流程

编号	活动名称	角色	活动描述—操作指导
1	填写付款申请单	市场专员	1. 查看发票记录表，确认未支付的发票信息； 2. 对照发票记录表上的未支付发票信息填写付款申请单； 3. 将付款申请单提交给营销部经理审核
2	审核付款申请单	营销部经理	1. 审核付款申请单和发票金额是否一致，确认无误后在付款申请单上签字； 2. 付款申请单由市场专员转交给财务部经理审核
3	审核付款申请单	财务部经理	1. 审核付款申请单，确认无误后在申请单上签字； 2. 将付款申请单交还出纳安排付款
4	填写转账支票	出纳	1. 收到财务部经理批复后的付款申请单； 2. 确认后对照付款申请单金额开具转账支票； 3. 出纳登记支票登记簿，支票领用人签字； 4. 将支票正联交给财务部经理审核、盖章
5	审核支票	财务部经理	1. 审核支票填写的正确与否； 2. 确认无误，签字，加盖公司财务章和法定代表人章； 3. 将支票正联交给营销部经理支付给服务公司
6	将支票送至服务公司	市场专员	1. 登记在支票登记簿上； 2. 将支票交给服务公司完成支付

续表 5-56

编号	活动名称	角色	活动描述—操作指导
7	接收支票并入账	服务公司总经理	1. 向办理市场开拓业务的企业催收市场开拓费； 2. 拿到企业开具的市场开拓费转账支票； 3. 根据转账支票填写进账单； 4. 携带转账支票与进账单到银行进行转账
8	办理转账并打印回单	银行柜员	1. 收到企业提交的进账单与支票； 2. 根据进账单信息办理转账业务； 3. 根据办理的转账业务，打印银行业务回单； 4. 将银行业务回单交给企业办事员
9	填制记账凭证	财务会计	1. 根据审核的付款申请单和支票存根填制记账凭证； 2. 将支票存根和付款申请单粘贴在记账凭证后作为附件； 3. 将记账凭证传送给财务部经理审核
10	审核记账凭证	财务部经理	1. 审核财务会计填制的记账凭证，对照相关附件检查是否正确； 2. 审核无误，在记账凭证上签字或盖章； 3. 将确认后的记账凭证传递给出纳登记银行存款日记账
11	登记日记账	出纳	1. 根据记账凭证登记银行存款日记账； 2. 记账后在记账凭证上签字或盖章； 3. 将记账凭证传递给财务会计登记科目明细账
12	登记科目明细账	财务会计	1. 接收出纳传送的记账凭证； 2. 根据记账凭证登记科目明细账； 3. 记账后在记账凭证上签字或盖章
13	登记总账	财务部经理	1. 接收财务会计的记账凭证； 2. 根据记账凭证登记总账； 3. 记账后在记账凭证上签字或盖章

十三、支付广告投放费用(制造企业)

1. 业务概述

市场专员收到服务公司关于市场广告费的发票，核对后交本企业相关部门审核，并按照公司的财务付款流程，依次办理财务手续，最终支付广告投放的费用。

2. 业务流程(表 5-57)

表 5-57　支付广告投放费用(制造企业)业务流程

编号	活动名称	角色	活动描述—操作指导
1	填写付款申请单	市场专员	1. 收到服务公司开具的广告费用发票； 2. 对照发票信息填写付款申请单，包括用途、金额、收款单位、账号等； 3. 将发票与付款申请单交给营销部经理审核
2	审核付款申请单	营销部经理	1. 收到市场专员送交的广告费付款申请单； 2. 对照之前审核通过的“广告投放申请单”内容、金额等进行审核； 3. 审核无误后，将发票和付款申请单交还市场专员，再提交财务部经理审核
3	审核付款申请单	财务部经理	1. 审核市场专员送交的付款申请单和广告费发票； 2. 审核付款申请单，确认后签字
4	填写支票并登记支票登记簿	出纳	1. 依照审核通过的付款申请单，填写转账支票，盖财务专用章； 2. 将填写好的支票给财务部经理，财务部经理审核合格后，盖法定代表人章； 3. 登记支票登记簿，将支票正联交给市场专员，并请其签收； 4. 将支票存根粘贴在付款申请凭单后面
5	填制记账凭证	财务会计	1. 接收并核对出纳交来的支票存根、付款申请单； 2. 根据支票存根、付款申请单编制记账凭证
6	审核记账凭证	财务部经理	1. 审核财务会计编制的记账凭证并对照支票存根、付款申请单检查填写是否正确； 2. 确认无误后，在记账凭证上签字或盖章
7	登记银行存款日记账	出纳	1. 根据记账凭证登记银行存款日记账； 2. 记账后在记账凭证上签字或盖章； 3. 将记账凭证交财务会计登记科目明细账
8	登记科目明细账	财务会计	1. 根据记账凭证登记科目明细账； 2. 记账后在记账凭证上签字或盖章
9	登记总账	财务部经理	1. 根据记账凭证登记总账； 2. 记账后在记账凭证上签字或盖章
10	将支票送服务公司	市场专员	1. 在支票登记簿上签收； 2. 将收到的支票交给收款方(服务公司)

续表 5-57

编号	活动名称	角色	活动描述—操作指导
11	收到转账支票并到银行办理转账	服务公司总经理	1. 向办理广告投放业务的企业催收市场广告费； 2. 拿到企业开具的市场广告费转账支票； 3. 根据转账支票填写进账单； 4. 携带转账支票与进账单到银行进行转账
12	办理转账并打印银行回单(银行)	银行柜员	1. 收到企业提交的进账单与支票； 2. 根据进账单信息办理转账业务； 3. 根据办理的转账业务，打印银行业务回单； 4. 将银行业务回单交给企业办事员

第六章　工贸企业日常业务

第一节　工贸企业经营准备业务

一、批量办理个人银行卡(业务代码：TKK1)

1. 业务描述

行政经理收集员工信息，经审核后到银行办理个人银行卡。

2. 业务流程(表 6-1)

表 6-1　TKK1 批量办理个人银行卡(工贸企业)业务流程

编号	名称	角色	活动描述—操作指导
1	填写借记卡集体申领登记表	行政经理	1. 收集员工信息并在借记卡集体申领登记表中填写相关内容； 2. 将填写完整的登记表交给财务经理审核
2	审核借记卡集体申领登记表	财务经理	1. 审核登记表无误后签字并加盖“财务专用”章； 2. 将审核后的登记表交给行政经理到银行办理开卡手续
3	去银行办理开卡业务	行政经理	带上借记卡集体申领登记表及身份证复印件(实际业务中必须带身份证原件)到银行柜台递交开卡申请
4	办理银行开卡	银行柜员	银行柜员办理开卡完毕，把银行卡交给办卡申请人
5	从银行领回银行卡并发放	行政经理	1. 从银行柜员处领取银行卡，核对银行卡卡号与登记表中的记录是否一致； 2. 把银行卡卡号、姓名等信息进行归档备案； 3. 提交一份银行卡信息给财务经理备案

3. 业务流程图(图 6-1)

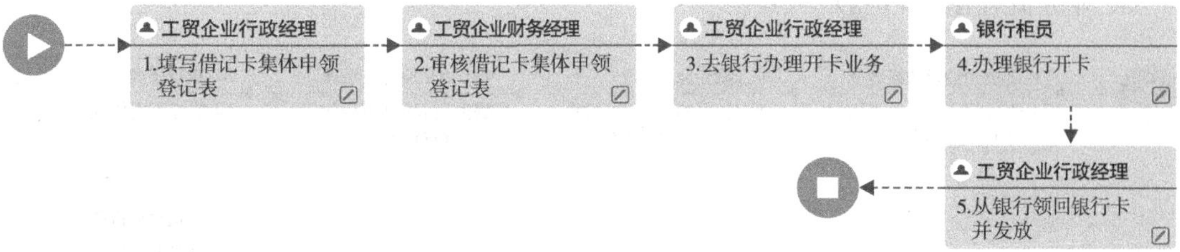

图 6-1　TKK1 批量办理个人银行卡(工贸企业)业务流程图

4. 注意事项

(1)该业务属于经营准备阶段任务。

(2)规范填写借记卡集体申领登记表。

二、委托代发工资协议(业务代码：TGZ1)

1. 业务描述

签订代发工资协议。

2. 业务流程(表 6-2)

表 6-2　TGZ1 委托代发工资协议(工贸企业)业务流程

编号	名称	角色	活动描述—操作指导
1	填写公章、印鉴、资质证照使用申请表	行政经理	1. 填写公章、印鉴、资质证照使用申请表，注明使用缘由为去银行签订银企代发工资合作协议； 2. 将申请表提交给总经理审核
2	审核公章、印鉴、资质证照使用申请表	总经理	1. 审核公章、印鉴、资质证照使用申请表； 2. 审核无误后在申请表上签字确认
3	到银行签订银企代发工资合作协议	行政经理	1. 根据审核后的申请表整理相关资料，带上营业执照、法定代表人身份证、公章、预留印鉴等准备签订银企代发工资合作协议(实训中带上营业执照、公章、印鉴即可)； 2. 到银行柜台签订协议
4	签订银企代发工资合作协议	银行柜员	1. 接收、审核客户提交的银企代发工资合作协议； 2. 审核通过后盖章并返还一份协议
5	协议书归档	行政经理	1. 收到银行签字盖章的银企代发工资合作协议； 2. 审核无误后将协议书归档； 3. 登记合同管理表，填写协议书信息

3. 业务流程图(图 6-2)

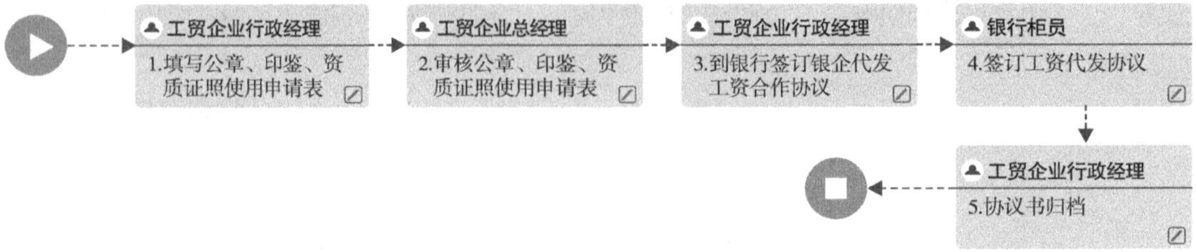

图 6-2　TGZ1 委托代发工资协议(工贸企业)业务流程图

4. 注意事项

(1)该业务属于经营准备阶段任务。

(2)规范填写银企代发工资合作协议。

三、发放薪酬(业务代码：TXC2)

1. 业务描述

发放上月薪酬。

2. 业务流程(表 6-3)

表 6-3　TXC2 发放薪酬(工贸企业)业务流程

编号	名称	角色	活动描述—操作指导
1	薪资录盘	行政经理	1. 在 VBSE 系统打开“薪资录盘”界面； 2. 依据工资表录入人员薪资信息，完成后保存并导出； 3. 将导出的“薪酬发放”文件拷贝到 U 盘中
2	填写支出凭单	行政经理	1. 依据工资表数据填写支出凭单； 2. 将填好的支出凭单、薪酬发放表交总经理和财务经理进行审核
3	审核支出凭单和薪酬发放表	总经理	1. 审核支出凭单信息和工资表是否一致、正确； 2. 审核支出凭单的日期、金额、支出方式、支出用途及金额大小写是否正确； 3. 审核完成后在支出凭单上签字确认
4	审核支出凭单和薪酬发放表	财务经理	1. 审核支出凭单信息和工资表是否一致、正确； 2. 审核支出凭单的日期、金额、支出方式、支出用途及金额大小写是否正确； 3. 审核完成后在支出凭单上签字确认

续表 6-3

编号	名称	角色	活动描述—操作指导
5	开具转账支票	出纳	1. 根据支出凭单的信息开具转账支票； 2. 检查支票填写无误后加盖公司财务章和法定代表人章
6	登记支票登记簿	出纳	1. 根据签发的支票登记支票登记簿； 2. 支票领用人在支票登记簿上签字
7	去银行办理薪资发放手续	财务经理	1. 填写进账单； 2. 带齐薪资发放资料、转账支票、薪资录盘去银行办理工资发放手续
8	办理工资发放	银行柜员	1. 接到工资录盘文件和支票； 2. 检查文件和支票； 3. 在系统中导入工资录盘文件完成工资发放
9	取得银行业务回单	财务经理	取得银行的业务回单（可以直接在柜台办理时由银行柜员打印；若在柜台未打印，次日可以在回单柜中取得）
10	填制记账凭证	财务经理	1. 依据银行业务回单、转账支票存根、支出凭单填制记账凭证； 2. 将原始单据作为附件粘贴在记账凭证后面； 3. 将记账凭证和相关原始单据交给总经理审核
11	审核记账凭证	总经理	1. 审核财务经理提交的记账凭证； 2. 核对记账凭证与原始凭证的一致性，审核无误后签字或盖章； 3. 将审核后的记账凭证交给出纳登记银行存款日记账
12	登记银行存款日记账	出纳	1. 根据审核后的记账凭证登记银行存款日记账； 2. 记账后在记账凭证上签字或盖章； 3. 将记账凭证交回财务经理登记科目明细账
13	登记科目明细账	财务经理	1. 依据记账凭证登记科目明细账； 2. 记账后在记账凭证上签字或盖章
14	登记总账	财务经理	1. 依据记账凭证登记总账； 2. 记账后在记账凭证上签字或盖章

3. 业务流程图(图 6-3)

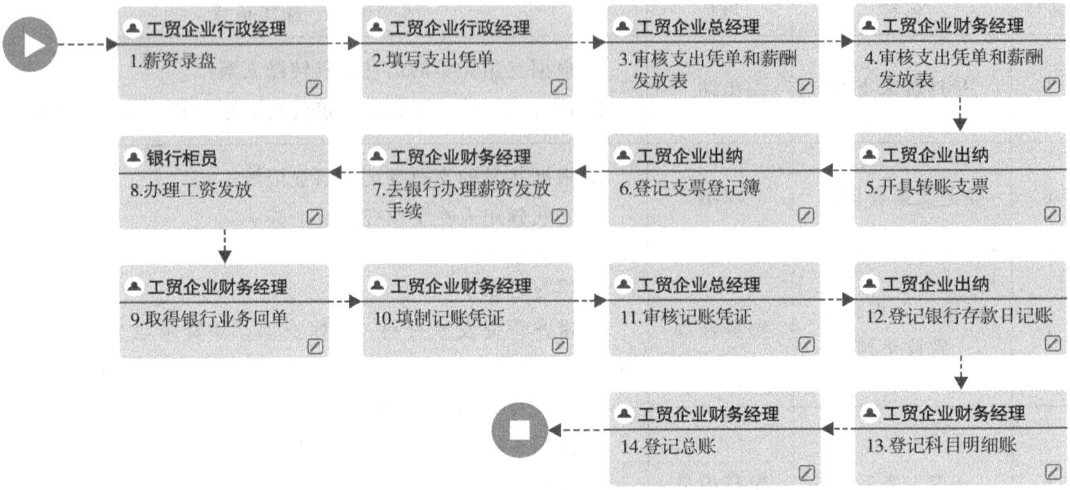

图 6-3　TXC2 发放薪酬(工贸企业)业务流程图

4. 注意事项

(1)该业务属于经营准备阶段任务。

(2)根据银行付款业务回单填制记账凭证。

四、签订社保、公积金同城委托收款协议(业务代码：TSB1)

1. 业务描述

签订社保、公积金同城委托收款协议。

2. 业务流程(表 6-4)

表 6-4　TSB1 签订社保、公积金同城委托收款协议(工贸企业)业务流程

编号	名称	角色	活动描述—操作指导
1	填写公章、印鉴、资质证照使用申请表	行政经理	1. 填写公章、印鉴、资质证照使用申请表，注明使用缘由为去银行签订委托银行代收合同书； 2. 将申请表提交给总经理审核
2	审核公章、印鉴、资质证照使用申请表	总经理	1. 审核公章、印鉴、资质证照使用申请表； 2. 审核无误后在申请表上签字确认
3	到人社局签订委托银行代收合同	行政经理	携带相关资料到人社局签订三方协议
4	审核并办理	社保、公积金专员	1. 接收企业提交的资料并审核； 2. 审核通过后下发委托银行代收合同书(待企业填写完成后盖章即可)

续表 6-4

编号	名称	角色	活动描述—操作指导
5	填写委托银行代收合同书	财务经理	1. 在社会保险/住房公积金中心填写委托银行代收合同书并盖企业公章，协议书一式三份； 2. 填写完成后由社保、公积金专员盖章
6	到银行签订委托银行代收合同	财务经理	1. 到银行办理委托收款业务； 2. 提交相关资料给银行柜员
7	签订委托银行代收合同书	银行柜员	1. 接收企业提交的一式三份的委托银行代收合同书并审核； 2. 审核通过后盖银行公章，留存一联，其余两联返还客户
8	委托银行代收合同书存档及送交人社局	财务经理	1. 收到银行签字盖章的委托银行代收合同书； 2. 将一份银行签字盖章的合同书交给行政经理归档； 3. 将一份银行签字盖章的合同书交给人社局
9	接收企业返还的委托银行代收合同书	社保、公积金专员	1. 接收企业返还的委托银行代收合同书； 2. 将委托银行代收合同书进行归档
10	合同书归档	行政经理	1. 收到人社局、银行签字盖章的委托银行代收合同书； 2. 审核无误后进行归档； 3. 登记合同管理表，填写合同书信息

3. 业务流程图(图 6-4)

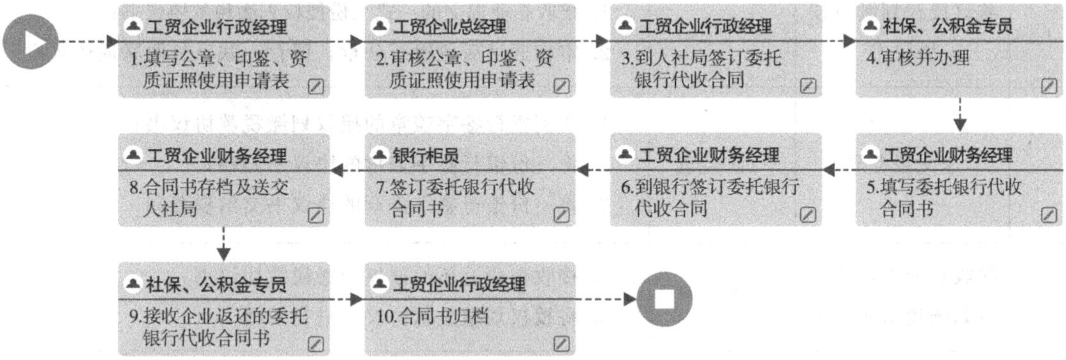

图 6-4　TSB1 签订社保、公积金同城委托收款协议(工贸企业)业务流程图

4. 注意事项

(1)该业务属于经营准备阶段任务。

(2)规范填写委托银行代收合同书。

五、签订税务同城委托收款协议(业务代码：TSS1)

1. 业务描述

签订税务同城委托收款协议。

2. 业务流程(表 6-5)

表 6-5 TSS1 签订税务同城委托收款协议(工贸企业)业务流程

编号	名称	角色	活动描述—操作指导
1	填写公章、印鉴、资质证照使用申请表	行政经理	1. 填写公章、印鉴、资质证照使用申请表，注明使用缘由为去银行签订授权划缴税款协议书； 2. 将申请表提交给总经理审核
2	审核公章、印鉴、资质证照使用申请表	总经理	1. 审核公章、印鉴、资质证照使用申请表； 2. 审核无误后在申请表上签字确认
3	到税务局签订授权划缴税款协议书	行政经理	携带相关公章、印鉴、资质到税务局签订三方协议
4	审核并办理	税务专员	1. 接收企业提交的资料并审核； 2. 审核通过后下发授权划缴税款协议书(待企业填写完成后盖章即可)
5	填写授权划缴税款协议书并到银行办理	行政经理	1. 填写授权划缴税款协议书并盖企业公章，协议书一式三份； 2. 填写完成后到银行办理委托收款手续； 3. 将填写完成的授权划缴税款协议书提交给银行柜员
6	签订授权划缴税款协议书	银行柜员	1. 接收企业提交的一式三份授权划缴税款协议书； 2. 审核通过后盖银行公章，留存一联，另两联返还客户
7	送交税务局	行政经理	1. 收到银行签字盖章的授权划缴税款协议书； 2. 将一份银行签字盖章的协议书归档； 3. 将一份银行签字盖章的协议书交给税务局
8	接收企业返还的授权划缴税款协议书	税务专员	1. 接收企业返还的授权划缴税款协议书； 2. 将授权划缴税款协议书进行归档
9	协议书归档	行政经理	1. 收到税务局、银行签字盖章的授权划缴税款协议书； 2. 审核无误后进行归档； 3. 登记合同管理表，填写协议书信息

3. 业务流程图(图 6-5)

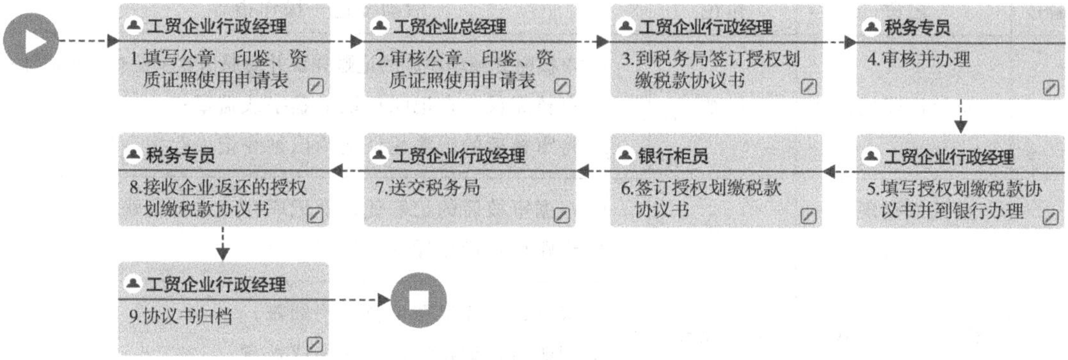

图 6-5　TSS1 签订税务同城委托收款协议(工贸企业)业务流程图

4. 注意事项

(1)该业务属于经营准备阶段任务。

(2)规范填写授权划缴税款协议书。

六、企业管理部借款(业务代码：TJK1)

1. 业务描述

行政经理借备用金。

2. 业务流程(表 6-6)

表 6-6　TJK1 企业管理部借款(工贸企业)业务流程

编号	名称	角色	活动描述—操作指导
1	填写借款单	行政经理	1. 在 VBSE 系统中填写借款单(实际工作中可能填写纸质借款单)，借款作为部门备用金； 2. 将填写好的借款单提交总经理审核
2	审核借款单	总经理	1. 在 VBSE 系统中对借款用途、金额、支付条款进行审核； 2. 审核无误，在审核意见处签字确认
3	支付现金	出纳	1. 接收经过总经理审核签字的借款单； 2. 确认无误后支付现金给借款人，借款人签字； 3. 在借款单出纳签章处，加盖签章
4	填制记账凭证	财务经理	1. 根据已支付的借款单填制记账凭证，将借款单粘贴在背面作为附件； 2. 将记账凭证交给总经理审核

续表 6-6

编号	名称	角色	活动描述—操作指导
5	审核记账凭证	出纳	1. 审核财务经理填制的记账凭证并对照借款单检查是否正确； 2. 审核无误，在记账凭证上签字或盖章； 3. 将审核后的记账凭证交给出纳登记库存现金日记账
6	登记库存现金日记账	出纳	1. 根据审核后的记账凭证登记库存现金日记账； 2. 记账后在记账凭证上签字或盖章
7	登记科目明细账	财务经理	1. 根据记账凭证登记科目明细账； 2. 记账后在记账凭证上签字或盖章
8	登记总账	财务经理	1. 根据记账凭证登记总账； 2. 记账后在记账凭证上签字或盖章

3. 业务流程图(图 6-6)

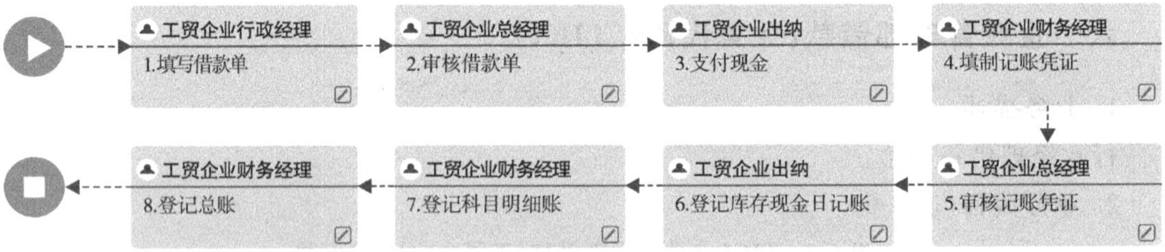

图 6-6 TJK1 企业管理部借款(工贸企业)业务流程图

4. 注意事项

(1)该业务属于经营准备阶段任务。

(2)规范填写借款单和记账凭证。

七、业务部借款(业务代码：TJK2)

1. 业务描述

业务经理借备用金。

2. 业务流程(表 6-7)

表 6-7 TJK2 业务部借款(工贸企业)业务流程

编号	名称	角色	活动描述—操作指导
1	填写借款单	业务经理	1. 在 VBSE 系统中填写借款单(实际工作中可能填写纸质借款单)，借款作为部门备用金； 2. 将填写好的借款单提交总经理审核

续表 6-7

编号	名称	角色	活动描述—操作指导
2	审核借款单	总经理	1. 在 VBSE 系统中对借款用途、金额、支付条款进行审核； 2. 审核无误，在审核意见处签字确认
3	支付现金	出纳	1. 接收经过总经理审核签字的借款单； 2. 确认无误后支付现金给借款人，借款人签字； 3. 在借款单出纳签章处，加盖签章
4	填制记账凭证	财务经理	1. 根据已支付的借款单填制记账凭证，将借款单粘贴在背面作为附件； 2. 将记账凭证交由总经理审核
5	审核记账凭证	总经理	1. 审核财务经理填制的记账凭证并对照借款单检查是否正确； 2. 审核无误，在记账凭证上签字或盖章； 3. 将审核后的记账凭证交给总经理登记库存现金日记账
6	登记库存现金日记账	出纳	1. 根据审核后的记账凭证登记库存现金日记账； 2. 记账后在记账凭证上签字或盖章
7	登记科目明细账	财务经理	1. 根据记账凭证登记科目明细账； 2. 记账后在记账凭证上签字或盖章
8	登记总账	财务经理	1. 根据记账凭证登记总账； 2. 记账后在记账凭证上签字或盖章

3. 业务流程图(图 6-7)

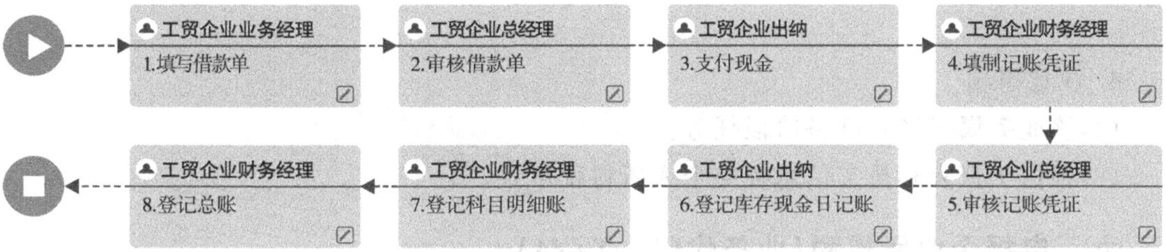

图 6-7　TJK2 业务部借款(工贸企业)业务流程图

4. 注意事项

(1)该业务属于经营准备阶段任务。

(2)规范填写借款单和记账凭证。

八、申报个人所得税(业务代码：TGS1)

1. 业务描述

财务经理申报上月个人所得税。

2. 业务流程(表 6-8)

表 6-8 TGS1 申报个人所得税(工贸企业)业务流程

编号	名称	角色	活动描述—操作指导
1	整理、提交个人所得税纳税申报资料	行政经理	1. 收集与整理员工信息； 2. 根据员工信息填写“个人所得税基础信息模板”； 3. 将填好的“个人所得税基础信息模板”导入 VBSE 系统中并提交税务局； 4. 将员工信息和工资表一同交给财务经理
2	审核企业提交的个人所得税纳税申报资料	税务专员	在 VBSE 系统中审核企业提交的个人所得税申报资料
3	网上个人所得税纳税申报	财务经理	1. 在 VBSE 系统中下载“扣缴个人所得税报告表模板”； 2. 根据工资表和员工信息填写“扣缴个人所得税报告表模板”； 3. 将填好的“扣缴个人所得税报告表模板”导入系统中并扣缴个人所得税

3. 业务流程图(图 6-8)

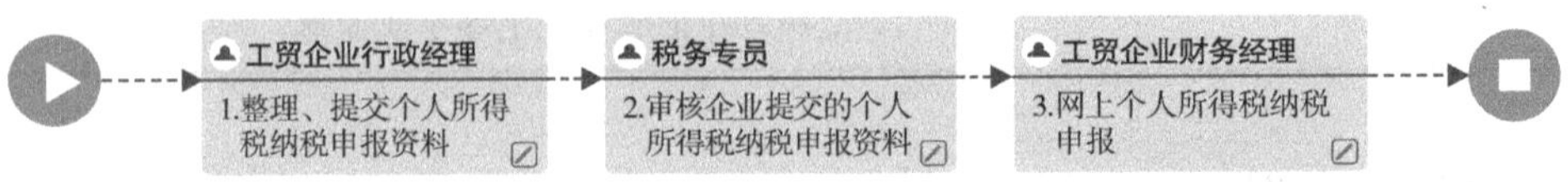

图 6-8 TGS1 申报个人所得税(工贸企业)业务流程图

4. 注意事项

(1)该业务属于经营准备阶段任务。

(2)根据工资表和员工信息提交个人所得税申报。

九、申报企业所得税(业务代码：TZZ1)

1. 业务描述

月初，财务经理申报上月企业增值税。

2. 业务流程(表 6-9)

表 6-9 TZZ1 申报企业所得税(工贸企业)业务流程

编号	名称	角色	活动描述—操作指导
1	整理增值税纳税申报资料	财务经理	1. 汇总并整理上期的进项税； 2. 汇总并整理上期的销项税

续表 6-9

编号	名称	角色	活动描述—操作指导
2	网上增值税纳税申报	财务经理	1. 在 VBSE 系统中根据确认的金额进行增值税纳税申报； 2. 填写完成后提交税务机关审核
3	审核企业增值税申报	税务专员	在 VBSE 系统中审核企业提交的增值税申报

3. 业务流程图(图 6-9)

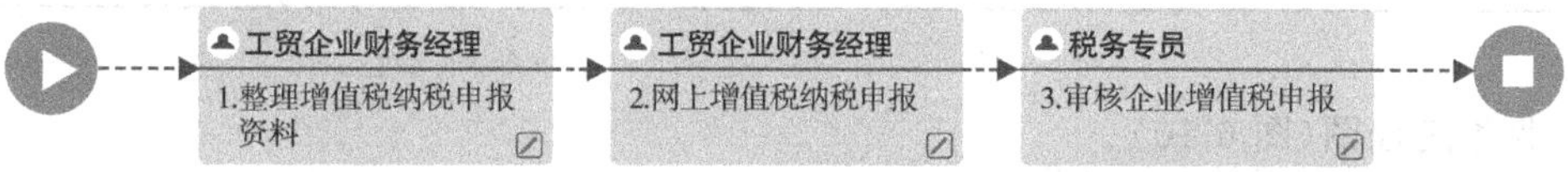

图 6-9 TZZ1 申报企业所得税(工贸企业)业务流程图

4. 注意事项

(1)该业务属于经营准备阶段任务。

(2)线上填写增值税纳税申报表主表和附表。

十、与制造企业签订购销合同(业务代码：MCG2)

1. 业务描述

收到制造企业的采购合同并签署。

2. 业务流程(表 6-10)

表 6-10 与制造企业签订购销合同(工贸企业)业务流程

编号	名称	角色	活动描述—操作指导
1	收到购销合同，填制合同会签单	业务经理	1. 业务经理依据收到的购销合同，填写合同会签单； 2. 业务经理将购销合同和合同会签单送交财务经理审核
2	审核购销合同和合同会签单	财务经理	1. 收到业务经理送交的购销合同及合同会签单； 2. 审核购销合同的准确性和合理性； 3. 审核通过后在合同会签单上签字； 4. 将购销合同和合同会签单送总经理审核
3	审核购销合同和合同会签单	总经理	1. 审核购销合同的条款、期限、付款信息等是否符合公司要求； 2. 符合要求在合同会签单上签字； 3. 审核通过后的购销合同和合同会签单一同送至行政经理处盖章
4	合同盖章	行政经理	1. 接收审核通过的合同会签单，在购销合同上盖章； 2. 业务经理在公章印鉴使用登记表上登记并签字

续表 6-10

编号	名称	角色	活动描述—操作指导
5	合同存档	行政经理	1. 行政经理更新合同管理表； 2. 行政经理将合同会签单与一份盖过章的购销合同一起进行归档； 3. 将一份盖过章的合同送业务经理交合同当事人
6	购销合同登记	业务经理	1. 业务经理将盖章的购销合同登记后交给合同当事人； 2. 业务经理更新采购合同执行情况表

3. 业务流程图(图 6-10)

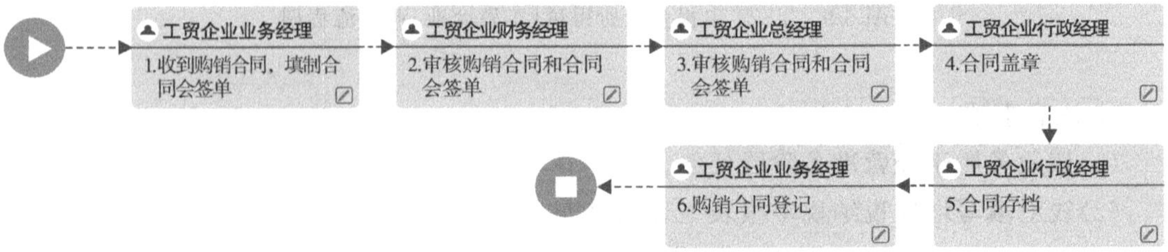

图 6-10　MCG2 与制造企业签订购销合同(工贸企业)业务流程图

4. 注意事项

(1)该业务属于经营准备阶段任务。

(2)规范填写合同会签单和购销合同。

十一、确认制造企业的采购订单(业务代码：MCG4)

1. 业务描述

确认制造企业的采购订单。

2. 业务流程(表 6-11)

表 6-11　MCG4 确认制造企业的采购订单(工贸企业)业务流程

编号	名称	角色	活动描述—操作指导
1	确认采购订单	业务经理	1. 在系统中确认制造企业的采购订单； 2. 根据系统的采购订单信息填写销售订单

3. 业务流程图(图 6-11)

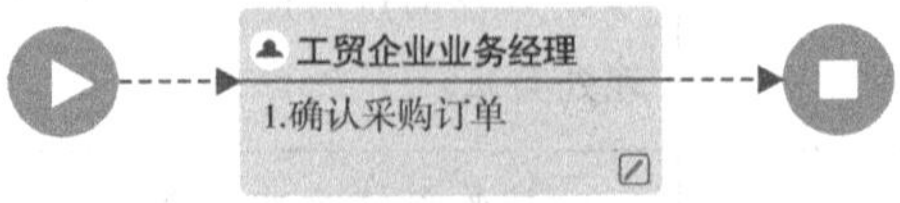

图 6-11　MCG4 确认采购订单(工贸企业)业务流程图

4. 注意事项

(1)该业务属于经营准备阶段任务。

(2)规范填写销售订单。

十二、下达采购订单(业务代码：TCG1)

1. 业务描述

向虚拟供应商下达采购订单。

2. 业务流程(表 6-12)

表 6-12　TCG1 下达采购订单(工贸企业)业务流程

编号	名称	角色	活动描述—操作指导
1	下达采购订单	业务经理	1. 在系统中选择要采购的货物； 2. 选择完成后，确认采购

3. 业务流程图(图 6-12)

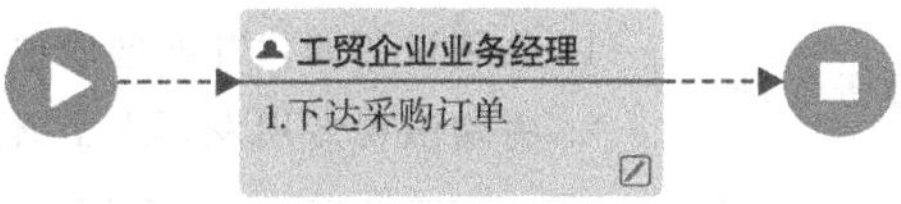

图 6-12　TCG1 下达采购订单(工贸企业)业务流程图

4. 注意事项

(1)该业务属于经营准备阶段任务。

(2)工贸企业与每一家制造企业所签订销售合同的存货采购数量=标准数量/$T\times M$(T 代表工贸企业开课组数，M 代表制造企业开课组数)。

十三、支付虚拟供应商货款(业务代码：TCG2)

1. 业务描述

支付虚拟供应商货款。

2. 业务流程(表 6-13)

表 6-13　TCG2 支付虚拟供应商货款(工贸企业)业务流程

编号	名称	角色	活动描述—操作指导
1	提交付款申请单	业务经理	依据采购入库单提交付款申请单
2	审核付款申请单	财务经理	1. 接收业务经理提交的付款申请单； 2. 依据采购入库单审核付款申请单
3	审核付款申请单	总经理	审核财务经理提交的付款申请单

续表 6-13

编号	名称	角色	活动描述—操作指导
4	付款	出纳	1. 接收总经理审核通过的付款申请单； 2. 依据审核通过的付款申请单在 VBSE 系统中进行付款； 3. 通知财务经理到银行取付款业务回单
5	打印银行付款回单	银行柜员	1. 查询并打印付款业务回单； 2. 将付款业务回单交给财务经理； 3. 财务经理取得业务回单，回公司填制记账凭证
6	去税务局代开增值税专用发票	业务经理	1. 业务经理整理采购订单信息； 2. 根据信息到税务局找税务专员开具增值税专用发票
7	为虚拟供应商代开增值税专用发票	税务专员	1. 根据业务经理整理的信息开具增值税专用发票； 2. 将开具的增值税专用发票交给业务经理
8	收到税务局代开的增值税专用发票	业务经理	1. 收到税务局代开的增值税专用发票； 2. 将增值税专用发票送至财务经理处
9	填制记账凭证	财务经理	1. 核对银行业务回单、增值税专用发票与付款申请单； 2. 填制记账凭证，将银行业务回单粘贴在记账凭证背面作为原始凭证； 3. 提交总经理审核
10	审核记账凭证	总经理	1. 审核财务经理填制的记账凭证并对照相关附件检查是否正确； 2. 审核无误，在记账凭证上签字或盖章； 3. 将审核后的记账凭证交给出纳登记银行存款日记账
11	登记银行存款日记账	出纳	1. 根据记账凭证登记银行存款日记账； 2. 记账后在记账凭证上签字或盖章
12	登记科目明细账	财务经理	1. 根据记账凭证登记科目明细账； 2. 记账后在记账凭证上签字或盖章
13	登记总账	财务经理	1. 根据记账凭证登记总账； 2. 记账后在记账凭证上签字或盖章

3. 业务流程图(图 6-13)

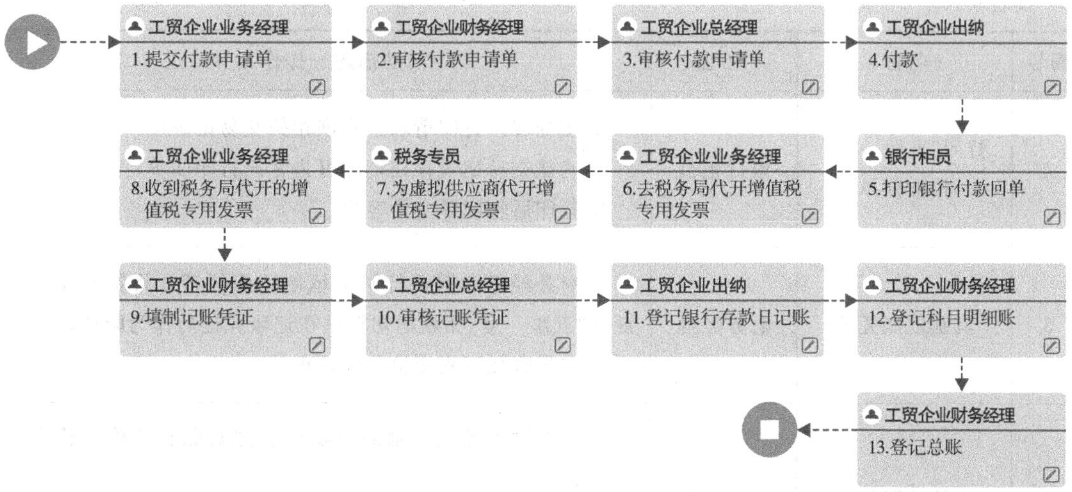

图 6-13　TCG2 支付虚拟供应商货款(工贸企业)业务流程图

4. 注意事项

(1)该业务属于经营准备阶段任务。

(2)每家工贸企业支付虚拟市场采购款$=\sum$[每种存货的采购数量(虚拟市场向每家工贸企业供应的材料数量$/T\times M$)×每种存货单价](T代表工贸企业开课组数，M代表制造企业开课组数)。

第二节　工贸企业月初经营业务

一、扣缴“五险一金”(业务代码：TWX1)

1. 业务描述

扣缴“五险一金”。

2. 业务流程(表 6-14)

表 6-14　TWX1 扣缴“五险一金”(工贸企业)业务流程

编号	名称	角色	活动描述—操作指导
1	到银行取“五险一金”银行扣款回单	财务经理	到银行取“五险一金”银行扣款回单
2	代扣社会保险	银行柜员	为企业代理扣缴社会保险
3	代扣公积金	银行柜员	为企业代理扣缴公积金

续表 6-14

编号	名称	角色	活动描述—操作指导
4	打印"五险一金"扣款回单	银行柜员	1. 接到客户打印请求，查询相关交易记录； 2. 确认交易记录存在，即可为客户打印回单； 3. 打印后将回单交给客户
5	填制记账凭证	财务经理	1. 财务经理依据银行回单填制记账凭证，将银行扣款凭证和"五险一金"扣款通知粘贴在记账凭证后作为附件； 2. 将记账凭证提交给总经理审核
6	审核记账凭证	总经理	1. 审核财务经理填制的记账凭证并对照相关附件检查是否正确； 2. 审核无误，在记账凭证上签字或盖章； 3. 将审核后的记账凭证提交给出纳登记银行存款日记账
7	登记银行存款日记账	出纳	1. 根据记账凭证登记银行存款日记账； 2. 记账后在记账凭证上签字或盖章
8	登记科目明细账	财务经理	1. 根据记账凭证登记科目明细账； 2. 记账后在记账凭证上签字或盖章
9	登记总账	财务经理	1. 根据记账凭证登记总账； 2. 记账后在记账凭证上签字或盖章

3. 业务流程图(图 6-14)

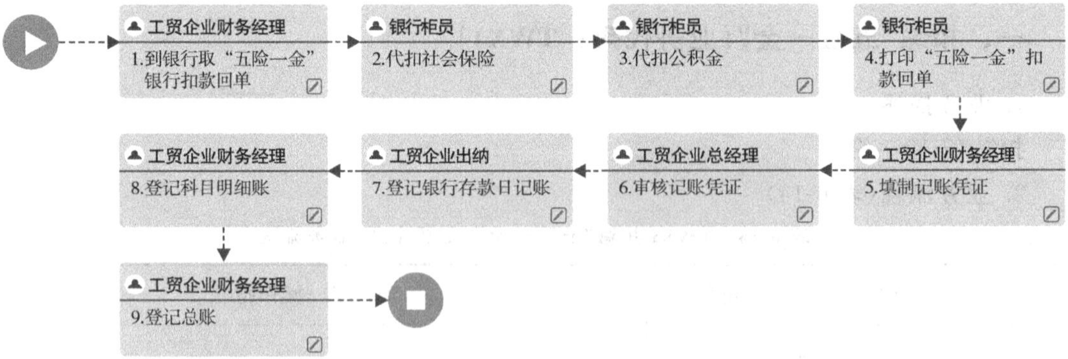

图 6-14　TWX1 扣缴"五险一金"(工贸企业)业务流程图

4. 注意事项

(1)该业务属于月初经营阶段任务。

(2)根据银行付款业务回单填制记账凭证。

二、缴纳个人所得税(业务代码：TGS2)

1. 业务描述

确认申报审核后，提交缴税扣款及账务处理。

2. 业务流程(表 6-15)

表 6-15　TGS2 缴纳个人所得税(工贸企业)业务流程

编号	名称	角色	活动描述—操作指导
1	查询网银扣款情况	总经理	1. 查询网银，确认个人所得税已扣款成功； 2. 通知财务经理到银行打印缴税证明
2	打印缴税证明	银行柜员	1. 查询转账记录； 2. 确认后打印缴税证明
3	填制记账凭证	财务经理	1. 根据扣款通知和税收缴款书填制记账凭证； 2. 将扣款通知和税收缴款书粘贴在记账凭证后作为原始单据； 3. 提交给总经理审核
4	审核记账凭证	总经理	1. 收到记账凭证和相关原始单据； 2. 审核记账凭证是否正确； 3. 确认无误签字或盖章，将记账凭证交给出纳登记银行存款日记账
5	登记银行存款日记账	出纳	1. 根据审核后的记账凭证登记银行存款日记账； 2. 记账后在记账凭证上签字或盖章
6	登记科目明细账	财务经理	1. 根据审核后的记账凭证登记科目明细账； 2. 记账后在记账凭证上签字或盖章
7	登记总账	财务经理	1. 根据审核后的记账凭证登记总账； 2. 记账后在记账凭证上签字或盖章

3. 业务流程图(图 6-15)

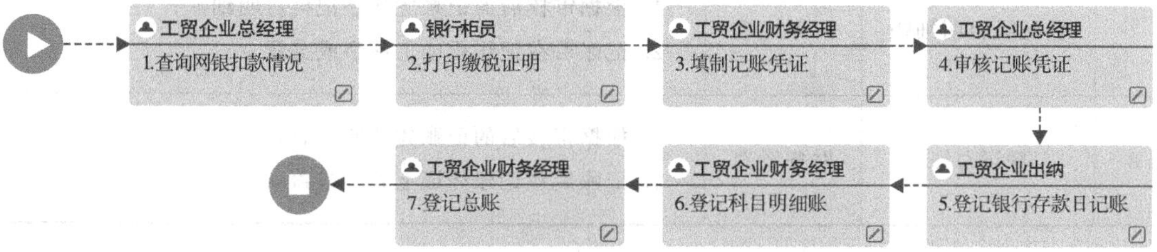

图 6-15　TGS2 缴纳个人所得税(工贸企业)业务流程图

4. 注意事项

(1)该业务属于月初经营阶段任务。

(2)根据银行电子缴税付款凭证填制记账凭证。

三、缴纳企业增值税(业务代码：TZZ2)

1. 业务描述

确认申报状态，审核通过后提交扣款并进行账务处理。

2. 业务流程(表 6-16)

表 6-16　TZZ2 缴纳企业增值税(工贸企业)业务流程

编号	名称	角色	活动描述—操作指导
1	确认申报状态并提交扣款	财务经理	1. 在 VBSE 系统中查看申报状态； 2. 审核通过后点击“扣缴”
2	查询网银扣款情况	总经理	1. 查询网银，确认增值税已扣款成功； 2. 通知财务经理到银行打印缴税证明
3	打印缴税证明	银行柜员	1. 查询转账记录； 2. 确认后打印缴税证明
4	填制记账凭证	财务经理	1. 根据缴税证明编制记账凭证； 2. 将银行税收缴款单和缴税证明粘贴在记账凭证背面作为附件； 3. 将记账凭证交给总经理审核
5	审核记账凭证	总经理	1. 收到记账凭证和缴税证明； 2. 审核记账凭证无误后签字或盖章； 3. 将记账凭证交给出纳登记银行存款日记账
6	登记银行存款日记账	出纳	1. 根据审核后的记账凭证登记银行存款日记账； 2. 记账后在记账凭证上签字或盖章
7	登记科目明细账	财务经理	1. 根据审核后的记账凭证登记科目明细账； 2. 记账后在记账凭证上签字或盖章
8	登记总账	财务经理	1. 根据审核后的记账凭证登记总账； 2. 记账后在记账凭证上签字或盖章

3. 业务流程图(图 6-16)

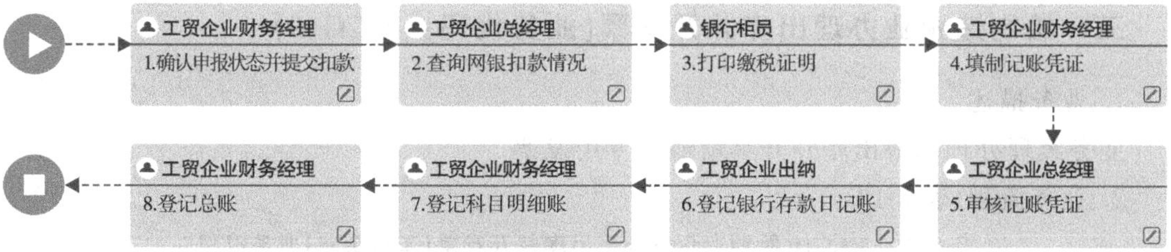

图 6-16　TZZ2 缴纳企业增值税(工贸企业)业务流程图

4. 注意事项

(1)该业务属于月初经营阶段任务。

(2)根据银行电子缴税付款凭证填制记账凭证。

四、准备发货并通知制造企业取货(业务代码：MCG5)

1. 业务描述

业务经理下达发货通知给客户。

2. 业务流程(表 6-17)

表 6-17　MCG5 准备发货并通知制造企业取货(工贸企业)业务流程

编号	名称	角色	活动描述—操作指导
1	填制发货单	业务经理	1. 根据销售计划和库存现状填制发货单(一式四联)； 2. 将发货单的财务部留存联交给财务经理
2	确认发货单	财务经理	1. 收到业务经理传送的销售发货单； 2. 检查本企业的应收账款额度是否过高，如过高，应通知业务经理限制发货
3	发货单送至客户	业务经理	将财务经理确认的发货单送至客户

3. 业务流程图(图 6-17)

图 6-17　MCG5 准备发货并通知制造企业取货(工贸企业)业务流程图

4. 注意事项

(1)该业务属于月初经营阶段任务。

(2)工贸企业给每家制造企业发送发货通知单，发货数量=标准数量/T(T 代表工贸企业开课组数)。

五、给制造企业办理出库并开发票(业务代码：MCG10)

1. 业务描述

业务经理办理销售出库并开具增值税专用发票。

2. 业务流程(表6-18)

表6-18 MCG10给制造企业办理出库并开发票(工贸企业)业务流程

编号	名称	角色	活动描述—操作指导
1	填制出库单，办理出库业务	业务经理	1. 根据发货单填制销售出库单(一式三联)； 2. 办理出库业务，根据销售出库单的数量将货发给客户
2	登记库存台账	业务经理	根据销售出库单登记库存台账
3	更新销售发货明细表	业务经理	依据销售出库单更新销售发货明细表
4	提交增值税专用发票申请	业务经理	1. 根据销售发货明细表和销售订单的信息提交开具增值税专用发票申请； 2. 将开票申请单提交至财务经理审核
5	审核增值税专用发票申请	财务经理	1. 审核业务经理提交的开具增值税专用发票申请； 2. 审核后提交总经理审核
6	审核增值税专用发票申请	总经理	1. 审核财务经理提交的开具增值税专用发票申请； 2. 审核通过后交业务经理送至财务经理处开具增值税发票
7	开具增值税专用发票	财务经理	根据业务经理送来的开具增值税专用发票申请，开具增值税专用发票
8	发票的保留与领用	财务经理	财务经理将增值税专用发票记账联保留，将发票联和抵扣联交业务经理送给客户
9	发票送至客户	业务经理	1. 业务经理在发票领用表登记并签字； 2. 业务经理将增值税专用发票送至客户
10	填制记账凭证	财务经理	1. 根据发票记账联填制记账凭证，将发票记账联和销售出库单粘贴在记账凭证后面作为附件； 2. 将记账凭证交总经理审核
11	审核记账凭证	总经理	1. 接收财务经理交的记账凭证，并进行审核； 2. 审核无误，在记账凭证上签字或盖章
12	登记数量金额明细账	财务经理	根据记账凭证后所附销售出库单填写数量金额明细账
13	登记科目明细账	财务经理	1. 根据记账凭证登记科目明细账； 2. 记账后在记账凭证上签字或盖章
14	登记总账	财务经理	1. 根据记账凭证登记总账； 2. 记账后在记账凭证上签字或盖章

3. 业务流程图(图 6-18)

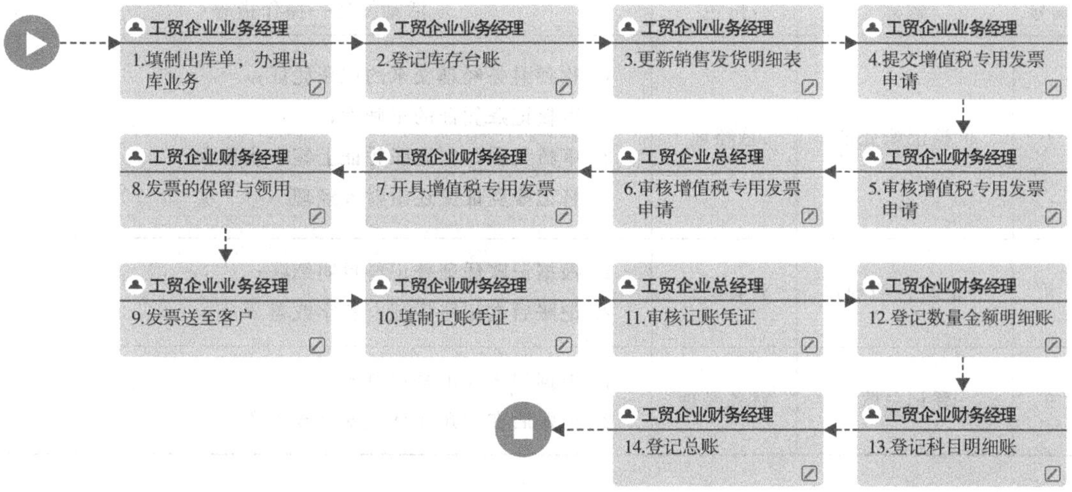

图 6-18 MCG10 给制造企业办理出库并开发票(工贸企业)业务流程图

4. 注意事项

(1)该业务属于月初经营阶段任务。

(2)工贸企业给每家制造企业发送发货通知单，发货数量＝标准数量/T(T 代表工贸企业开课组数)；开具增值税专用发票；填写记账凭证。

六、到货并办理入库(业务代码：TCG3)

1. 业务描述

收到虚拟供应商的货物，办理采购入库手续。

2. 业务流程(表 6-19)

表 6-19 TCG3 到货并办理入库(工贸企业)业务流程

编号	名称	角色	活动描述—操作指导
1	依据采购订单填写采购入库单	业务经理	依照确认的采购订单填写采购入库单
2	审核采购入库单	业务经理	审核采购入库单
3	VBSE 系统办理入库	业务经理	依据采购订单、采购入库单在 VBSE 系统中办理货物入库
4	登记库存台账	业务经理	1. 依据采购入库单(存根联)信息登记库存台账； 2. 将采购入库单传送给财务经理
5	更新采购合同执行情况表	业务经理	根据入库信息更新采购合同执行情况表
6	填制记账凭证	财务经理	1. 收到业务经理交来的采购入库单； 2. 依据采购入库单填制记账凭证

续表 6-19

编号	名称	角色	活动描述—操作指导
7	审核记账凭证	总经理	1. 收到财务经理交来的记账凭证； 2. 审核记账凭证的正确性； 3. 审核无误，在记账凭证上签字或盖章； 4. 将记账凭证交还给财务经理
8	登记科目明细账	财务经理	1. 根据记账凭证登记科目明细账； 2. 记账后在记账凭证上签字或盖章
9	登记总账	财务经理	1. 根据记账凭证登记总账； 2. 记账后在记账凭证上签字或盖章

3. 业务流程图(图 6-19)

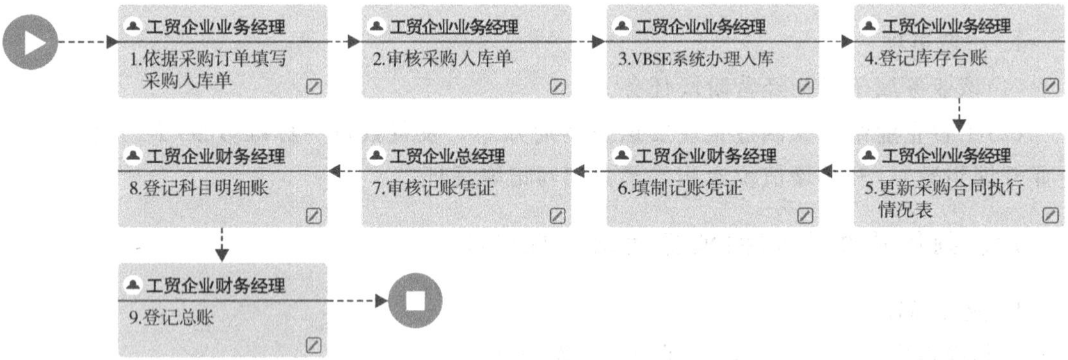

图 6-19　TCG3 到货并办理入库(工贸企业)业务流程图

4. 注意事项

(1)该业务属于月初经营阶段任务。

(2)及时填写入库单和记账凭证。

第三节　工贸企业月末经营业务

一、收到制造企业货款银行回单(业务代码：MCG17)

1. 业务描述

收到制造企业支付的贷款，取得银行回单。

2. 业务流程(表 6-20)

表 6-20 MCG17 收到制造企业货款银行回单(工贸企业)业务流程

编号	名称	角色	活动描述—操作指导
1	查询网银	业务经理	1. 接收采购商的付款通知； 2. 通知总经理查询网银，确认收到货款； 3. 通知财务经理到银行打印此款项回单
2	打印业务回单	银行柜员	1. 根据财务经理提供的信息查询转账记录并打印业务回单； 2. 将打印好的业务回单交给财务经理
3	确认回款客户	业务经理	1. 确认收到货款； 2. 在系统中填写收款确认单，对银行回款进行确认，确认回款客户； 3. 将收款确认单传至财务经理审核
4	审核收款确认单并填制记账凭证	财务经理	1. 审核收款确认单； 2. 依据收款确认单填制记账凭证，将银行业务回单粘贴在记账凭证背面作为原始凭证； 3. 提交总经理审核
5	审核记账凭证	总经理	1. 审核财务经理填制的记账凭证并对照相关附件检查是否正确； 2. 审核无误，在记账凭证上签字或盖章； 3. 将审核后的记账凭证交给出纳登记银行存款日记账
6	登记银行存款日记账	出纳	1. 根据记账凭证登记银行存款日记账； 2. 记账后在记账凭证上签字或盖章
7	登记科目明细账	财务经理	1. 根据记账凭证登记科目明细账； 2. 记账后在记账凭证上签字或盖章
8	登记总账	财务经理	1. 根据记账凭证登记总账； 2. 记账后在记账凭证上签字或盖章

3. 业务流程图(图 6-20)

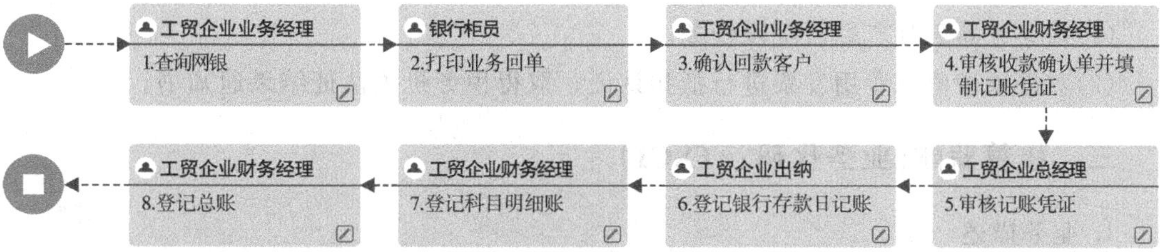

图 6-20 MCG17 收到制造企业货款银行回单(工贸企业)业务流程图

4. 注意事项

(1)该业务属于月末经营阶段任务。

(2)根据银行收款业务回单填写记账凭证。

二、认证增值税抵扣联(业务代码：TZZ3)

1. 业务描述

财务经理收集增值税抵扣联，到税务部门审核，获得盖章认证的结果通知书，与增值税抵扣联一并装订。

2. 业务流程(表 6-21)

表 6-21　TZZ3 认证增值税抵扣联(工贸企业)业务流程

编号	名称	角色	活动描述—操作指导
1	收集抵扣联	财务经理	收集抵扣联
2	到税务局进行抵扣认证	财务经理	将增值税抵扣联送至税务局，进行抵扣认证
3	审核企业提交的进项税抵扣联	税务专员	对企业提交的进项税抵扣联进行审核，通过后打印认证结果通知书，交给企业办事人员
4	抵扣联装订归档	财务经理	将从税务局取得的认证结果通知书与抵扣联一并装订，归档备查

3. 业务流程图(图 6-21)

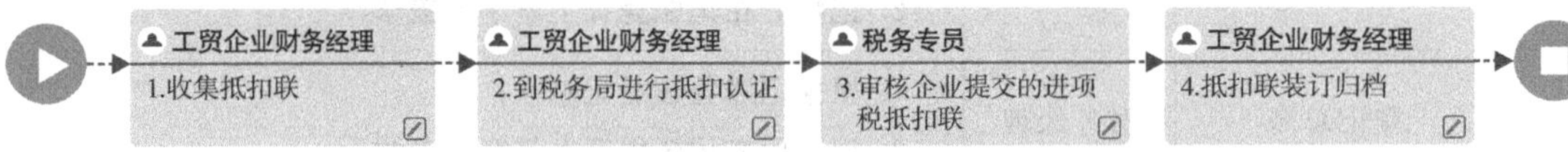

图 6-21　TZZ3 认证增值税抵扣联(工贸企业)业务流程图

4. 注意事项

(1)该业务属于月末经营阶段任务。

(2)对进项增值税专用发票进行抵扣认证，取得税务机关认证结果通知书。

三、核算薪酬(业务代码：TXC1)

1. 业务描述

行政经理核算职工薪酬，制作工资表。

2. 业务流程(表 6-22)

表 6-22　TXC1 核算薪酬(工贸企业)业务流程

编号	名称	角色	活动描述—操作指导
1	收集工资数据	行政经理	1. 依据期初数据查找当月入职人员记录，收集整理新增数据； 2. 依据期初数据查找当月离职人员记录，收集整理减少数据； 3. 依据期初数据查找当月晋升、调动及工资调整记录，收集整理变更数据； 4. 依据期初数据查找当月考勤信息，整理汇总当月考勤数据； 5. 依据期初数据查找当期绩效考核评价评分资料，整理汇总绩效考核结果； 6. 依据期初数据查找当月奖励、处罚记录，并进行整理与汇总； 7. 依据期初数据查找当月“五险一金”增减、缴费数据，计算“五险一金”
2	计算工资	行政经理	1. 下载企业员工花名册； 2. 依照薪酬发放规则，制作各种职工薪酬计算表，包含职工薪酬统计表、“五险一金”缴费统计表等； 3. 按照薪酬体系中每个项目的计算规则进行工资核算； 4. 将工资表交给总经理审核
3	审核工资表	总经理	1. 收到行政经理提交的工资表； 2. 审核工资结算总金额，了解总人工成本及波动幅度，并就变动的合理性进行核查； 3. 审核完成后在表单的对应位置签字； 4. 将完成签字的表单交还行政经理，交给财务经理记账
4	填制记账凭证	财务经理	1. 收到行政经理送交的工资表； 2. 依据工资表编制本月工资记账凭证，计提本月工资
5	审核记账凭证	总经理	1. 收到财务经理送交的工资表和记账凭证； 2. 审核记账凭证的正确性； 3. 审核无误，在记账凭证上签字或盖章； 4. 将工资表和记账凭证交还给财务经理
6	登记科目明细账	财务经理	1. 根据记账凭证登记科目明细账； 2. 记账后在记账凭证上签字或盖章
7	登记总账	财务经理	1. 根据记账凭证登记总账； 2. 记账后在记账凭证上签字或盖章

3. 业务流程图(图 6-22)

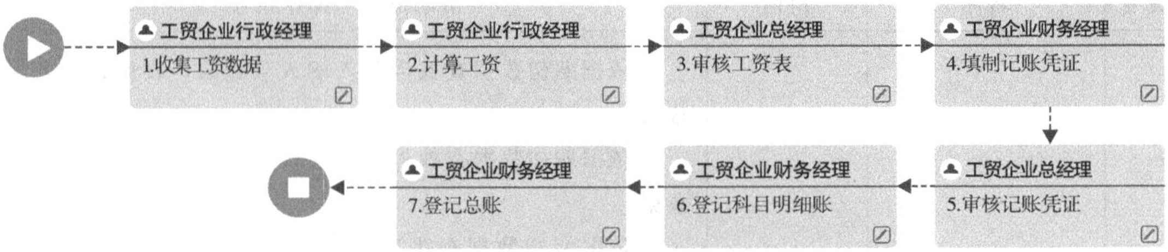

图 6-22　TXC1 核算薪酬(工贸企业)业务流程图

4. 注意事项

(1)该业务属于月末经营阶段任务。

(2)规范填写计提工资记账凭证。

四、计提折旧(业务代码：TZJ1)

1. 业务描述：制作固定资产折旧计算表。

2. 业务流程(表 6-23)

表 6-23　TZJ1 计提折旧(工贸企业)业务流程

编号	名称	角色	活动描述—操作指导
1	计算固定资产折旧	财务经理	1. 根据固定资产政策及固定资产明细账计提折旧； 2. 填写固定资产折旧计算表
2	填制记账凭证	财务经理	1. 根据固定资产折旧计算表填写记账凭证，将折旧计算表粘贴在记账凭证背后作为附件； 2. 将记账凭证交给总经理审核
3	审核记账凭证	总经理	1. 接收财务经理送交的记账凭证，并进行审核； 2. 审核无误，在记账凭证上签字或盖章； 3. 将记账凭证传送给财务经理登记科目明细账
4	登记科目明细账	财务经理	1. 根据记账凭证登记科目明细账； 2. 记账后在记账凭证上签字或盖章
5	登记总账	财务经理	1. 根据记账凭证登记总账； 2. 记账后在记账凭证上签字或盖章

3. 业务流程图(图 6-23)

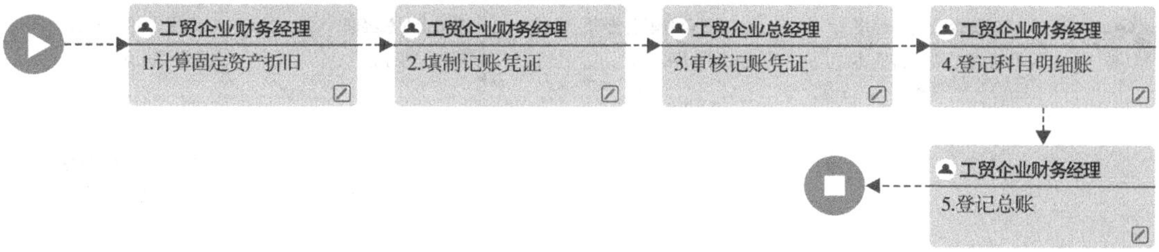

图 6-23 TZJ1 计提折旧(工贸企业)业务流程图

4. 注意事项

(1)该业务属于月末经营阶段任务。

(2)根据计提折旧表填制记账凭证。

五、存货核算(业务代码：TCH1)

1. 业务描述

财务经理根据出入库明细表计算存货成本，并结转销售成本。

2. 业务流程(表 6-24)

表 6-24 TCH1 存货核算(工贸企业)业务流程

编号	名称	角色	活动描述—操作指导
1	编制产品销售成本结转明细表	财务经理	1. 根据销售出库单汇总销售出库的产品明细数量； 2. 根据销售数量和库存商品平均单价，编制销售成本结转明细表； 3. 将单据传递给财务经理填制记账凭证
2	填制记账凭证	财务经理	1. 根据产品出库单及销售成本结转明细表反映的业务内容编制记账凭证，并将相关单据粘贴在后面作为附件； 2. 将记账凭证提交给总经理审核
3	审核记账凭证	总经理	1. 审核记账凭证的附件、记账科目、金额、手续是否正确与齐全； 2. 审核无误，在记账凭证上签字或盖章
4	登记科目明细账	财务经理	1. 根据记账凭证登记科目明细账； 2. 记账后在记账凭证上签字或盖章
5	登记总账	财务经理	1. 根据记账凭证登记总账； 2. 记账后在记账凭证上签字或盖章

3. 业务流程图(图 6-24)

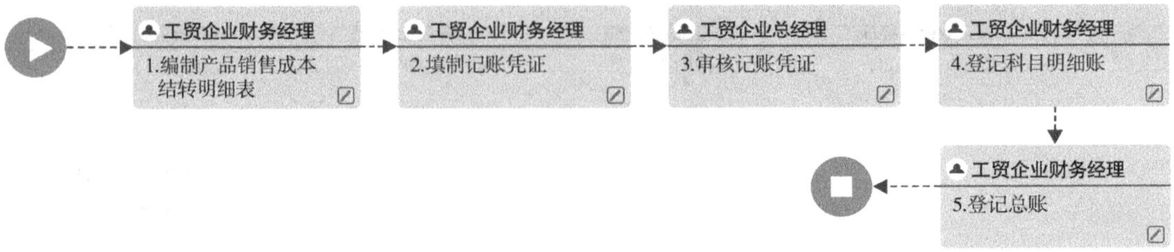

图 6-24　TCH1 存货核算(工贸企业)业务流程图

4. 注意事项

(1)该业务属于月末经营阶段任务。

(2)根据库存台账填制记账凭证。

六、期末账务处理(业务代码：TQM1)

1. 业务描述

财务经理在月末进行财务核算。

2. 业务流程(表 6-25)

表 6-25　TQM1 期末账务处理(工贸企业)业务流程

编号	名称	角色	活动描述—操作指导
1	结转损益	财务经理	1. 汇总损益类发生额，并与总账核对； 2. 将总账的损益类科目本期发生额结转至本年利润科目； 3. 填制记账凭证
2	计提企业所得税费用并结转	财务经理	1. 根据本年利润余额计算企业所得税； 2. 填制记账凭证
3	结转本年利润	财务经理	1. 将本年利润余额结转至利润分配中； 2. 填制记账凭证
4	计提法定盈余公积并结转	财务经理	1. 按本年净利润(减弥补以前亏损后)的 10%提取法定盈余公积，法定盈余公积累计额达到注册资本的 50%时可以不再提取； 2. 将提取的法定盈余公积结转至利润分配中； 3. 编制计提法定盈余公积凭证和结转凭证
5	审核记账凭证	总经理	审核财务经理提交的记账凭证，无误后签字或盖章确认
6	登记科目明细账	财务经理	1. 根据记账凭证登记科目明细账； 2. 记账后在记账凭证上签字或盖章
7	登记总账	财务经理	1. 根据记账凭证登记总账； 2. 记账后在记账凭证上签字或盖章

3. 业务流程图(图 6-25)

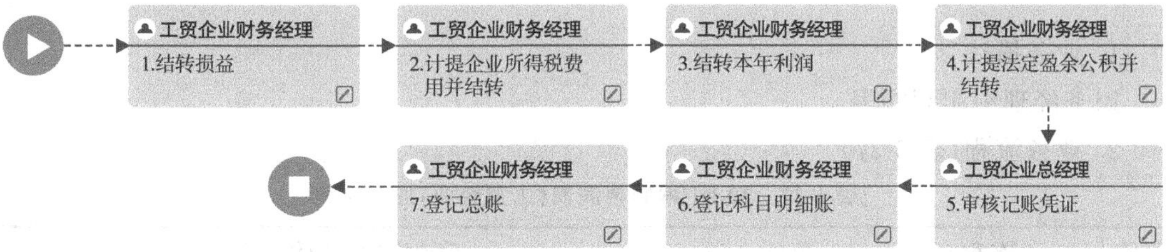

图 6-25　TQM1 期末账务处理(工贸企业)业务流程图

4. 注意事项

(1)该业务属于月末经营阶段任务。

(2)根据科目汇总数据进行期末账务处理，填制记账凭证。

七、编制资产负债表(业务代码：TZC1)

1. 业务描述

财务经理编制资产负债表。

2. 业务流程(表 6-26)

表 6-26　TZC1 编制资产负债表(工贸企业)业务流程

编号	名称	角色	活动描述—操作指导
1	编制财务报告	财务经理	1. 编制资产负债表和财务报表说明等财务报告； 2. 确认无误后在财务报告上签字并盖章； 3. 将财务报告交给总经理
2	审查财务报告	总经理	1. 审查财务经理编制的财务报告； 2. 确认无误后在财务报告上签字并盖章

3. 业务流程图(图 6-26)

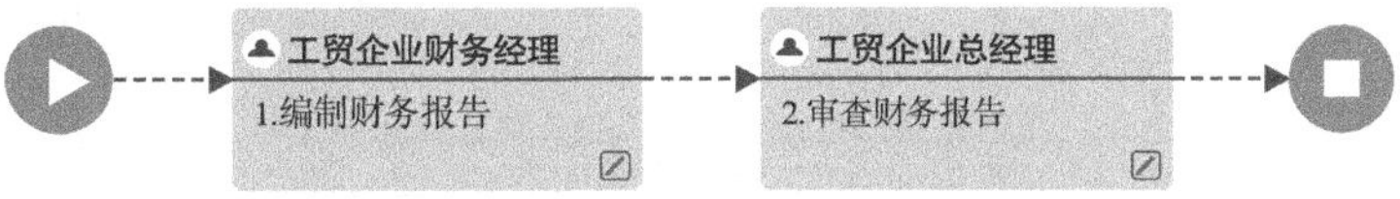

图 6-26　TZC1 编制资产负债表(工贸企业)业务流程图

4. 注意事项

(1)该业务属于月末经营阶段任务。

(2)根据科目汇总结果编制资产负债表。

八、编制利润表(业务代码：TLR1)

1. 业务描述

财务经理编制利润表。

2. 业务流程(表 6-27)

表 6-27　TLR1 编制利润表(工贸企业)业务流程

编号	名称	角色	活动描述—操作指导
1	编制利润表	财务经理	1. 编制利润表； 2. 确认无误后在利润表上签字并盖章； 3. 将利润表交给总经理
2	审查利润表	总经理	1. 审查财务经理编制的利润表； 2. 确认无误后在利润表上签字并盖章

3. 业务流程图(图 6-27)

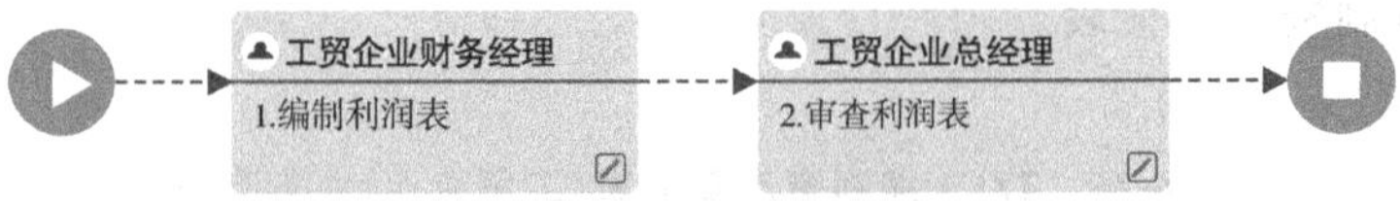

图 6-27　TLR1 编制利润表(工贸企业)业务流程图

4. 注意事项

(1)该业务属于月末经营阶段任务。

(2)根据科目汇总结果编制利润表。

第七章　商贸企业日常业务

第一节　商贸企业经营准备业务

一、批量办理个人银行卡(业务代码：DKK1)

1. 业务概述

行政经理收集员工信息，审核后到银行办理个人银行卡。

2. 业务流程(表 7-1)

表 7-1　DKK1 批量办理个人银行卡(经销商)业务流程

编号	名称	角色	活动描述—操作指导
1	填写借记卡集体申领登记表	行政经理	1. 收集员工信息并在借记卡集体申领登记表中填写相关内容； 2. 将填写完整的登记表交给财务经理审核
2	审核借记卡集体申领登记表	财务经理	1. 审核行政经理交来的登记表，无误后签字并加盖“财务专用”章； 2. 将审核后的登记表交给行政经理到银行办理开卡手续
3	去银行办理开卡业务	行政经理	带着借记卡集体申领登记表及身份证复印件(实际业务中必须带身份证原件)，到银行柜台递交开卡申请
4	办理银行开卡	银行柜员	银行柜员办理开卡完毕后，把银行卡交给办卡申请人
5	从银行领回银行卡并发放归档	行政经理	1. 从银行柜员处领取银行卡，核对银行卡卡号与登记表中记录是否一致； 2. 把银行卡卡号、姓名等信息进行归档备案； 3. 提交一份银行卡信息给财务经理备案

3. 业务流程图(图 7-1)

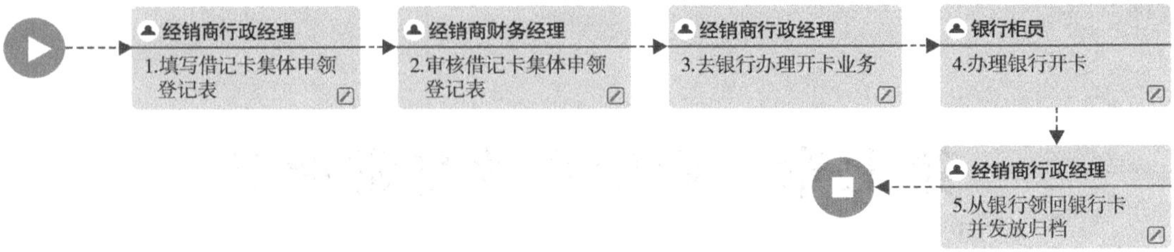

图 7-1　DKK1 批量办理个人银行卡(经销商)业务流程图

4. 注意事项

(1)该业务属于经营准备阶段任务。

(2)该业务由经销商行政经理发起并填写开卡相关信息，由银行代发员工薪酬，这样便于企业管理。

二、企业管理部借款(业务代码：DJK1)

1. 业务描述

企业管理部行政经理到财务部借款。

2. 业务流程(表 7-2)

表 7-2　DJK1 企业管理部借款(经销商)业务流程

编号	名称	角色	活动描述—操作指导
1	填写借款单	行政经理	1. 在 VBSE 系统中填写借款单(实际工作中可能填写纸质借款单)； 2. 借款作为部门备用金； 3. 将填写好的借款单提交总经理审核
2	审核借款单	总经理	1. 在 VBSE 系统中对借款用途、金额、支付条款进行审核； 2. 审核无误，在审核意见处签字确认
3	审核借款单	财务经理	1. 在 VBSE 系统中对借款用途、金额、支付条款进行审核； 2. 审核无误，在审核意见处签字确认
4.	支付现金	出纳	1. 接收经过财务经理审核签字的借款单； 2. 确认无误后支付现金给借款人，借款人签字； 3. 在借款单出纳签章处加盖公章
5	填制记账凭证	出纳	1. 根据已支付的借款单填制记账凭证，将借款单粘贴在后面作为附件； 2. 将记账凭证交由财务经理审核

续表 7-2

编号	名称	角色	活动描述—操作指导
6	审核记账凭证	财务经理	1. 审核出纳填制的记账凭证并对照借款单检查是否正确； 2. 审核无误，在记账凭证上签字或盖章； 3. 将审核后的记账凭证交给出纳登记库存现金日记账
7	登记库存现金日记账	出纳	1. 根据审核后的记账凭证登记库存现金日记账； 2. 记账后在记账凭证上签字或盖章； 3. 将记账凭证交回财务经理登记科目明细账
8	登记科目明细账	财务经理	1. 接收出纳交还的记账凭证； 2. 根据记账凭证登记科目明细账； 3. 记账后在记账凭证上签字或盖章
9	登记总账	财务经理	1. 接收财务经理交还的记账凭证； 2. 在记账凭证上签字或盖章； 3. 根据记账凭证登记总账

3. 业务流程图(图 7-2)

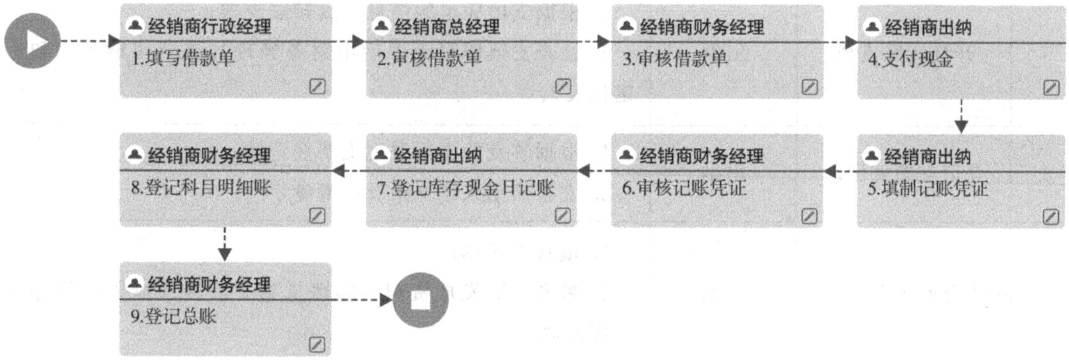

图 7-2　企业管理部借款(经销商)业务流程图

4. 注意事项

(1)该业务属于经营准备阶段任务。

(2)借款人填写“个人借款单”时应注明借款的性质及用途，由部门主管、财务经理等相关负责人审核后，到财务部出纳处领取相应的借款。

三、发放薪酬(业务代码：DXC2)

1. 业务描述

支付上月职工薪酬。

2. 业务流程(表 7-3)

表 7-3　DXC2 发放薪酬(经销商)业务流程

编号	名称	角色	活动描述—操作指导
1	薪资录盘	行政经理	1. 在 VBSE 系统中打开“薪资录盘”界面； 2. 依据工资表信息，录入人员薪资，完成后保存并导出； 3. 将导出的“薪酬发放”文件拷贝到 U 盘中
2	填写支出凭单	行政经理	1. 依据工资表数据填写支出凭单； 2. 将填好的支出凭单、薪酬发放表交总经理和财务经理进行审核
3	审核支出凭单和薪酬发放表	总经理	1. 审核支出凭单信息和工资表是否一致、正确； 2. 审核支出凭单的日期、金额、支出方式、支出用途及金额大小写是否正确； 3. 审核完成后在支出凭单上签字确认
4	审核支出凭单和薪酬发放表	财务经理	1. 审核支出凭单信息和工资表是否一致、正确； 2. 审核支出凭单的日期、金额、支出方式、支出用途及金额大小写是否正确； 3. 审核完成后在支出凭单上签字确认
5	开具转账支票	出纳	1. 根据支出凭单的信息开具转账支票； 2. 检查支票填写无误后由财务经理加盖公司财务章和法定代表人章
6	登记支票登记簿	出纳	1. 根据签发的支票登记支票登记簿； 2. 支票领用人在支票登记簿签字
7	去银行办理薪资发放	出纳	1. 填写进账单； 2. 带齐薪资发放资料、转账支票、薪资录盘去银行办理工资发放
8	办理薪酬发放	银行柜员	1. 接收薪资录盘文件和支票； 2. 检查文件和支票； 3. 在系统中导入薪资录盘文件完成薪酬发放并打印回单给客户
9	取得银行业务回单	出纳	取得银行的业务回单(可以直接由银行柜员打印；若在柜台未打印，次日可以在回单柜中取得)
10	填制记账凭证	出纳	1. 依据银行业务回单、转账支票存根、支出凭单填制记账凭证，将原始单据作为附件粘贴在记账凭证后面； 2. 将记账凭证和相关原始单据交给财务经理审核

续表 7-3

编号	名称	角色	活动描述—操作指导
11	审核记账凭证	财务经理	1. 审核出纳提交的记账凭证； 2. 核对记账凭证与原始凭证的一致性，审核无误后签字或盖章； 3. 将审核后的记账凭证交给出纳登记银行存款日记账
12	登记银行存款日记账	出纳	1. 根据审核后的记账凭证登记银行存款日记账； 2. 记账后在记账凭证上签字或盖章； 3. 将记账凭证交回财务经理登记科目明细账
13	登记科目明细账	财务经理	1. 依据记账凭证登记科目明细账； 2. 记账后在记账凭证上签字或盖章
14	登记总账	财务经理	1. 依据记账凭证登记总账； 2. 记账后在记账凭证上签字或盖章

3. 业务流程图(图 7-3)

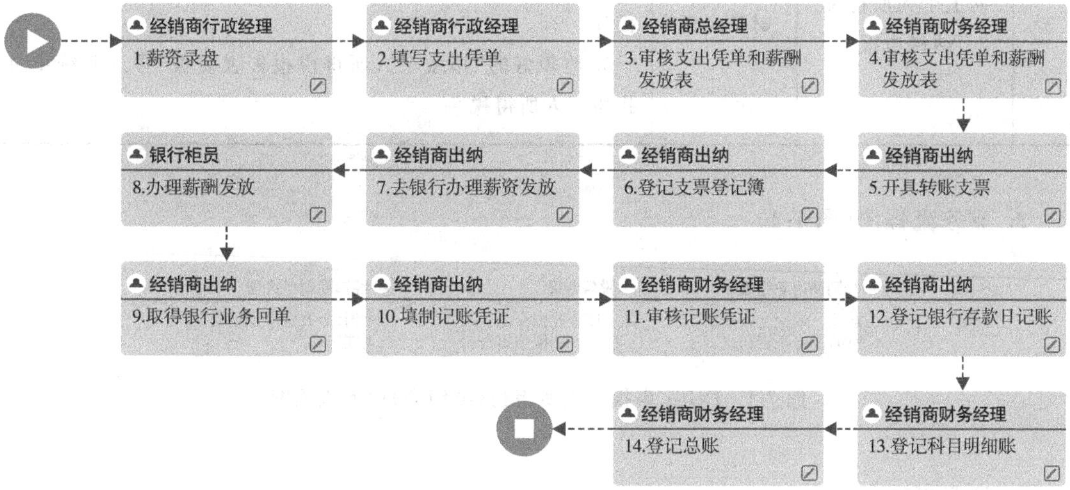

图 7-3 DXC2 发放薪酬(经销商)业务流程图

4. 注意事项

(1)该业务属于经营准备阶段任务。

(2)导出的薪酬录盘文件不需要再编辑，可直接拷贝到 U 盘中，和支票、进账单一起送至银行。

四、申报个人所得税(业务代码：DGS1)

1. 业务描述

申报上月个人所得税。

2. 业务流程(表7-4)

表7-4　DGS1申报个人所得税(经销商)业务流程

编号	名称	角色	活动描述—操作指导
1	整理、提交个人所得税纳税申报资料	行政经理	1. 收集并整理员工信息； 2. 在VBSE系统中下载“个人所得税基础信息模板”，根据员工信息填写模板； 3. 将填好的“个人所得税基础信息模板”导入系统中并提交税务局； 4. 将员工信息和工资表一同交给财务经理
2	审核企业提交的个人所得税纳税申报资料	税务专员	在VBSE系统中审核企业提交的个人所得税申报资料
3	网上个人所得税纳税申报	财务经理	1. 在VBSE系统中下载“扣缴个人所得税报告表模板”； 2. 根据工资表和员工信息填写“扣缴个人所得税报告表模板”； 3. 将填好的“扣缴个人所得税报告表模板”导入系统中并扣缴个人所得税

3. 业务流程图(图7-4)

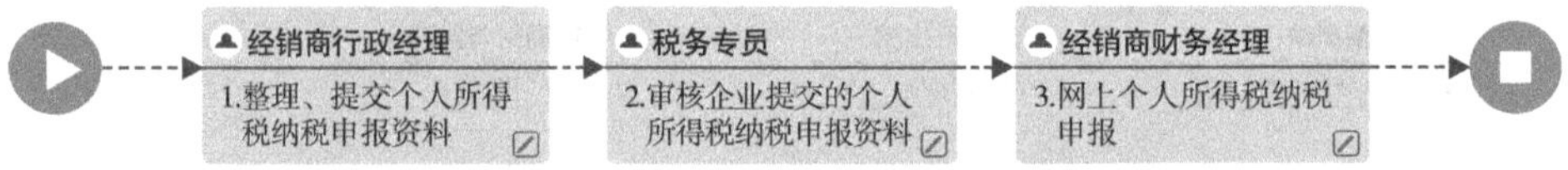

图7-4　DGS1申报个人所得税(经销商)业务流程图

4. 注意事项

(1)该业务属于经营准备阶段任务。

(2)如果发现申报的人员信息有错误，可勾选错误的人员信息，通过“更多操作”—“批量删除”删除已导入的个人信息，再按照前面的导入流程，重新导入人员信息(注意导入模板需要重新编辑，只保留要导入的人员信息)。

五、申报企业增值税(业务代码：DZZ1)

1. 业务描述

月初财务经理申报上月增值税。

2. 业务流程(表7-5)

表 7-5　DZZ1 申报企业增值税(经销商)业务流程

编号	名称	角色	活动描述—操作指导
1	整理增值税纳税申报资料	财务经理	1. 汇总并整理上期的进项税资料； 2. 汇总并整理上期的销项税资料
2	网上增值税纳税申报	财务经理	1. 在 VBSE 系统中根据确认的金额进行增值税纳税申报； 2. 申报完成后提交税务机关审核
3	审核企业增值税申报	税务专员	在 VBSE 系统中审核企业提交的增值税纳税申报

3. 业务流程图(图 7-5)

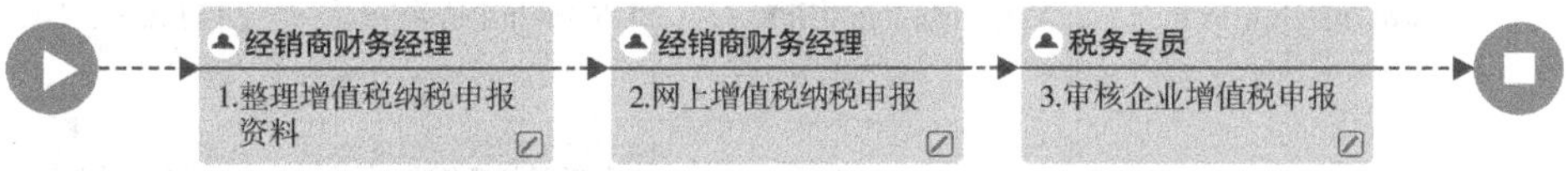

图 7-5　DZZ1 申报企业增值税(经销商)业务流程图

4. 注意事项

(1)该业务属于经营准备阶段任务。

(2)如果税务专员查不到企业的相关申报内容，企业的财务经理可通过“业务操作”找到“增值税申报”，点击进入后查看是否填写和申报。如未点击“申报”按钮，则税务专员看不到相关的申报信息。

六、提交市场开拓申请(业务代码：DYX1)

1. 业务描述

营销经理根据市场预测，提交市场开拓申请(经销商)。

2. 业务流程(表 7-6)

表 7-6　DYX1 提交市场开拓申请(经销商)业务流程

编号	名称	角色	活动描述—操作指导
1	编制市场开拓申请单	营销经理	根据公司策略和市场预测，选择要开拓的市场及投放金额，填写市场开拓申请单
2	审批市场开拓申请单	总经理	1. 接到营销经理的市场开拓申请单； 2. 根据公司的经营策略及资金使用计划，审核其合理性； 3. 确认同意后，签字批准
3	市场开拓申请单盖章	行政经理	1. 行政经理在公章印鉴使用登记表上登记并签字； 2. 确认签字后，在审批通过的市场开拓申请单上盖企业公章
4	到服务公司开拓市场	营销经理	到服务公司办理市场开拓手续，提交市场开拓申请单

续表 7-6

编号	名称	角色	活动描述—操作指导
5	办理市场开拓业务	服务公司业务员	1. 查看经销商要开拓的市场地区； 2. 依据开拓申请，为经销商开拓市场； 3. 告知经销商办理人员业务办理完成后到总经理处领取发票
6	确认市场开拓结果	营销经理	到服务公司确认市场开拓结果

3. 业务流程图(图 7-6)

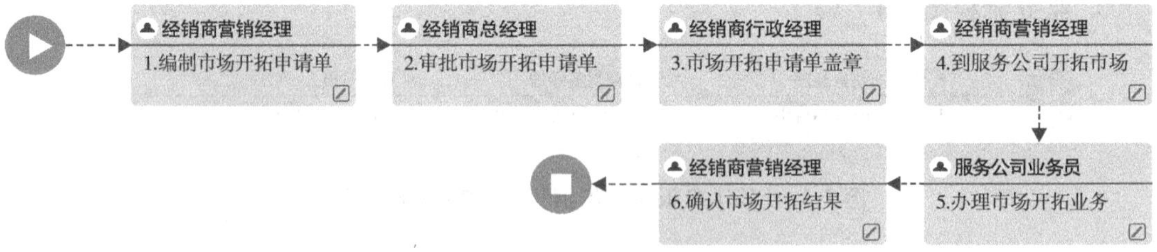

图 7-6　DYX1 提交市场开拓申请(经销商)业务流程图

4. 注意事项

(1)该业务属于经营准备阶段任务。

(2)固定经营阶段只开拓北部地区，其他地区在自主经营阶段开拓。

七、收取市场开拓发票(业务代码：DYX2)

1. 业务描述

营销经理收取服务公司的市场开拓费用发票。

2. 业务流程(表 7-7)

表 7-7　DYX2 收取市场开拓发票(经销商)业务流程

编号	名称	角色	活动描述—操作指导
1	到服务公司领取市场开拓费用发票	营销经理	1. 到服务公司业务员处领取市场开拓费用发票； 2. 携带本公司的开票信息(公司名称、税务登记号、注册地址、电话、开户银行、账户等信息)
2	开具市场开拓费用发票	服务公司业务员	1. 根据市场开拓申请单的金额和营销经理提供的企业信息开具增值税专用发票； 2. 将增值税专用发票发票联、抵扣联交给营销经理； 3. 将增值税专用发票记账联备案留档
3	收取市场开拓费用发票	营销经理	1. 从服务公司收取市场开拓费用发票并登记备案； 2. 将市场开拓费用发票送至出纳处

续表 7-7

编号	名称	角色	活动描述—操作指导
4	收到市场开拓费用发票并记账	出纳	1. 收到营销经理送达的市场开拓费用发票； 2. 根据市场开拓费用发票填制记账凭证
5	审核记账凭证	财务经理	1. 审核出纳编制的记账凭证并对照相关附件检查是否正确； 2. 审核无误，在记账凭证上签字或盖章
6	登记科目明细账	财务经理	1. 根据记账凭证登记科目明细账； 2. 记账后在记账凭证上签字或盖章
7	登记总账	财务经理	1. 根据记账凭证登记总账； 2. 记账后在记账凭证上签字或盖章

3. 业务流程图(图 7-7)

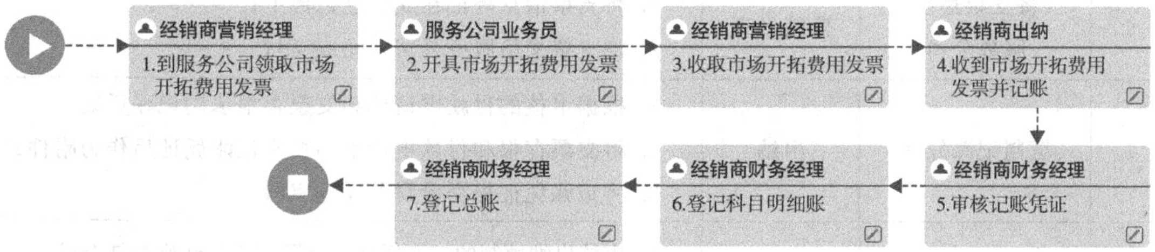

图 7-7　DYX2 收取市场开拓发票(经销商)业务流程图

4. 注意事项

(1)该业务属于经营准备阶段任务。

(2)固定经营阶段只开拓北部地区，其他地区在自主经营阶段可以开拓。

八、支付市场开拓费(业务代码：DYX3)

1. 业务描述

营销经理根据市场开拓费用发票，提交支付市场开拓费申请并进行付款。

2. 业务流程(表 7-8)

表 7-8　DYX3 支付市场开拓费(经销商)业务流程

编号	名称	角色	活动描述—操作指导
1	填写付款申请单	营销经理	1. 查看发票记录表，确认未支付的发票信息； 2. 对照发票记录表上的未支付发票信息填写付款申请单； 3. 将付款申请单提交给财务经理审核
2	审核付款申请单	财务经理	1. 审核付款申请单和发票金额是否一致，确认无误后在付款申请单上签字； 2. 将付款申请单交还营销经理，交给总经理审核

续表 7-8

编号	名称	角色	活动描述—操作指导
3	审核付款申请单	总经理	1. 收到营销经理转交的审核后的付款申请单； 2. 审核付款申请单，确认无误后在申请单上签字； 3. 将付款申请单交还营销经理，交出纳人员安排付款
4	开具转账支票	出纳	1. 收到营销经理转交的批复后的付款申请单； 2. 确认后按照付款申请单的金额开具转账支票； 3. 在支票登记簿上登记，支票领用人签字； 4. 将支票正联交给财务经理审核
5	审核支票	财务经理	1. 审核支票填写得是否正确； 2. 确认无误后签字，加盖公司财务章和法定代表人章； 3. 将支票正联交给营销经理
6	将支票送至服务公司	营销经理	1. 将支票信息登记在支票登记簿上； 2. 将支票交给服务公司，完成支付
7	填制记账凭证	出纳	1. 根据审核的付款申请单和支票存根填制记账凭证； 2. 将支票存根和付款申请单粘贴在记账凭证后作为附件； 3. 将记账凭证提交给财务经理审核
8	审核记账凭证	财务经理	1. 审核出纳填制的记账凭证并对照相关附件检查是否正确； 2. 审核无误，在记账凭证上签字或盖章； 3. 将确认后的记账凭证传递给出纳登记银行存款日记账
9	登记银行存款日记账	出纳	1. 根据记账凭证登记银行存款日记账； 2. 记账后在记账凭证上签字或盖章； 3. 将记账凭证传递给财务经理登记科目明细账
10	登记科目明细账	财务经理	1. 根据记账凭证登记科目明细账； 2. 记账后在记账凭证上签字或盖章
11	登记总账	财务经理	1. 根据记账凭证登记总账； 2. 记账后在记账凭证上签字或盖章
12	收到转账支票并到银行办理转账	服务公司业务员	1. 向办理市场开拓的企业催收市场开拓费； 2. 收到企业开具的转账支票； 3. 根据转账支票填写进账单； 4. 携带转账支票与进账单到银行进行转账
13	办理转账并打印银行回单	银行柜员	1. 收到企业提交的进账单与支票； 2. 根据进账单信息办理转账业务； 3. 根据办理的转账业务，打印银行业务回单； 4. 将银行业务回单交给企业办事员

3. 业务流程图(图 7-8)

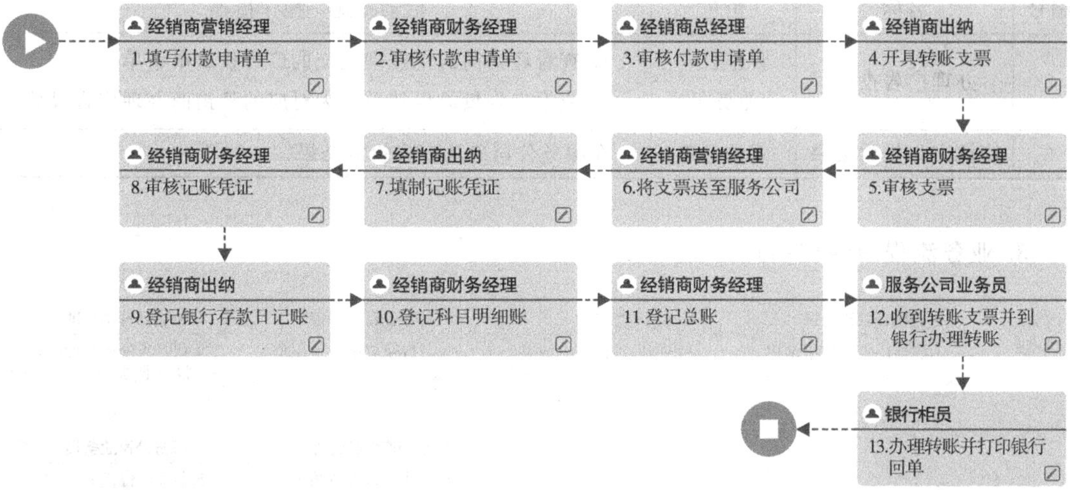

图 7-8 DYX3 支付市场开拓费(经销商)业务流程图

4. 注意事项

(1)该业务属于经营准备阶段任务。

(2)营销经理根据收到的市场开拓费用发票提交付款申请，去融通综合服务公司支付市场开拓费。

九、提交广告投放申请(业务代码：DYX4)

1. 业务描述

提交广告投放申请(经销商)。

2. 业务流程(表 7-9)

表 7-9 DYX4 提交广告投放申请(经销商)业务流程

编号	名称	角色	活动描述—操作指导
1	填写广告投放申请单	营销经理	根据公司策略、市场预测和开拓的市场及投放金额，填写广告投放申请单
2	审批广告投放申请单	总经理	1. 接收营销经理提交的广告投放申请单； 2. 根据公司的经营策略及资金使用计划，审核其合理性； 3. 确认同意后签字批准
3	广告投放申请单盖章	行政经理	1. 在公章印鉴使用登记表上登记并签字； 2. 确认签字后，在审批通过的广告投放申请单上盖企业公章
4	到服务公司办理广告投放业务	营销经理	到服务公司办理广告投放业务，提交广告投放申请单

续表 7-9

编号	名称	角色	活动描述—操作指导
5	办理广告投放	服务公司业务员	1. 查看经销商营销经理提交的广告投放申请单； 2. 依据广告投放申请单，为对应的经销商办理广告投放
6	确认广告投放结果	营销经理	在服务公司确认广告投放结果

3. 业务流程图(图 7-9)

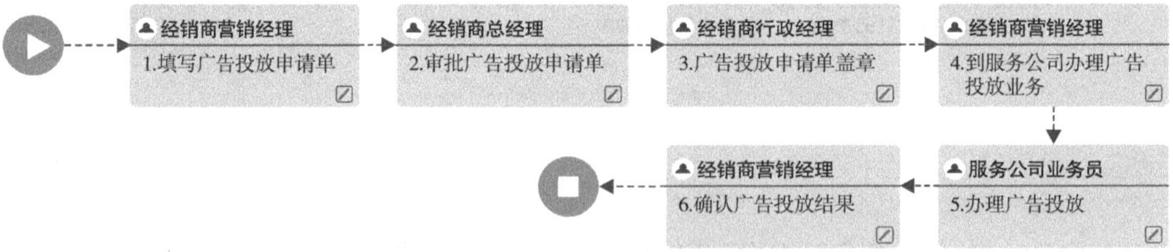

图 7-9　DYX4 提交广告投放申请(经销商)业务流程图

4. 注意事项

(1)该业务属于经营准备阶段任务。

(2)营销经理根据市场预测提交投放广告申请。

十、收取广告投放费用发票(业务代码：DYX5)

1. 业务描述

收取广告投放费用发票(经销商)。

2. 业务流程(表 7-10)

表 7-10　DYX5 收取广告投放费用发票(经销商)业务流程

编号	名称	角色	活动描述—操作指导
1	到服务公司领取广告投放费用发票	营销经理	到服务公司业务员处取广告投放费用发票
2	开具广告投放费用发票	服务公司业务员	1. 根据广告投放申请单的金额和营销经理提供的企业信息开具增值税专用发票； 2. 将增值税专用发票发票联、抵扣联交给营销经理； 3. 将增值税专用发票记账联备案留档
3	收取广告投放费用发票	营销经理	1. 从服务公司收取广告投放费用发票并登记备案； 2. 将广告投放费用发票送至出纳处
4	收到广告投放费用发票并记账	出纳	1. 收到营销经理提交的广告投放费用发票； 2. 根据广告投放费用发票填制记账凭证

续表 7-10

编号	名称	角色	活动描述—操作指导
5	审核记账凭证	财务经理	1. 审核出纳填制的记账凭证并对照相关附件检查是否正确； 2. 审核无误，在记账凭证上签字或盖章
6	登记科目明细账	财务经理	1. 根据记账凭证登记科目明细账； 2. 记账后在记账凭证上签字或盖章
7	登记总账	财务经理	1. 根据记账凭证登记总账； 2. 记账后在记账凭证上签字或盖章

3. 业务流程图(图 7-10)

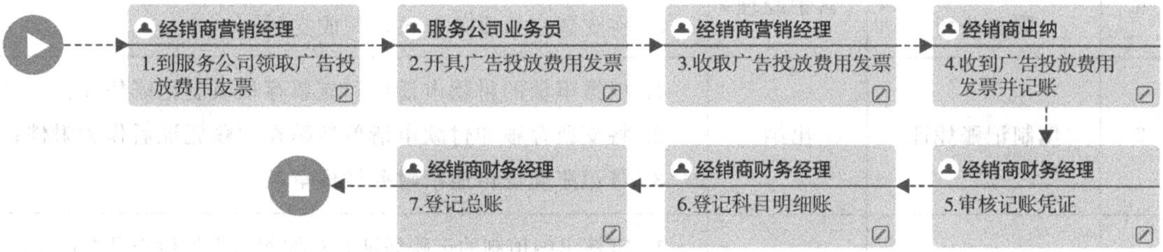

图 7-10　DYX5 收取广告投放费用发票(经销商)业务流程图

4. 注意事项

(1)该业务属于经营准备阶段任务。

(2)营销经理收到融通综合服务公司开具的广告投放费用发票。

十一、支付广告投放费用(业务代码：DYX6)

1. 业务描述

支付广告投放费用(经销商)。

2. 业务流程(表 7-11)

表 7-11　DYX6 支付广告投放费用(经销商)业务流程

编号	名称	角色	活动描述—操作指导
1	填写付款申请单	营销经理	1. 查看发票记录表，确认未支付的发票信息； 2. 对照发票记录表上的未支付发票信息填写付款申请单； 3. 将付款申请单提交给财务经理审核
2	审核付款申请单	财务经理	1. 审核付款申请单和发票金额是否一致，确认无误后在付款申请单上签字； 2. 将付款申请单交还营销经理，交给总经理审核
3	审核付款申请单	总经理	1. 收到由营销经理转交的审核后的付款申请单； 2. 审核付款申请单，确认无误后在申请单上签字； 3. 将付款申请单交还营销经理，交出纳安排付款

续表 7-11

编号	名称	角色	活动描述—操作指导
4	开具转账支票	出纳	1. 收到营销经理转交的批复后的付款申请单； 2. 确认后对照付款申请单的金额开具转账支票； 3. 出纳登记支票登记簿，支票领用人签字； 4. 将支票正联交给财务经理审核
5	审核支票	财务经理	1. 审核支票填写是否正确； 2. 确认无误后签字，加盖公司财务章和法定代表人章； 3. 将支票正联交给营销经理支付给服务公司
6	将支票送至服务公司	营销经理	1. 将支票信息登记在支票登记簿上； 2. 将支票交给服务公司，完成支付
7	填制记账凭证	出纳	1. 根据审核的付款申请单和支票存根填制记账凭证； 2. 将支票存根和付款申请单粘贴在记账凭证后作为附件； 3. 将记账凭证传递给财务经理审核
8	审核记账凭证	财务经理	1. 审核出纳填制的记账凭证并对照相关附件检查是否正确； 2. 审核无误，在记账凭证上签字或盖章； 3. 将确认后的记账凭证传递给出纳登记银行存款日记账
9	登记银行存款日记账	出纳	1. 根据记账凭证登记银行存款日记账； 2. 记账后在记账凭证上签字或盖章； 3. 将记账凭证传递给财务经理登记科目明细账
10	登记科目明细账	财务经理	1. 接收出纳提交的记账凭证； 2. 根据记账凭证登记科目明细账； 3. 记账后在记账凭证上签字或盖章
11	登记总账	财务经理	1. 接收财务经理提交的记账凭证； 2. 根据记账凭证登记总账； 3. 记账后在记账凭证上签字或盖章
12	收到转账支票并到银行办理转账	服务公司业务员	1. 向办理广告投放的企业催收广告投放费； 2. 拿到办理广告投放企业开具的转账支票； 3. 根据转账支票填写进账单； 4. 携带转账支票与进账单到银行进行转账
13	办理转账并打印银行回单	银行柜员	1. 收到企业提交的进账单与支票； 2. 根据进账单信息办理转账业务； 3. 根据办理的转账业务，打印银行业务回单； 4. 将银行业务回单交给企业办事员

3. 业务流程图(图 7-11)

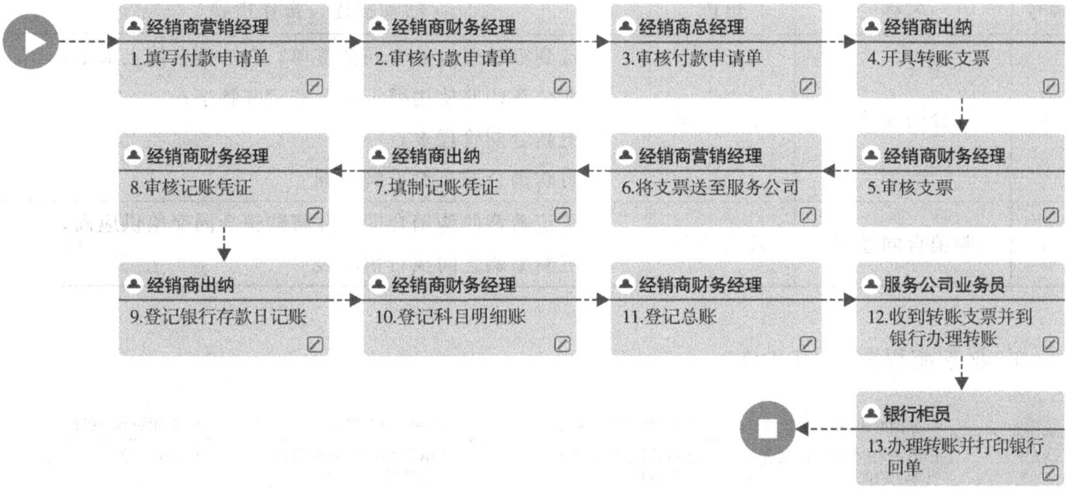

图 7-11 DYX6 支付广告投放费用(经销商)业务流程图

4. 注意事项

(1)该业务属于经营准备阶段任务。

(2)营销经理根据收到的投放广告费用发票,提交付款申请并付款。

十二、与制造企业签订购销合同(业务代码:DCG1)

1. 业务描述

采购经理与制造企业签订购销合同。

2. 业务流程(表 7-12)

表 7-12 DCG1 与制造企业签订购销合同(经销商)业务流程

编号	名称	角色	活动描述—操作指导
1	填写购销合同,填制合同会签单	采购经理	1. 填写购销合同,填制合同会签单; 2. 将购销合同和合同会签单送财务经理审核
2	审核购销合同和合同会签单	财务经理	1. 收到采购经理送交的购销合同及合同会签单; 2. 审核购销合同的准确性和合理性; 3. 在合同会签单上签字; 4. 将购销合同和合同会签单送交总经理审核
3	审核购销合同和合同会签单	总经理	1. 审核购销合同的条款、期限、付款信息等是否符合要求; 2. 符合要求的在合同会签单上签字; 3. 审核通过后,将购销合同和合同会签单一同送交行政经理盖章

续表 7-12

编号	名称	角色	活动描述—操作指导
4	合同盖章	行政经理	1. 接到审核通过的合同会签单，在购销合同上盖章； 2. 在公章印鉴使用登记表上登记并签字； 3. 更新合同管理表； 4. 将购销合同交给采购经理
5	购销合同登记	采购经理	1. 登记盖章的购销合同，并将购销合同交给供应商； 2. 更新采购合同执行情况表

3. 业务流程图(图 7-12)

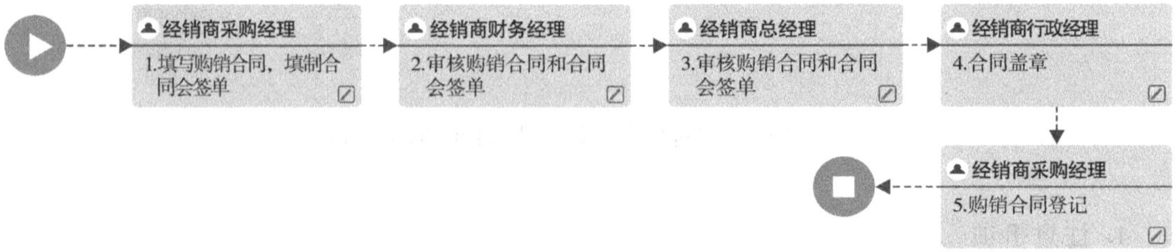

图 7-12　DCG1 与制造企业签订购销合同(经销商)业务流程图

4. 注意事项

(1)该业务属于经营准备阶段任务。

(2)合同会签单是单位内部的审批单，一般为表格形式，有业务部、预算部、法务部、财务部及相关部门领导的签字。

十三、录入采购订单(业务代码：DCG3)

1. 业务描述

采购经理依据采购合同填写采购订单。

2. 业务流程(表 7-13)

表 7-13　DCG3 录入采购订单(经销商)业务流程

编号	名称	角色	活动描述—操作指导
1	在 VBSE 系统中填写采购订单	采购经理	根据与供应商(制造企业)签订的采购合同在 VBSE 系统中填写采购订单

3. 业务流程图(图 7-13)

图 7-13　DCG3 录入采购订单(经销商)业务流程图

4. 注意事项

(1)该业务属于经营准备阶段任务。

(2)经销商与每家制造企业签订采购合同，每家制造企业供应量＝4800/D（D 代表经销商开课组数）。

十四、签订代发工资协议(业务代码：DGZ1)

1. 业务描述

行政经理与银行签订银企代发工资合作协议。

2. 业务流程(表 7-14)

表 7-14 DGZ1 签订代发工资协议(经销商)业务流程

编号	名称	角色	活动描述—操作指导
1	填写公章、印鉴、资质证照使用申请表	行政经理	1. 填写公章、印鉴、资质证照使用申请表，注明使用缘由为去银行签订银企代发工资合作协议； 2. 将申请表提交给总经理审核
2	审核公章、印鉴、资质证照使用申请表	总经理	1. 审核公章、印鉴、资质证照使用申请表； 2. 审核无误后在申请表上签字确认
3	到银行签订银企代发工资合作协议	行政经理	1. 根据审核后的申请表，整理相关资料，带好营业执照、法定代表人身份证、公章、预留印鉴准备与银行签订银企代发工资合作协议(实训中带上营业执照、公章、印鉴即可)； 2. 到银行柜台签订协议
4	签订银企代发工资合作协议	银行柜员	1. 接收并审核客户提交的银企代发工资合作协议； 2. 审核通过后盖章返还客户
5	协议书归档	行政经理	1. 收到银行签字盖章的银企代发工资合作协议； 2. 审核无误后将协议书归档； 3. 登记合同管理表，填写协议书信息

3. 业务流程图(图 7-14)

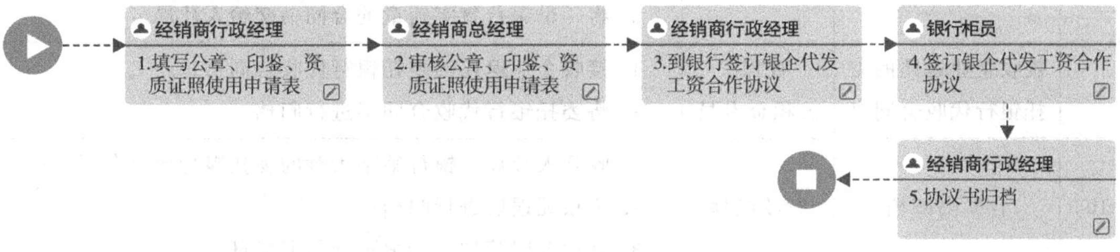

图 7-14 DGZ1 签订代发工资协议(经销商)业务流程图

4. 注意事项

(1)该业务属于经营准备阶段任务。

(2)点击“扣款”按钮后，系统会自动从企业的银行账户扣缴相应的款额。出纳在“查询本企业银行流水”中可以看到相应的扣缴记录。

十五、签订社保、公积金同城委托收款协议(业务代码：DSB1)

1. 业务描述

财务经理与银行签订社保、公积金同城委托收款协议。

2. 业务流程(表 7-15)

表 7-15　DSB1 签订社保、公积金同城委托收款协议(经销商)业务流程

编号	名称	角色	活动描述—操作指导
1	填写公章、印鉴、资质证照使用申请表	行政经理	1. 填写公章、印鉴、资质证照使用申请表，注明使用缘由为去银行签订社保、公积金同城委托收款协议； 2. 将申请表提交给总经理审核
2	审核公章、印鉴、资质证照使用申请表	总经理	1. 审核公章、印鉴、资质证照使用申请表； 2. 审核无误后在申请表上签字确认
3	到人社局办理委托银行代收业务	行政经理	携带相关资料到人社局签订三方协议
4	审核并办理	社保、公积金专员	1. 接收企业提交的资料并审核； 2. 审核通过后下发委托银行代收合同书(待企业填写完成后盖章即可)
5	填写委托银行代收合同书	财务经理	1. 在社会保险、住房公积金中心填写委托银行代收合同书并盖企业公章，合同书一式三份； 2. 填写完成后由社保、公积金专员盖章
6	到银行办理委托银行代收业务	财务经理	1. 到银行办理委托收款业务； 2. 提交相关资料给银行柜员
7	办理委托银行代收业务	银行柜员	1. 接收企业提交的一式三份委托银行代收合同书并审核； 2. 审核通过后盖银行公章，留存一联，其余两联返还客户
8	送交人社局	财务经理	1. 收到银行签字盖章的委托银行代收合同书； 2. 将一份银行签字盖章的合同书交给行政经理归档； 3. 将一份银行签字盖章的合同书交给人社局
9	接收企业返还的委托银行代收合同书	社保、公积金专员	1. 接收企业返还的委托银行代收合同书； 2. 将委托银行代收合同书进行归档
10	合同书归档	行政经理	1. 收到人社局、银行签字盖章的委托银行代收合同书； 2. 审核无误后进行归档； 3. 登记合同管理表，填写合同书信息

3. 业务流程图(图 7-15)

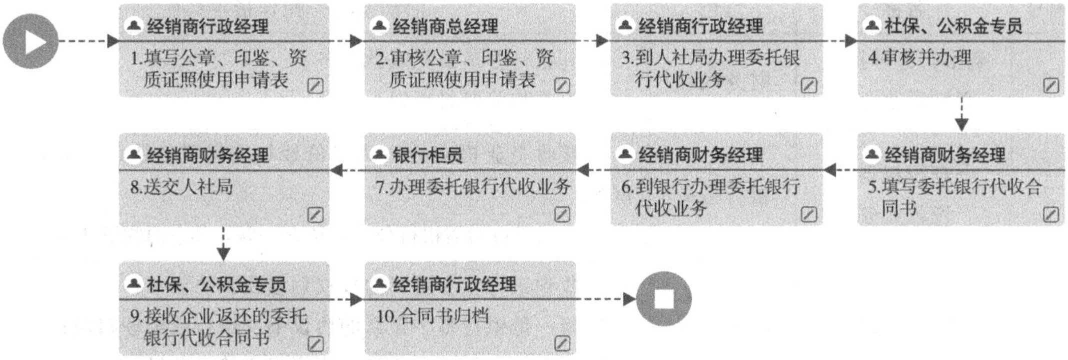

图 7-15　DSB1 签订社保、公积金同城委托收款协议(经销商)业务流程图

4. 注意事项

(1)该业务属于经营准备阶段任务。

(2)委托收款协议签署完整，申请手续符合社会保险基金管理中心关于具体流程的规定，取得授权书并获得批准后，形成社会保险委托事项。

十六、签订税务同城委托收款协议(业务代码：DSS1)

1. 业务描述

财务经理与相关单位签订授权划缴税款协议书。

2. 业务流程(表 7-16)

表 7-16　DSS1 签订税务同城委托收款协议(经销商)业务流程

编号	名称	角色	活动描述—操作指导
1	填写公章、印鉴、资质证照使用申请表	行政经理	1. 填写公章、印鉴、资质证照使用申请表，注明使用缘由为去银行签订授权划缴税款协议书； 2. 将申请表提交给总经理审核
2	审核公章、印鉴、资质证照使用申请表	总经理	1. 审核公章、印鉴、资质证照使用申请表； 2. 审核无误后在申请表上签字确认
3	到税务局办理授权划缴税款业务	行政经理	携带相关资料到税务局签订三方协议
4	审核并办理	税务专员	1. 接收企业提交的资料并进行审核； 2. 审核通过后下发授权划缴税款协议书(待企业填写完成后盖章即可)
5	填写授权划缴税款协议书	财务经理	1. 在税务局填写授权划缴税款协议书并盖企业公章，协议书一式三份； 2. 填写完成后由税务专员盖章

续表 7-16

编号	名称	角色	活动描述—操作指导
6	到银行办理授权划缴税款业务	财务经理	1. 到银行办理委托收款业务； 2. 提交相关资料给银行柜员
7	办理授权划缴税款业务	银行柜员	1. 接收企业提交的一式三份授权划缴税款协议书并进行审核； 2. 审核通过后盖银行公章，留存一联，其余两联返还客户
8	送交税务局	财务经理	1. 收到银行签字盖章的授权划缴税款协议书； 2. 将一份银行签字盖章的协议书交给行政经理归档； 3. 将一份银行签字盖章的协议书交给税务局
9	接收企业返还的授权划缴税款协议书	税务专员	1. 接收企业返还的授权划缴税款协议书； 2. 将授权划缴税款协议书进行归档
10	协议书归档	行政经理	1. 收到税务局、银行签字盖章的授权划缴税款协议书； 2. 审核无误后进行归档； 3. 登记合同管理表，填写协议书信息

3. 业务流程图(图 7-16)

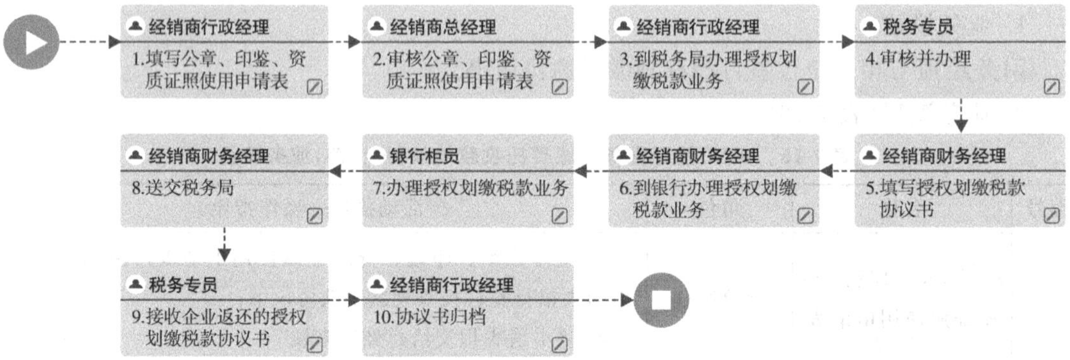

图 7-16 DSS1 签订税务同城委托收款协议(经销商)业务流程图

4. 注意事项

(1)该业务属于经营准备阶段任务。

(2)授权划缴税款协议书应签署完整，申请手续应符合税务授权划缴具体流程的规定，取得授权书并获得登记批准后，完成税务授权划缴税款办理。

十七、与物流公司签订运输合同(业务代码：DYS2)

1. 业务描述

与物流公司签订运输合同(经销商)。

2. 业务流程(表 7-17)

表 7-17　DYS2 与物流公司签订运输合同(经销商)业务流程

编号	名称	角色	活动描述—操作指导
1	收到物流公司的运输合同，填制合同会签单	仓储经理	1. 收到物流公司草拟的物流运输合同； 2. 审查运输合同的条款内容是否有误； 3. 审查通过后填写合同会签单； 4. 将运输合同与合同会签单一同送交财务经理审核
2	审核物流运输合同和合同会签单	财务经理	1. 审核运输合同是否符合公司要求； 2. 符合要求的在合同会签单上签字； 3. 审核通过后的运输合同与合同会签单一同送交总经理审核
3	审核物流运输合同和合同会签单	总经理	1. 审核运输合同的条款、期限、付款信息等是否符合公司要求； 2. 符合要求的在合同会签单上签字； 3. 审核通过的运输合同和合同会签单由仓储经理一同送交行政经理
4	合同盖章	行政经理	1. 接到审核通过的合同会签单，在运输合同上盖章； 2. 仓储经理在公章印鉴使用登记表上登记
5	归档	行政经理	1. 将一份盖章的合同交给仓储经理转交物流公司； 2. 将合同会签单与一份盖章的运输合同一起进行归档； 3. 登记合同管理表
6	合同盖章后返回物流公司	仓储经理	将盖好公章的运输合同返回物流公司

3. 业务流程图(图 7-17)

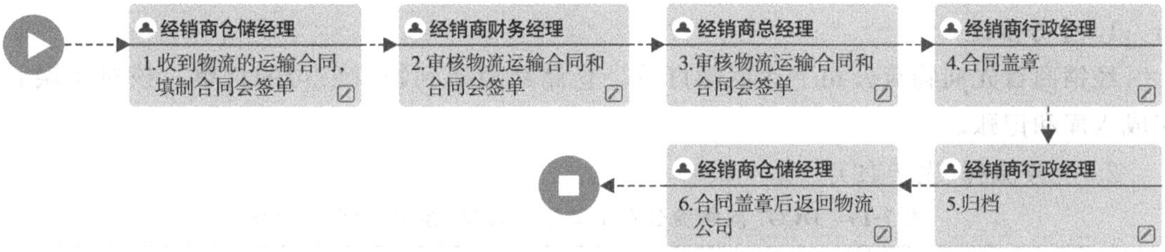

图 7-17　DYS2 与物流公司签订运输合同(经销商)业务流程图

4. 注意事项

(1)该业务属于经营准备阶段任务。

(2)与物流企业签订运输合同，运输费按采购订单的 5%计算。

第二节　商贸企业月初经营业务

一、接到发货单(业务代码：DCG6)

1. 业务描述

采购经理接到供应商的发货通知并通知仓储管理员收货。

2. 业务流程(表 7-18)

表 7-18　DCG6 接到发货单(经销商)业务流程

编号	名称	角色	活动描述—操作指导
1	接到供应商的发货通知	采购经理	1. 收到供应商的发货单； 2. 将发货单发送给仓储经理
2	准备收货	仓储经理	依据发货单准备采购收货

3. 业务流程图(图 7-18)

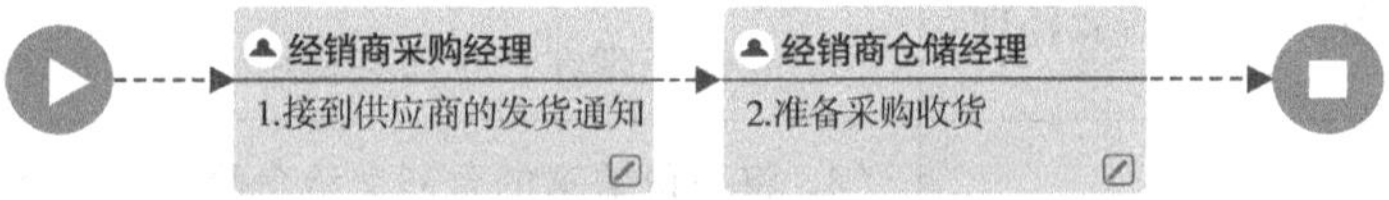

图 7-18　DCG6 接到发货单(经销商)业务流程图

4. 注意事项

(1)该业务属于月初经营阶段任务。

(2)固定数据阶段，每家经销商只能选择一笔虚拟订单。

二、向物流公司下达运输订单(业务代码：DCG7)

1. 业务描述

经销商首先向物流公司下达运输订单，仓储经理接到物流公司的订单，核对无误后，完成入库和记账。

2. 业务流程(表 7-19)

表 7-19　DCG7 向物流公司下达运输订单(经销商)业务流程

编号	名称	角色	活动描述—操作指导
1	填写业务运输订单并审核	仓储经理	1. 接收采购经理发来的供应商发货单； 2. 根据供应商的发货单填写业务运输订单并审核； 3. 将运输订单传至物流公司

3. 业务流程图(图 7-19)

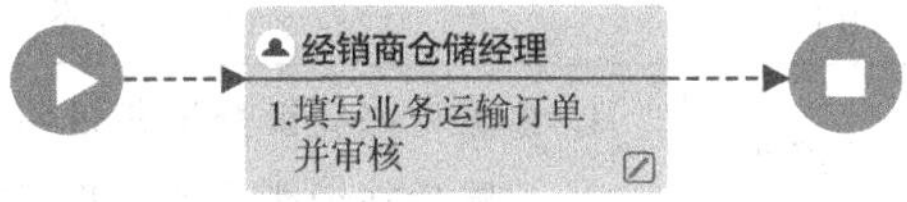

图 7-19 DCG7 向物流公司下达运输订单(经销商)业务流程图

4. 注意事项

该业务属于月初经营阶段任务。

三、扣缴“五险一金”(业务代码：DWX1)

1. 业务描述

财务经理收到扣缴“五险一金”回单，进行账务处理。

2. 业务流程(表 7-20)

表 7-20 DWX1 扣缴“五险一金”(经销商)业务流程

编号	名称	角色	活动描述—操作指导
1	到银行领取“五险一金”银行扣款回单	出纳	到银行取“五险一金”银行扣款回单
2	代扣社会保险	银行柜员	为企业代理扣缴社会保险
3	代扣公积金	银行柜员	为企业代理扣缴公积金
4	打印“五险一金”扣款回单	银行柜员	1. 接到客户打印请求，查询相关交易记录； 2. 确认交易记录存在后为客户打印回单； 3. 打印后将回单交予客户
5	填制记账凭证	出纳	1. 依据银行回单填制记账凭证，将银行扣款凭证和“五险一金”扣款通知粘贴在记账凭证后作为附件； 2. 将记账凭证送交财务经理审核
6	审核记账凭证	财务经理	1. 审核出纳填制的记账凭证并对照相关附件检查是否正确； 2. 审核无误后在记账凭证上签字或盖章； 3. 将确认后的记账凭证发送给出纳登记银行存款日记账
7	登记银行存款日记账	出纳	1. 根据记账凭证登记银行存款日记账； 2. 记账后在记账凭证上签字或盖章； 3. 将记账凭证发送给财务经理登记科目明细账

续表 7-20

编号	名称	角色	活动描述—操作指导
8	登记科目明细账	财务经理	1. 根据记账凭证登记科目明细账； 2. 记账后在记账凭证上签字或盖章
9	登记总账	财务经理	1. 根据记账凭证登记总账； 2. 记账后在记账凭证上签字或盖章

3. 业务流程图(图 7-20)

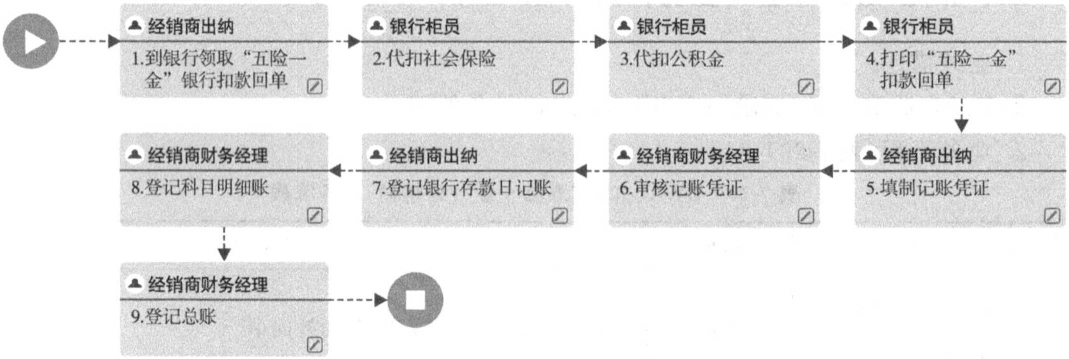

图 7-20　DWX1 扣缴“五险一金”(经销商)业务流程图

4. 注意事项

(1)该业务属于月初经营阶段任务。

(2)“五险一金”缴纳比例(表 7-21)。

表 7-21　“五险一金”缴纳比例

险种＼缴纳比例	单位承担	个人承担	合计
养老保险	20%	8%	28%
医疗保险	10%	2%+3 元	12%+3 元
失业保险	1%	0.2%	1.2%
工伤保险	0.3%	0	0.3%
生育保险	0.8%	0	0.8%
住房公积金	10%	10%	20%

四、查看虚拟销售订单(业务代码：DYX7)

1. 业务描述

营销经理在系统中查看虚拟订单信息。

2. 业务流程(表 7-22)

表 7-22 DYX7 查看虚拟销售订单(经销商)业务流程

编号	名称	角色	活动描述—操作指导
1	查看、预选订单	营销经理	1. 在系统中查看可选订单； 2. 服务公司通知后，到服务公司进行选单

3. 业务流程图(图 7-21)

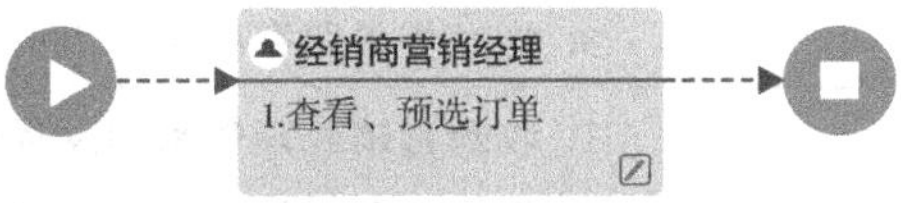

图 7-21 DYX7 查看虚拟销售订单(经销商)业务流程图

4. 注意事项

(1)该业务属于月初经营阶段任务。

(2)固定数据阶段，每家经销商只能选择一笔虚拟订单。

五、查看竞单结果(业务代码：DYX9)

1. 业务描述

营销经理在系统中查看选择的虚拟订单信息。

2. 业务流程(表 7-23)

表 7-23 DYX9 查看竞单结果(经销商)业务流程

编号	名称	角色	活动描述—操作指导
1	查看已选订单	营销经理	1. 查看已选中订单； 2. 确定订单信息是否正确； 3. 确认交货日期是否正确

3. 业务流程图(图 7-22)

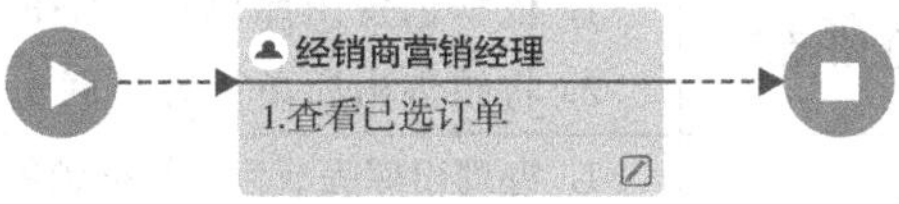

图 7-22 DYX9 查看竞单结果(经销商)业务流程图

六、给虚拟经销商发货(业务代码：DYX10)

1. 业务描述

营销经理下达发货通知，通知仓储部发货。

2. 业务流程(表 7-24)

表 7-24　DYX10 给虚拟经销商发货(经销商)业务流程

编号	名称	角色	活动描述—操作指导
1	填制发货单	营销经理	1. 根据销售计划填制发货单(一式四联); 2. 将发货单财务部留存联交给财务经理; 3. 将发货单仓储部留存联和客户联交给仓储经理
2	确认发货单	财务经理	1. 收到营销经理传来的发货单; 2. 检查本企业的应收账款额度是否过高，如过高，则应通知营销经理限制发货; 3. 将发货单留存联交给出纳填制记账凭证
3	确认发货单	仓储经理	1. 收到营销经理传来的发货单; 2. 根据库存现状确认发货单; 3. 进行发货准备工作

3. 业务流程图(图 7-23)

图 7-23　DYX10 给虚拟经销商发货(经销商)业务流程图

七、为虚拟经销商办理出库并开发票(业务代码：DYX11)

1. 业务描述

仓储经理为虚拟客户发货，营销经理提交开具增值税专用发票申请，财务部开出增值税专用发票并记账。

2. 业务流程(表 7-25)

表 7-25　DYX11 为虚拟经销商办理出库并开发票(经销商)业务流程

编号	名称	角色	活动描述—操作指导
1	填制出库单，办理出库业务	仓储经理	根据营销经理传递的发货单填制销售出库单(一式三联)
2	办理出库	仓储经理	1. 依据销售出库单在 VBSE 系统中办理出库业务; 2. 将销售出库单的客户联与货物一起送交客户
3	登记库存台账	仓储经理	1. 办理出库完成后，根据销售出库单的存根联登记库存台账; 2. 将销售出库单的记账联传递给营销经理，告知已出库
4	更新销售发货明细表	营销经理	依据仓储经理传递的销售出库单更新销售发货明细表
5	提交增值税专用发票申请	营销经理	1. 根据销售发货明细表和销售订单的记账联信息提交开具增值税专用发票申请; 2. 将开票申请单提交至财务经理审核

续表 7-25

编号	名称	角色	活动描述—操作指导
6	审核增值税专用发票申请	财务经理	1. 审核营销经理提交的开具增值税专用发票申请； 2. 审核后提交总经理审核
7	审核增值税专用发票申请	总经理	1. 审核财务经理提交的开具增值税专用发票申请； 2. 审核通过后交营销经理送至出纳处开具增值税专用发票
8	开具增值税专用发票	出纳	根据营销经理送来的经过审核的增值税专用发票申请，开具增值税专用发票
9	登记发票领用表	出纳	1. 请营销经理在发票领用表上登记并签字； 2. 将增值税专用发票的记账联保留，将发票联和抵扣联交还营销经理送给客户
10	将发票送至客户	营销经理	将增值税专用发票送至客户
11	填制记账凭证	出纳	1. 根据发票记账联填制记账凭证，将发票记账联和销售出库单粘贴在记账凭证后面作为附件； 2. 将记账凭证交财务经理审核
12	审核记账凭证	财务经理	接收出纳送交的记账凭证，进行审核，审核无误，在记账凭证上签字或盖章
13	登记科目明细账	财务经理	1. 根据记账凭证登记科目明细账； 2. 记账后在记账凭证上签字或盖章
14	登记总账	财务经理	1. 根据记账凭证登记总账； 2. 记账后在记账凭证上签字或盖章

3. 业务流程图(图 7-24)

图 7-24 DYX11 给虚拟经销商办理出库并开发票(经销商)业务流程图

八、缴纳个人所得税(业务代码：DGS2)

1. 业务描述

确认申报状态后，提交缴税扣款及账务处理。

2. 业务流程(表 7-26)

表 7-26　DGS2 缴纳个人所得税(经销商)业务流程

编号	名称	角色	活动描述—操作指导
1	查询网银扣款情况	出纳	1. 查询网银，确认个人所得税已扣款成功； 2. 到银行打印缴税证明
2	打印缴税证明	银行柜员	1. 查询转账记录； 2. 确认后打印缴税证明
3	填制记账凭证	出纳	1. 根据扣款通知和缴税证明填制记账凭证； 2. 将扣款通知和缴税证明粘贴在记账凭证后作为原始单据； 3. 提交给财务经理审核
4	审核记账凭证	财务经理	1. 收到记账凭证和相关原始单据； 2. 审核记账凭证是否正确； 3. 确认无误后签字或盖章，将记账凭证交给出纳登记银行存款日记账
5	登记银行存款日记账	出纳	1. 根据审核后的记账凭证登记银行存款日记账； 2. 记账后在记账凭证上签字或盖章； 3. 将记账凭证交给财务经理登记科目明细账
6	登记科目明细账	财务经理	1. 根据审核后的记账凭证登记科目明细账； 2. 记账后在记账凭证上签字或盖章
7	登记总账	财务经理	1. 根据审核后的记账凭证登记总账； 2. 记账后在记账凭证上签字或盖章

3. 业务流程图(图 7-25)

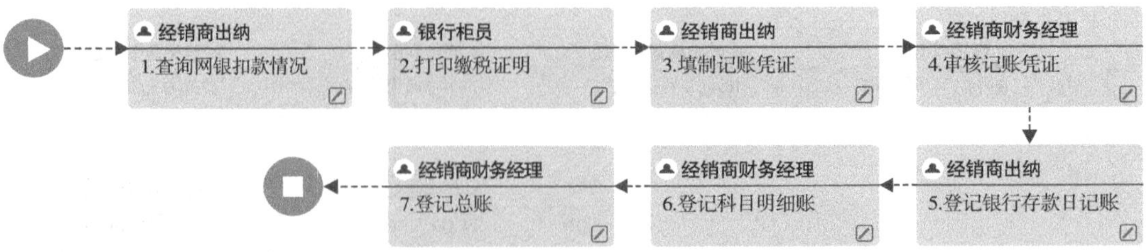

图 7-25　DGS2 缴纳个人所得税(经销商)业务流程图

4. 注意事项

(1)该业务属于月初经营阶段任务。

(2)个人所得税的计算采用2019年1月1日起开始执行的综合所得税税率表。相关公式如下：

本月实缴个人所得税＝累计应缴个人所得税－累计已缴个人所得税

累计应缴个人所得税＝累计应税所得额×预扣率－速算扣除数

累计已缴个人所得税应当从上月工资表中取数，若员工当月新入职，则取当月数据。

九、缴纳企业增值税(业务代码：DZZ2)

1. 业务描述

确认申报状态，审核通过后提交扣款并进行账务处理。

2. 业务流程(表7-27)

表7-27 DZZ2缴纳企业增值税(经销商)业务流程

编号	名称	角色	活动描述—操作指导
1	确认申报状态并提交扣款	财务经理	1. 在VBSE系统中查看申报状态； 2. 审核通过后点击“扣缴”
2	查询网银扣款情况	出纳	1. 查询网银，确认增值税已扣款成功； 2. 到银行打印缴税证明
3	打印缴税证明	银行柜员	1. 查询转账记录； 2. 确认后打印缴税证明
4	填制记账凭证	出纳	1. 根据缴税证明编制记账凭证； 2. 将银行税收缴款单和缴税证明贴在记账凭证后面作为附件； 3. 将记账凭证交给财务经理审核
5	审核记账凭证	财务经理	1. 收到记账凭证和缴税证明； 2. 审核记账凭证无误后签字或盖章； 3. 将记账凭证交给出纳登记银行存款日记账
6	登记银行存款日记账	出纳	1. 根据审核后的记账凭证登记银行存款日记账； 2. 记账后在记账凭证上签字或盖章； 3. 将记账凭证交给财务经理登记科目明细账
7	登记科目明细账	财务经理	1. 根据审核后的记账凭证登记科目明细账； 2. 记账后在记账凭证上签字或盖章
8	登记总账	财务经理	1. 根据审核后的记账凭证登记总账； 2. 记账后在记账凭证上签字或盖章

3. 业务流程图(图 7-26)

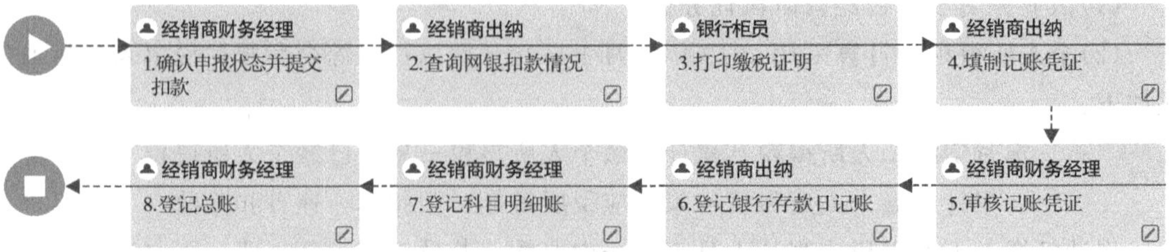

图 7-26 DZZ2 缴纳企业增值税(经销商)业务流程图

4. 注意事项

(1)该业务属于月初经营阶段任务。

(2)点击"扣款"按钮后，系统会自动从企业的银行账户扣缴相应的款额。出纳在"查询本企业银行流水"中可以看到相应的扣缴记录。

第三节 商贸企业月末经营业务

一、收到虚拟经销商货款(业务代码：DYX12)

1. 业务描述

营销经理通知出纳查看收款信息，出纳根据收款的回单记账。

2. 业务流程(表 7-28)

表 7-28 DYX12 收到虚拟经销商货款(经销商)业务流程

编号	名称	角色	活动描述—操作指导
1	销售收款	营销经理	1. 在 VBSE 系统中办理销售收款； 2. 通知出纳查询银行存款
2	到银行取得收款结算凭证	出纳	1. 查询网银确认收入； 2. 到银行取得收款结算凭证
3	查询并打印业务回单	银行柜员	1. 根据出纳提供的信息查询交易记录； 2. 打印查询到的交易记录业务回单； 3. 将打印的业务回单交给出纳
4	编制记账凭证	出纳	1. 编制记账凭证； 2. 将电汇回单粘贴在记账凭证后面； 3. 将记账凭证交财务经理审核

续表 7-28

编号	名称	角色	活动描述—操作指导
5	审核记账凭证	财务经理	1. 审核出纳填制的记账凭证并对照相关附件检查是否正确； 2. 审核无误，在记账凭证上签字或盖章； 3. 将确认后的记账凭证传递给出纳登记银行存款日记账
6	登记银行存款日记账	出纳	1. 根据记账凭证登记银行存款日记账； 2. 记账后在记账凭证上签字或盖章； 3. 将记账凭证传递给财务经理登记科目明细账
7	登记科目明细账	财务经理	1. 根据记账凭证登记科目明细账； 2. 记账后在记账凭证上签字或盖章
8	登记总账	财务经理	1. 根据记账凭证登记总账； 2. 记账后在记账凭证上签字或盖章

3. 业务流程图(图 7-27)

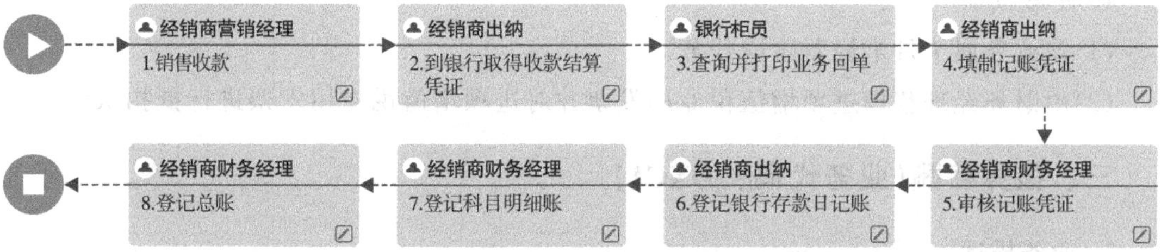

图 7-27 DYX12 收到虚拟经销商货款(经销商)业务流程图

4. 注意事项

(1)该业务属于月末经营阶段任务。

(2)根据销售发票金额收回虚拟经销商货款。

二、认证增值税抵扣联(业务代码：DZZ3)

1. 业务描述

财务经理将公司的增值税抵扣联收集后，到税务部门进行认证，获得盖章认证的结果通知书后，与抵扣联一并装订。

2. 业务流程(表 7-29)

表 7-29 DZZ3 认证增值税抵扣联(经销商)业务流程

编号	名称	角色	活动描述—操作指导
1	收集抵扣联	财务经理	统一收集抵扣联

续表 7-29

编号	名称	角色	活动描述—操作指导
2	到税务局进行抵扣认证	财务经理	将增值税抵扣联送至税务局，进行抵扣认证
3	审核企业提交的进项税抵扣联	税务专员	对企业提交的进项税抵扣联进行审核，通过后打印认证结果通知书，交给企业办事人员
4	抵扣联装订归档	财务经理	将从税务局取得的认证结果通知书与抵扣联装订，归档备查

3. 业务流程图(图 7-28)

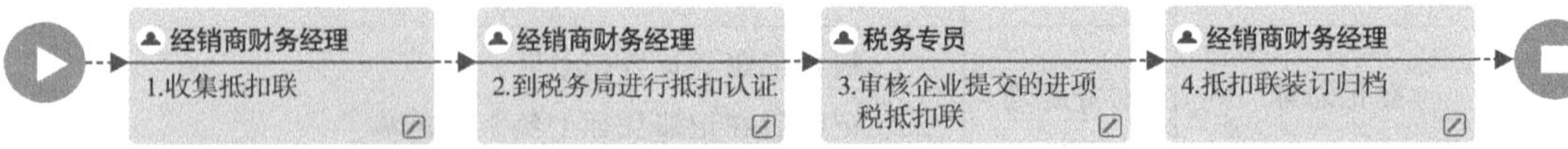

图 7-28　DZZ3 认证增值税抵扣联(经销商)业务流程图

4. 注意事项

(1)该业务属于月末经营阶段任务。

(2)由财务经理整理进项增值税专用发票并对进项增值税专用发票进行抵扣认证。

三、核算薪酬(业务代码：DXC1)

1. 业务描述

行政经理统计考勤，制作工资表，并提交至财务部。

2. 业务流程(表 7-30)

表 7-30　DXC1 核算薪酬(经销商)业务流程

编号	名称	角色	活动描述—操作指导
1	收集工资数据	行政经理	1. 依据期初数据查找当月入职人员记录，收集整理新增数据； 2. 依据期初数据查找当月离职人员记录，收集整理减少数据； 3. 依据期初数据查找当月晋升、调动人员工资调整记录，收集整理变更数据； 4. 依据期初数据查找当月考勤信息，整理汇总当月考勤数据； 5. 依据期初数据查找当期绩效考核评价评分资料，整理汇总绩效考核结果； 6. 依据期初数据查找当月奖励、处罚记录，并作汇总整理； 7. 依据期初数据查找当月“五险一金”增减、缴费数据，计算“五险一金”

续表 7-30

编号	名称	角色	活动描述—操作指导
2	计算工资	行政经理	1. 下载企业员工花名册信息； 2. 依照薪酬计算规则，参照期初有关职工薪酬的各种表格，制作职工薪酬计算表，包含职工薪酬统计表、“五险一金”缴费统计表等； 3. 按照薪酬体系中每个项目的计算规则进行工资核算； 4. 将工资表交给总经理审核
3	审核工资表	总经理	1. 收到行政经理提交的工资表； 2. 审核工资结算总金额，了解总人工成本及波动幅度，并就变动的合理性进行核查； 3. 审核完成后在表单对应位置签字； 4. 将签字完成的表单交由行政经理转交财务部记账
4	填制记账凭证	出纳	1. 收到行政经理送交的工资表； 2. 依据工资表编制本月工资记账凭证，计提本月工资
5	审核记账凭证	财务经理	1. 收到出纳送交的工资表和记账凭证； 2. 审核记账凭证的正确性； 3. 审核无误，在记账凭证上签字或盖章
6	登记科目明细账	财务经理	1. 根据记账凭证登记科目明细账； 2. 记账后在记账凭证上签字或盖章
7	登记总账	财务经理	1. 根据记账凭证登记总账； 2. 记账后在记账凭证上签字或盖章

3. 业务流程图(图 7-29)

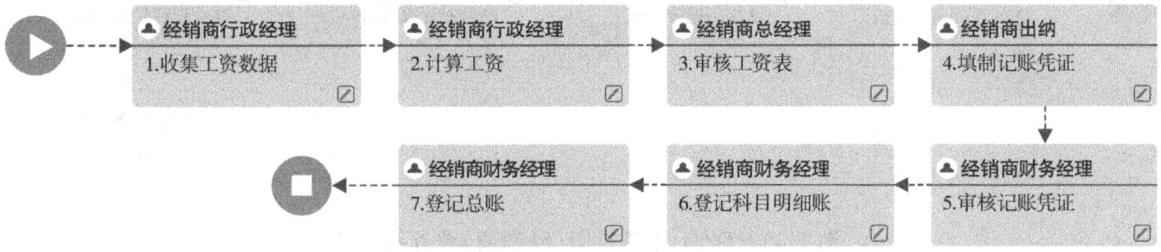

图 7-29　DXC1 核算薪酬(经销商)业务流程图

4. 注意事项

(1)该业务属于月末经营阶段任务。

(2)正确计算本月工资、“五险一金”、个人所得税。

四、计提折旧(业务代码：DZJ1)

1. 业务描述

财务经理对固定资产计提折旧。

2. 业务流程(表 7-31)

表 7-31　DZJ1 计提折旧(经销商)业务流程

编号	名称	角色	活动描述—操作指导
1	计算固定资产折旧	财务经理	1. 根据固定资产折旧政策及固定资产明细账计提折旧； 2. 填写固定资产折旧计算表
2	填制记账凭证	出纳	1. 接收财务经理提供的固定资产折旧计算表； 2. 根据固定资产折旧计算表填写记账凭证，将折旧计算表粘贴在记账凭证后作为附件； 3. 将记账凭证交给财务经理审核
3	审核记账凭证	财务经理	1. 接收出纳提交的记账凭证，进行审核； 2. 审核无误，在记账凭证上签字或盖章
4	登记科目明细账	财务经理	1. 根据记账凭证登记科目明细账； 2. 记账后在记账凭证上签字或盖章
5	登记总账	财务经理	1. 根据记账凭证登记总账； 2. 记账后在记账凭证上签字或盖章

3. 业务流程图(图 7-30)

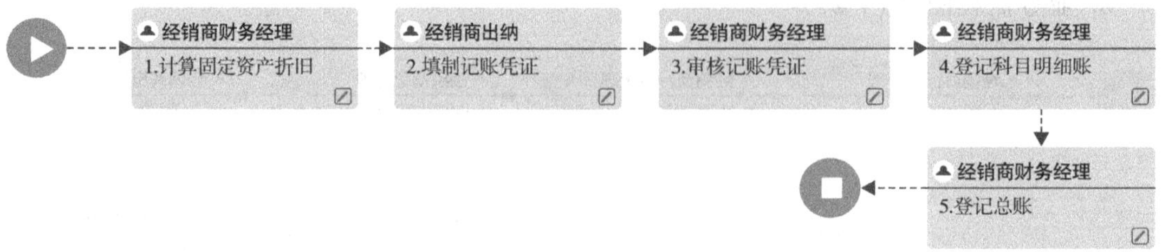

图 7-30　DZJ1 计提折旧(经销商)业务流程图

4. 注意事项

(1)该业务属于月末经营阶段任务。

(2)由财务部为固定资产计提折旧。

五、存货核算(业务代码：DCH1)

1. 业务描述

财务经理根据本月商品的进出库记录进行成本核算。

2. 业务流程(表 7-32)

表 7-32 DCH1 存货核算(经销商)业务流程

编号	名称	角色	活动描述—操作指导
1	编制产品销售成本结转明细表	财务经理	1. 根据销售出库单汇总销售出库的产品明细数量； 2. 根据销售数量和库存商品平均单价，编制销售成本结转明细表； 3. 将单据传递给出纳填制记账凭证
2	填制记账凭证	出纳	1. 根据产品出库单及销售成本结转明细表反映的业务内容编制记账凭证，将相关单据粘贴在后面作为附件； 2. 将记账凭证传递给财务经理审核
3	审核记账凭证	财务经理	1. 审核记账凭证的附件、记账科目、金额、手续等； 2. 审核无误后在记账凭证上签字或盖章
4	登记科目明细账	财务经理	1. 根据记账凭证登记科目明细账； 2. 记账后在记账凭证上签字或盖章
5	登记数量金额明细账	财务经理	1. 根据记账凭证登记数量金额明细账； 2. 记账后在记账凭证上签字或盖章
6	登记总账	财务经理	1. 根据记账凭证登记总账； 2. 记账后在记账凭证上签字或盖章

3. 业务流程图(图 7-31)

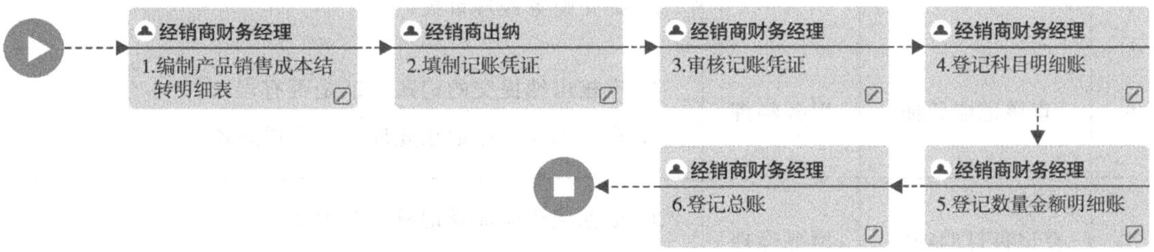

图 7-31 DCH1 存货核算(经销商)业务流程图

4. 注意事项

(1)该业务属于月末经营阶段任务。

(2)财务部(使用全月平均法)对存货进行月末核算。

六、期末账务处理(业务代码：DQM1)

1. 业务描述

财务经理在月末进行财务核算。

2. 业务流程(表7-33)

表7-33　DQM1期末账务处理(经销商)业务流程

编号	名称	角色	活动描述—操作指导
1	结转损益	财务经理	1. 汇总损益类发生额，并与总账核对； 2. 将总账中的损益类科目本期发生额结转至本年利润科目
2	填制记账凭证	出纳	根据财务经理提交的数据填制记账凭证
3	计提企业所得税费用并结转	财务经理	1. 根据本年利润余额计算企业所得税； 2. 通知出纳根据计算出来的企业所得税填制记账凭证
4	填制记账凭证	出纳	根据财务经理计算的数据填制记账凭证
5	结转本年利润	财务经理	将本年利润余额结转至利润分配中
6	填制记账凭证	出纳	根据财务经理计算的数据填制记账凭证
7	计提法定盈余公积并结转	财务经理	1. 按本年净利润(减弥补以前亏损后)的10%提取法定盈余公积，法定盈余公积累计额达到注册资本的50%时可以不再提取； 2. 将提取的法定盈余公积结转至利润分配中
8	填制记账凭证	出纳	1. 编制计提法定盈余公积凭证和结转凭证； 2. 提交财务经理审核
9	审核记账凭证	财务经理	1. 审核出纳提交的记账凭证是否有误； 2. 审核无误，在记账凭证上签字或盖章
10	登记科目明细账	财务经理	1. 根据记账凭证登记科目明细账； 2. 记账后在记账凭证上签字或盖章
11	登记总账	财务经理	1. 根据记账凭证登记总账； 2. 记账后在记账凭证上签字或盖章

3. 业务流程图(图 7-32)

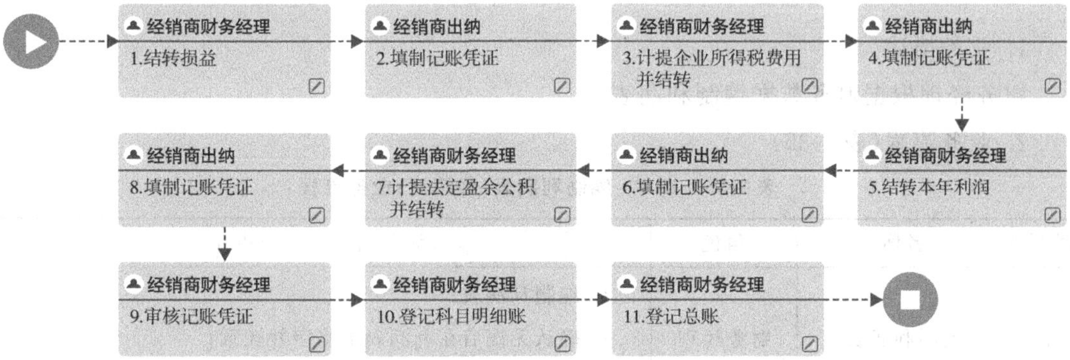

图 7-32　DQM1 期末账务处理(经销商)业务流程图

4. 注意事项

(1)该业务属于月末经营阶段任务。

(2)由财务经理整理记账凭证，根据科目明细账进行期末账务处理(计提企业所得税、提取法定盈余公积、结转本年利润)。

七、编制资产负债表(业务代码：DZC1)

1. 业务描述

财务经理编制资产负债表，总经理审核资产负债表。

2. 业务流程(表 7-34)

表 7-34　DZC1 编制资产负债表(经销商)业务流程

编号	名称	角色	活动描述—操作指导
1	编制财务报告	财务经理	1. 编制资产负债表、财务报表说明等财务报告； 2. 确认无误后在财务报告上签字并盖章； 3. 将财务报告交给总经理审查
2	审查财务报告	总经理	1. 审查财务经理编制的财务报告； 2. 确认无误后在财务报告上签字并盖章

3. 业务流程图(图 7-33)

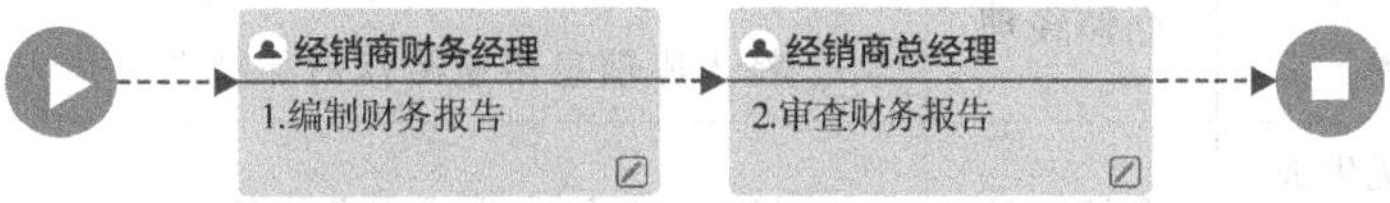

图 7-33　DZC1 编制资产负债表(经销商)业务流程图

八、编制利润表(业务代码：DLR1)

1. 业务描述

财务经理根据财务数据编制利润表。

2. 业务流程(表 7-35)

表 7-35　DLR1 编制利润表(经销商)业务流程

编号	名称	角色	活动描述—操作指导
1	编制利润表	财务经理	1. 编制利润表； 2. 确认无误后在利润表上签字并盖章； 3. 将利润表交给总经理审查
2	审查利润表	总经理	1. 审查财务经理编制的利润表； 2. 确认无误后在利润表上签字并盖章

3. 业务流程图(图 7-34)

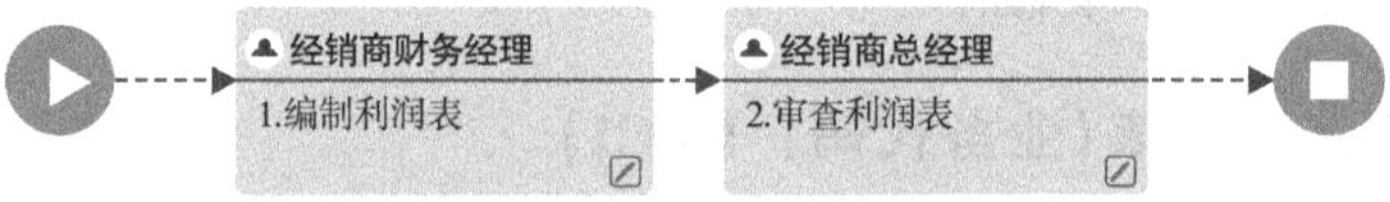

图 7-34　DLR1 编制利润表(经销商)业务流程图

九、到货并办理入库(业务代码：DCG13)

1. 业务描述

仓储经理接到物流公司的运单，核对无误后，完成入库和记账。

2. 业务流程(表 7-36)

表 7-36　DCG13 到货并办理入库(经销商)业务流程

编号	名称	角色	活动描述—操作指导
1	接到物流公司交来的运单	仓储经理	1. 接收物流公司交来的运单(一式三联)； 2. 对照货物检查无误后签字确认； 3. 留下运单的存根联和记账联
2	办理入库手续	仓储经理	依据采购订单、供应商发货单和物流运单办理入库手续
3	填写并审核采购入库单	仓储经理	1. 填写并审核采购入库单； 2. 将入库信息传递给营销部经理
4	VBSE 系统生成采购入库单	仓储经理	在 VBSE 系统中生成采购入库单

续表 7-36

编号	名称	角色	活动描述—操作指导
5	登记库存台账	仓储经理	1. 依据采购入库单(存根联)登记库存台账； 2. 将采购入库单传递给采购经理和财务经理登记相关账表
6	更新采购合同执行情况表	采购经理	1. 接收仓储经理传递的采购入库单； 2. 根据采购入库单信息更新采购合同执行情况表

3. 业务流程图(图 7-35)

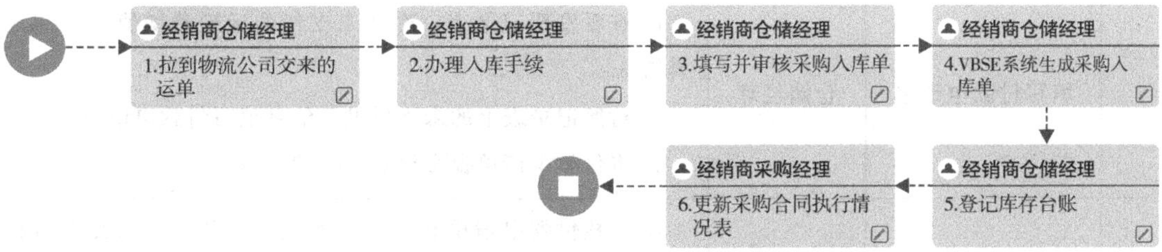

图 7-35 DCG13 到货并办理入库(经销商)业务流程图

十、收到运输费发票并支付运输费(业务代码：DCG14)

1. 业务描述

仓储经理接到物流运费增值税专用发票，依据发票信息提交付款申请，财务部付款并记账。

2. 业务流程(表 7-37)

表 7-37 DCG14 收到运输费发票并支付运输费(经销商)业务流程

编号	名称	角色	活动描述—操作指导
1	收到运输费发票	仓储经理	1. 收到物流公司开具的运输费发票； 2. 将发票信息(包括开票单位、金额、日期、到期日等)登记到发票记录表上； 3. 确认发票信息无误后交给财务经理审核
2	审核运输费发票	财务经理	1. 审核收到的运输费发票； 2. 将发票抵扣联留档； 3. 将发票记账联传递给出纳填制记账凭证
3	填制记账凭证	出纳	1. 接收运输费发票记账联； 2. 根据发票金额填制记账凭证，将发票记账联粘在记账凭证后作为附件； 3. 将记账凭证传递给财务经理审核

续表 7-37

编号	名称	角色	活动描述—操作指导
4	审核记账凭证	财务经理	1. 审核出纳填制的记账凭证并对照相关附件检查是否正确； 2. 审核无误，在记账凭证上签字或盖章
5	登记科目明细账	财务经理	1. 根据记账凭证登记科目明细账； 2. 记账后在记账凭证上签字或盖章
6	登记总账	财务经理	1. 根据记账凭证登记总账； 2. 记账后在记账凭证上签字或盖章
7	填写付款申请单	仓储经理	1. 查看发票记录表，确认未支付的运输费增值税专用发票信息； 2. 对照记录表上的未支付发票信息填写付款申请单； 3. 将付款申请单提交给财务经理审核
8	审核付款申请单	财务经理	1. 审核付款申请单和发票金额是否一致，确认无误后在付款申请单上签字； 2. 将付款申请单交仓储经理传递给总经理审核
9	审核付款申请单	总经理	1. 审核付款申请单，确认无误后在申请单上签字； 2. 将付款申请单交还给仓储经理传递给出纳安排付款
10	办理网银付款	出纳	1. 收到仓储经理转交的批复后的付款申请单； 2. 确认后对照付款申请单办理网银付款
11	编制记账凭证	出纳	1. 编制记账凭证； 2. 将电汇回单粘贴在记账凭证后面； 3. 将记账凭证交财务经理审核
12	审核记账凭证	财务经理	1. 审核出纳填制的记账凭证并对照相关附件检查是否正确； 2. 审核无误，在记账凭证上签字或盖章； 3. 将确认后的记账凭证传递给出纳登记银行存款日记账
13	登记银行存款日记账	出纳	1. 根据记账凭证登记银行存款日记账； 2. 记账后在记账凭证上签字或盖章； 3. 将记账凭证传递给财务经理登记科目明细账
14	登记科目明细账	财务经理	1. 根据记账凭证登记科目明细账； 2. 记账后在记账凭证上签字或盖章
15	登记总账	财务经理	1. 根据记账凭证登记总账； 2. 记账后在记账凭证上签字或盖章

3. 业务流程图(图 7-36)

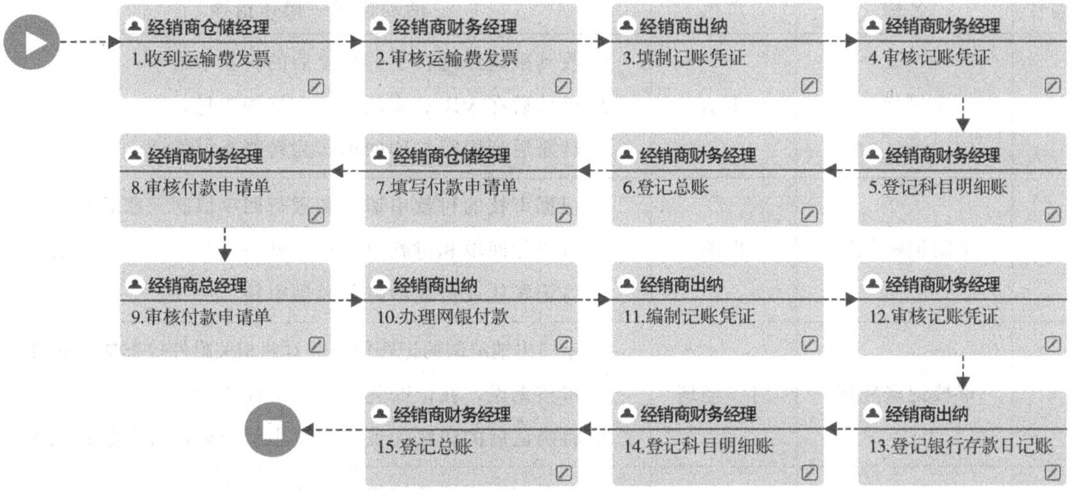

图 7-36　DCG14 收到运输费发票并支付运输费(经销商)业务流程图

十一、收到制造企业发票并支付货款(业务代码：DCG15)

1. 业务描述

采购经理收到制造企业的销售增值税专用发票，依据增值税发票信息提交付款申请，财务部付款并记账。

2. 业务流程(表 7-38)

表 7-38　DCG15 收到制造企业发票并支付货款(经销商)业务流程

编号	名称	角色	活动描述—操作指导
1	收到供应商开具的增值税专用发票	采购经理	1. 收到制造企业开具的增值税专用发票； 2. 将发票信息(包括发票号、开票单位、金额、日期、到期日等)登记到发票记录表上
2	填写付款申请单	采购经理	1. 查看发票记录表，确认未支付的供应商增值税专用发票信息； 2. 对照记录表上的未支付发票信息填写付款申请单； 3. 将付款申请单提交给财务经理审核
3	审核付款申请单	财务经理	1. 审核收到的增值税专用发票，与相关采购入库单进行对比，确定发票上的数量、金额与入库单上的相符； 2. 将发票抵扣联留档； 3. 将付款申请单交采购经理传递给总经理审核
4	审核付款申请单	总经理	1. 审核付款申请单，确认无误后在申请单上签字； 2. 将付款申请单交还给采购经理传递给出纳安排付款

续表 7-38

编号	名称	角色	活动描述—操作指导
5	支付货款	出纳	1. 收到采购经理转交的批复后的付款申请单； 2. 确认后在 VBSE 系统中办理网银支付； 3. 转账后到银行打印回单作为转账支付凭证
6	填制记账凭证	出纳	1. 根据审核的付款申请单和银行回单填制记账凭证； 2. 将银行回单和付款申请单粘贴在记账凭证后作为附件； 3. 将记账凭证传递给财务经理审核
7	审核记账凭证	财务经理	1. 审核出纳编制的记账凭证并对照相关附件检查是否正确； 2. 审核无误，在记账凭证上签字或盖章； 3. 将确认后的记账凭证传递给出纳登记银行存款日记账
8	登记银行存款日记账	出纳	1. 根据记账凭证登记银行存款日记账； 2. 记账后在记账凭证上签字或盖章； 3. 将记账凭证传递给财务经理登记科目明细账
9	登记科目明细账	财务经理	1. 根据记账凭证登记科目明细账； 2. 记账后在记账凭证上签字或盖章
10	登记总账	财务经理	1. 根据记账凭证登记总账； 2. 记账后在记账凭证上签字或盖章

3. 业务流程图(图 7-37)

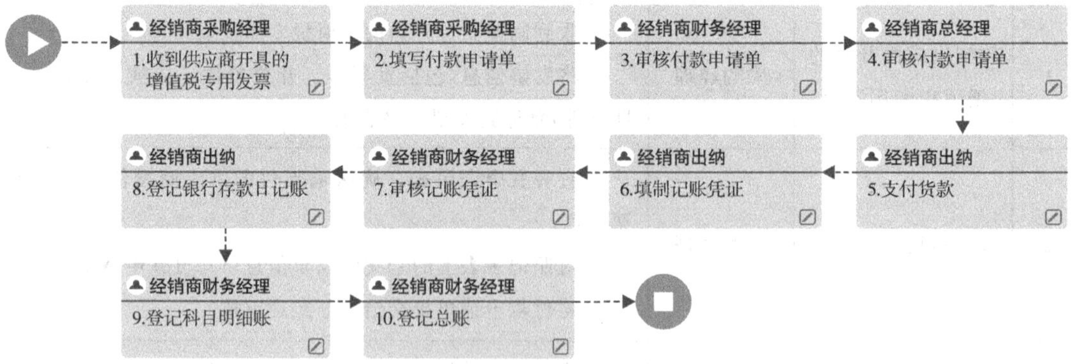

图 7-37　DCG15 收到制造企业发票并支付(经销商)业务流程图

4. 注意事项

(1)该业务属于月末经营阶段任务。

(2)仅以一家制造企业销售为例，收到制造企业开具的销售专用发票，实训中根据实际采购次数收取销售专用发票。

第八章　其他组织日常业务

第一节　服务公司日常业务

一、分发办公用品(服务公司)

1. 业务概述

整理办公用品，发放给开设本次实训课程的组织。

2. 业务流程(表 8-1)

表 8-1　分发办公用品(服务公司)业务流程

编号	名称	角色	活动描述—操作指导
1	整理办公用品	总经理	1. 确定本次实训的机构数量； 2. 整理每个机构应发放的办公用品； 3. 通知业务员准备分发办公用品
2	通知并分发办公用品	业务员	1. 按顺序通知各机构到服务公司领取办公用品； 2. 将确认好的办公用品分发给各机构领取人员并做好登记

3. 业务流程图(图 8-1)

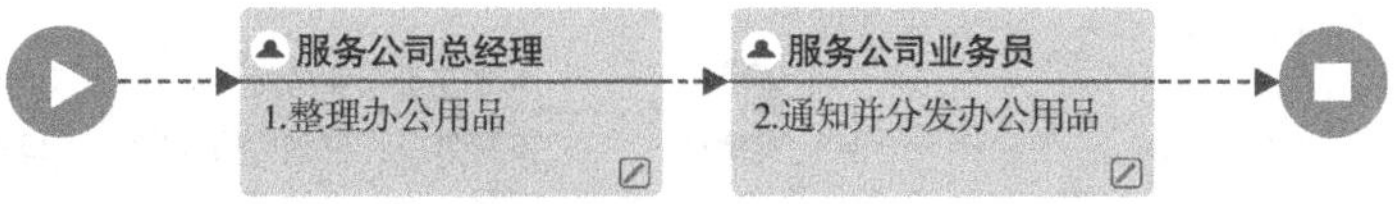

图 8-1　分发办公用品(服务公司)业务流程图

4. 注意事项

(1)与主讲教师确认本次实训机构数量。

(2)确定物品分发机构负责人。

二、经销商开拓市场及广告投放服务(业务代码：DYX1-5)

1. 业务概述

服务经销商开拓市场。

2. 业务流程(表 8-2)

表 8-2　DYX1-5 经销商开拓市场及广告投放服务(服务公司)业务流程

编号	名称	角色	活动描述—操作指导
1	到服务公司开拓市场	经销商营销经理	确认市场开拓申请通过，到服务公司进行市场选择
2	办理市场开拓	业务员	提供市场开拓区域(固定经营阶段只开拓北部地区)
3	开具市场开拓费用发票	业务员	根据金额为经销商开具发票
4	到服务公司办理广告投放	经销商营销经理	确认广告投放申请通过，到服务公司进行广告投放选择
5	办理广告投放	业务员	确定广告投放金额(固定经营阶段只投放北部地区)
6	开具广告投放费用发票	业务员	根据金额为经销商开具发票

3. 业务流程图(图 8-2)

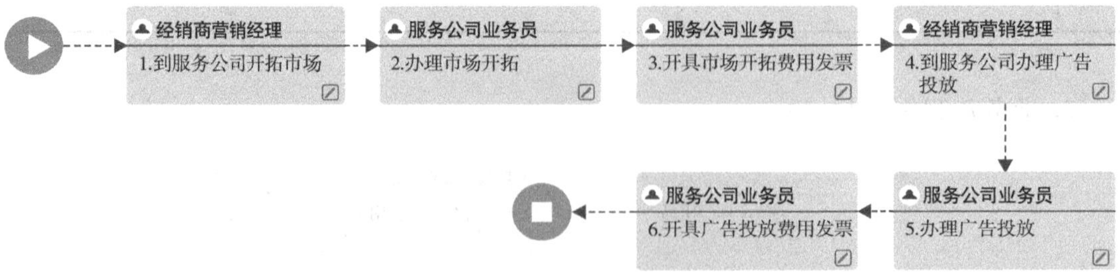

图 8-2　DYX1-5 服务经销商开拓市场(服务公司)业务流程图

4. 注意事项

该项业务以经销商为主，多项业务操作见实训平台。

三、组织经销商竞单(业务代码：DYX8)

1. 业务概述

组织经销商进行竞单。

2. 业务流程(表 8-3)

表 8-3 DYX8 组织经销商竞单(服务公司)业务流程

编号	名称	角色	活动描述—操作指导
1	通知经销商竞单	业务员	由业务员通知欲投放广告的企业到服务公司来进行竞单
2	为经销商办理选单	总经理	1. 选择一个区域； 2. 按该区域中各公司投放广告的顺序依次选单； 3. 收到企业选单命名后，先选择对应企业，再选择对应的订单进行确认

3. 业务流程图(图 8-3)

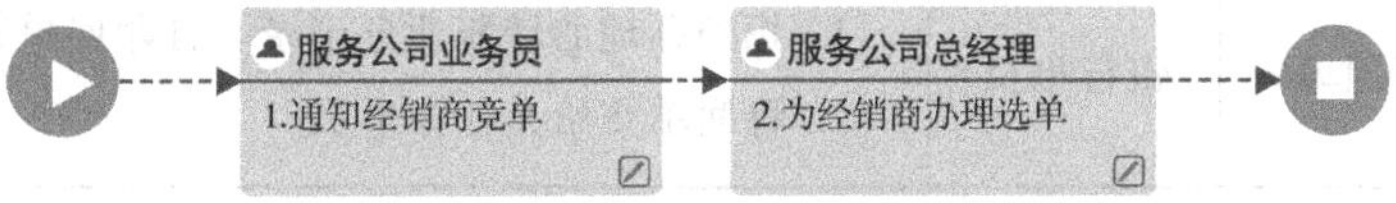

图 8-3 DYX8 组织经销商竞单(服务公司)业务流程图

四、核对车间水电费并开发票(服务公司)

1. 业务概述

核对各企业车间水电费，并为企业开具发票。

2. 业务流程(表 8-4)

表 8-4 核对车间水电费并开发票(服务公司)业务流程

编号	名称	角色	活动描述—操作指导
1	查看水电费单	业务员	1. 收到企业提交的水电费付款单，核准单据； 2. 通知企业找总经理领取发票
2	开具发票	总经理	1. 与业务员确定服务金额； 2. 根据金额为经销商开具发票

3. 业务流程图(图 8-4)

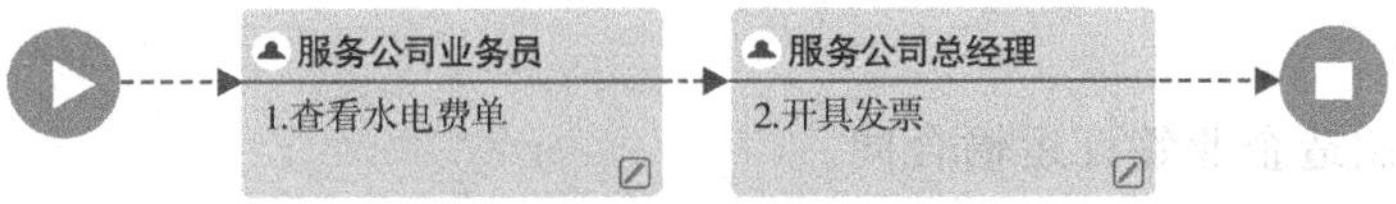

图 8-4 核对车间水电费并开发票(服务公司)业务流程图

五、收取车间水电费(服务公司)

1. 业务概述

按月收取各企业的水电费。

2. 业务流程(表 8-5)

表 8-5　收取车间水电费(服务公司)业务流程

编号	名称	角色	活动描述—操作指导
1	收到转账支票	总经理	1. 向办理业务的企业收取水电费； 2. 拿到申请企业开具的转账支票
2	到银行办理转账	总经理	1. 根据转账支票填写进账单； 2. 携带转账支票与进账单到银行进行转账
3	办理转账	银行柜员	1. 收到企业提交的进账单与转账支票； 2. 根据进账单信息办理转账业务
4	打印银行回单	银行柜员	1. 找到办理的转账业务记录，打印回单； 2. 将回单交给企业办事员

3. 业务流程图(图 8-5)

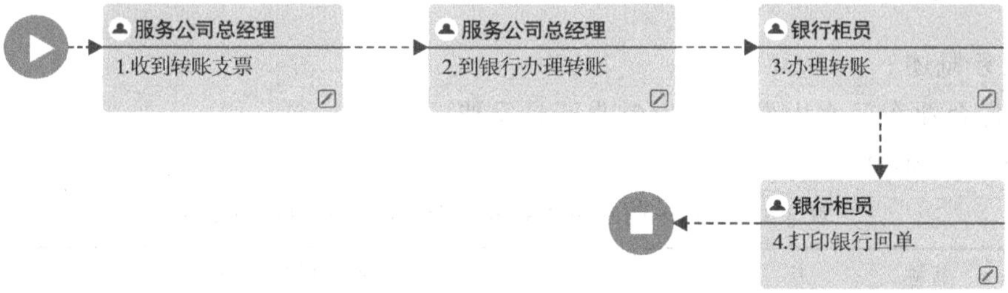

图 8-5　收取车间水电费(服务公司)业务流程图

第二节　物流公司日常业务

一、与制造企业签订运输合同(业务代码：MYS1)

1. 业务概述

物流企业与制造企业签订运输合同。

2. 业务流程(表 8-6)

表 8-6　MYS1 与制造企业签订运输合同(物流公司)业务流程

编号	名称	角色	活动描述—操作指导
1	填写运输合同	业务经理	1. 根据运输计划与客户沟通运输合同细节内容； 2. 起草运输合同，一式两份
2	填写合同会签单	业务经理	1. 填写合同会签单； 2. 将运输合同和合同会签单提交给总经理审核
3	审核运输合同	总经理	1. 接收业务经理送交的运输合同及合同会签单； 2. 审核运输合同的准确性和合理性； 3. 在合同会签单上签字； 4. 在运输合同上签字； 5. 将运输合同与合同会签单返还给业务经理
4	运输合同盖章	业务经理	1. 接收总经理返还的合同会签单及运输合同； 2. 在运输合同上盖章
5	把运输合同送给制造企业	业务经理	把运输合同送交制造企业

3. 业务流程图(图 8-6)

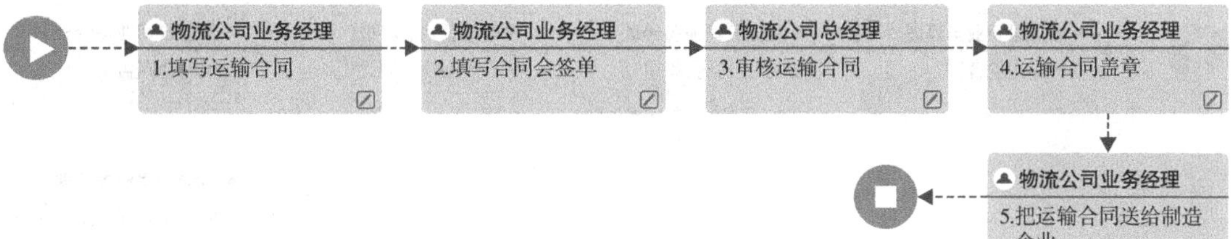

图 8-6　MYS1 与制造企业签订运输合同(物流公司)业务流程图

4. 注意事项

注意发挥合同会签单的作用，掌握其使用方法。

二、与经销商签订运输合同(业务代码：DYS1)

1. 业务概述

物流企业与经销商签订运输合同。

2. 业务流程(表 8-7)

表 8-7　DYS1 与经销商签订运输合同(物流公司)业务流程

编号	名称	角色	活动描述—操作指导
1	填制运输合同	业务经理	1. 业务经理根据运输计划与客户沟通运输合同细节内容； 2. 起草运输合同，一式两份
2	填写合同会签单	业务经理	1. 填写合同会签单； 2. 将运输合同和合同会签单提交给总经理审核
3	审核运输合同	总经理	1. 接收业务经理送交的运输合同及合同会签单； 2. 审核运输合同的准确性和合理性； 3. 在合同会签单上签字； 4. 在运输合同上签字； 5. 签完后将合同会签单与运输合同返还给业务经理
4	运输合同盖章	业务经理	1. 接收总经理返还的合同会签单与运输合同； 2. 在运输合同上盖章
5	把运输合同送交经销商	业务经理	把运输合同送交经销商

3. 业务流程图(图 8-7)

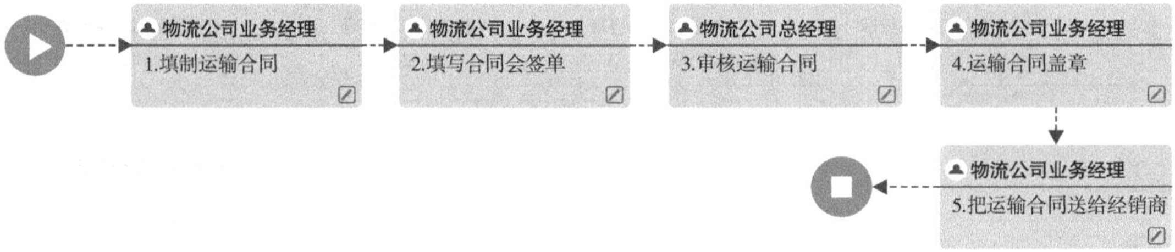

图 8-7　DYS1 与经销商签订运输合同(物流公司)业务流程图

4. 注意事项

注意发挥合同会签单的作用，掌握其使用方法。

三、受理制造企业运输订单(业务代码：MCG8)

1. 业务概述

受理制造企业下达的运输订单。

2. 业务流程(表 8-8)

表 8-8 MCG8 受理制造企业运输订单(物流公司)业务流程

编号	名称	角色	活动描述—操作指导
1	接收并确认运输订单	业务经理	1. 接收制造企业提交的运输订单； 2. 确认运输订单并签字
2	线路规划，车辆调度	业务经理	根据运输订单安排线路，调配车辆

3. 业务流程图(图 8-8)

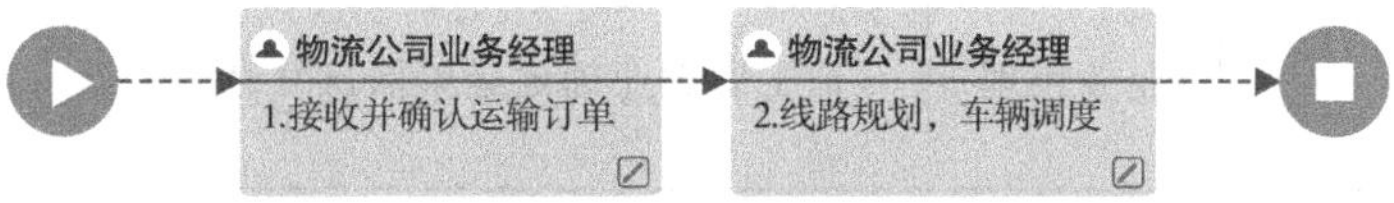

图 8-8 MCG8 受理制造企业运输订单(物流公司)业务流程图

四、去工贸企业取货并开发票(业务代码：MCG9)

1. 业务概述

去工贸企业取货并开具增值税专用发票。

2. 业务流程(表 8-9)

表 8-9 MCG9 去工贸企业取货并开发票(物流公司)业务流程

编号	名称	角色	活动描述—操作指导
1	下达取货命令	总经理	1. 根据运输订单下达取货命令； 2. 将取货命令下达给业务经理
2	填制运单	业务经理	1. 接收总经理的取货命令； 2. 根据运输订单填写运单
3	填制运输发票	业务经理	根据运单填制增值税专用发票
4	发车取货	业务经理	带齐单据，发车取货

3. 业务流程图(图 8-9)

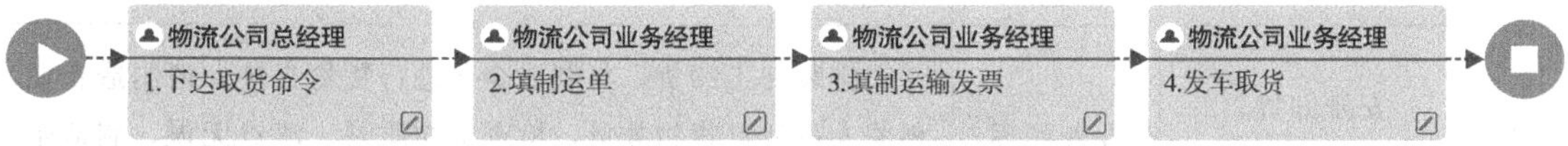

图 8-9 MCG9 去工贸企业取货并开发票(物流公司)业务流程图

4. 注意事项

注意增值税专用发票的开票事项。

五、货物装车后发运给制造企业(业务代码：MCG11)

1. 业务概述

货物装车并送货。

2. 业务流程(表 8-10)

表 8-10　MCG11 货物装车后发运给制造企业(物流公司)业务流程

编号	名称	角色	活动描述—操作指导
1	点验托运货物	业务经理	与工贸企业进行货物交接，点验托运货物
2	确认运单信息并签字	业务经理	请工贸企业确定运单信息并签字
3	装车作业	业务经理	安排装卸工将货物装车
4	送货作业	业务经理	根据规划好的线路运送货物

3. 业务流程图(图 8-10)

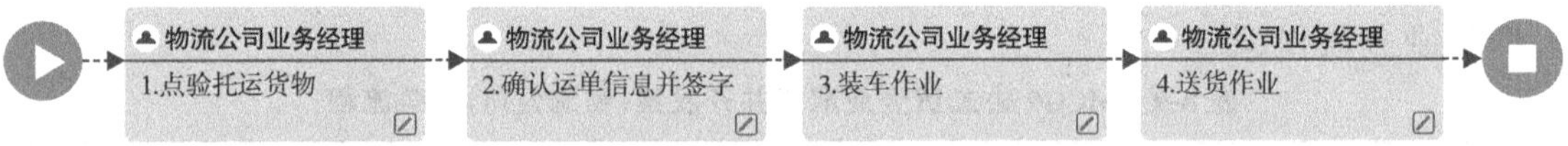

图 8-10　MCG11 货物装车发运给制造企业(物流公司)业务流程图

六、送货到制造企业(业务代码：MCG12)

1. 业务概述

将货送至制造企业并卸货，同时将增值税专用发票交给制造企业。

2. 业务流程(表 8-11)

表 8-11　MCG12 送货到制造企业(物流公司)业务流程

编号	名称	角色	活动描述—操作指导
1	车辆到达，进行卸车前检查	业务经理	车辆到达制造企业，卸车前检查车辆
2	安排卸货，进行货物交接	业务经理	安排装卸工卸货，与制造企业进行货物交接。请制造企业相关人员清点货物数量，检查货物质量。清点无误，制造企业相关人员在运单上签字确认
3	增值税专用发票交制造企业	业务经理	将增值税专用发票交给制造企业

3. 业务流程图(图 8-11)

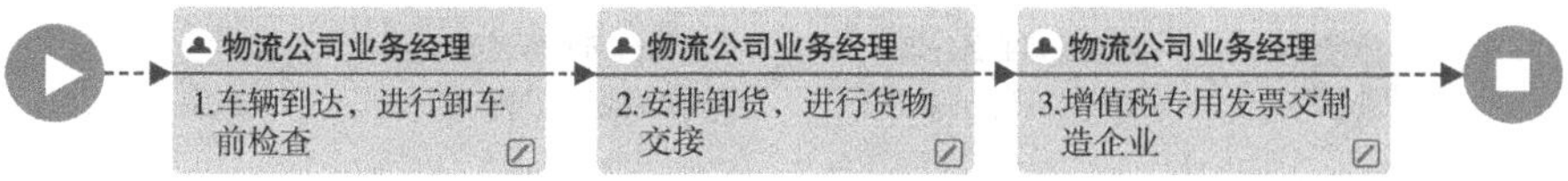

图 8-11　MCG12 送货到制造企业(物流公司)业务流程图

七、收到制造企业运费回单(业务代码：MCG16)

1. 业务概述

收到制造企业运费回单。

2. 业务流程(表 8-12)

表 8-12　MCG16 收到制造企业运费回单(物流公司)业务流程

编号	名称	角色	活动描述—操作指导
1	查询网银	总经理	1. 查询网银确认收到运费； 2. 到银行打印业务回单
2	打印收款业务回单	银行柜员	1. 根据物流公司总经理提供的信息查询流水； 2. 打印回单并交给物流公司总经理

3. 业务流程图(图 8-12)

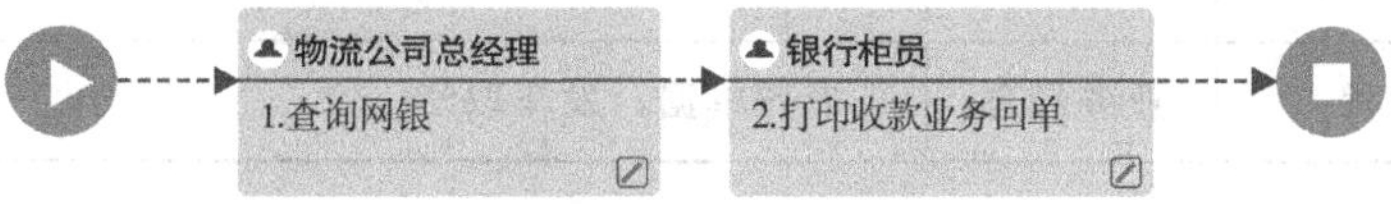

图 8-12　MCG16 收到制造企业运费回单(物流公司)业务流程图

八、受理经销商运输订单(业务代码：DCG8)

1. 业务概述

受理经销商的运输订单。

2. 业务流程(表 8-13)

表 8-13　DCG8 受理经销商运输订单(物流公司)业务流程

编号	名称	角色	活动描述—操作指导
1	接收并确认运输订单	业务经理	1. 接收经销商提交的运输订单； 2. 确认运输订单并签字
2	线路规划，车辆调度	业务经理	根据运输订单安排线路，调配车辆

3. 业务流程图(图 8-13)

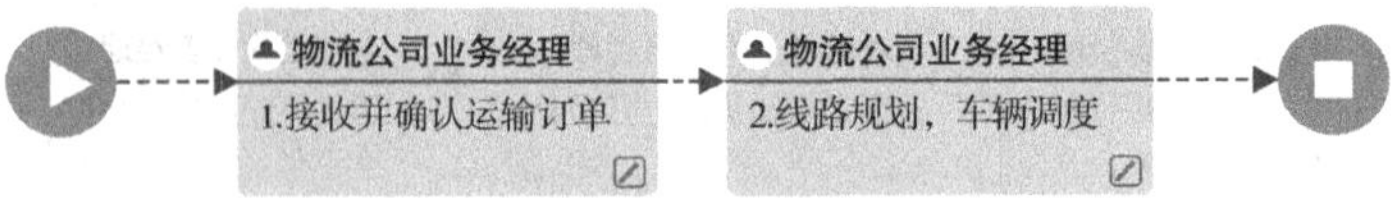

图 8-13　DCG8 受理经销商运输订单(物流公司)业务流程图

九、去制造企业取货并开发票(业务代码：DCG9)

1. 业务概述

去制造企业取货并开具增值税专用发票。

2. 业务流程(表 8-14)

表 8-14　DCG9 去制造企业取货并开发票(物流公司)业务流程

编号	名称	角色	活动描述—操作指导
1	下达取货命令	总经理	1. 根据运输订单下达取货命令； 2. 将取货命令下达给业务经理
2	填制运单	业务经理	1. 接收总经理的取货命令； 2. 根据运输订单填写运单
3	填制增值税专用发票	业务经理	根据运单填制增值税专用发票
4	发车取货	业务经理	带齐单据，发车取货

3. 业务流程图(图 8-14)

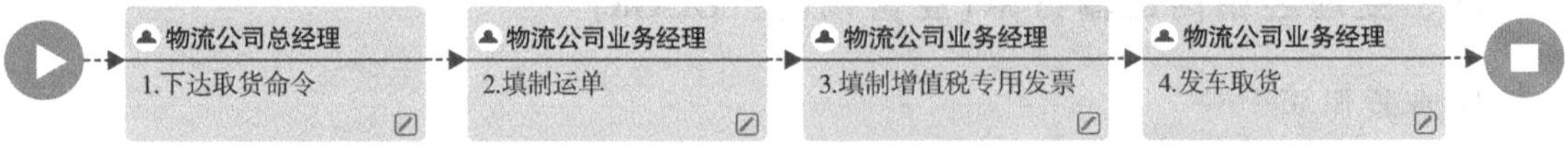

图 8-14　DCG9 去制造企业取货并开发票(物流公司)业务流程图

4. 注意事项

注意增值税专用发票的开票事项。

十、货物装车发运给经销商(业务代码：DCG11)

1. 业务概述

货物装车后运送给经销商。

2. 业务流程(表 8-15)

表 8-15 DCG11 货物装车发运给经销商(物流公司)业务流程

编号	名称	角色	活动描述—操作指导
1	点验托运货物	业务经理	与制造企业进行货物交接，点验托运货物
2	确认运单信息并签字	业务经理	请制造企业确定运单信息并签字
3	装车作业	业务经理	安排装卸工将货物装车
4	送货作业	业务经理	根据规划好的线路运输送货

3. 业务流程图(图 8-15)

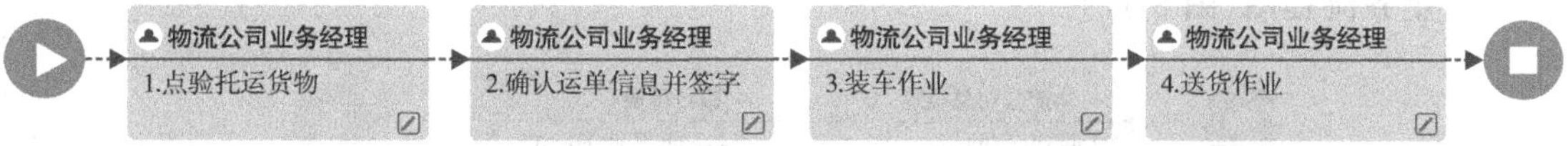

图 8-15 DCG11 货物装车发运给经销商(物流公司)业务流程图

十一、送货到经销商(业务代码：DCG12)

1. 业务概述

送货至经销商并卸货，将增值税专用发票交给经销商。

2. 业务流程(表 8-16)

表 8-16 DCG12 送货到经销商(物流公司)业务流程

编号	名称	角色	活动描述—操作指导
1	车辆到达，进行卸车前检查	业务经理	车辆到达经销商处，卸车前检查车辆
2	安排卸货，进行货物交接	业务经理	安排装卸工卸货，与经销商交接货物。请经销商清点货物数量，检查货物质量。清点无误，经销商在运单上签字确认留存
3	增值税专用发票交经销商	业务经理	将增值税专用发票交给经销商

3. 业务流程图(图 8-16)

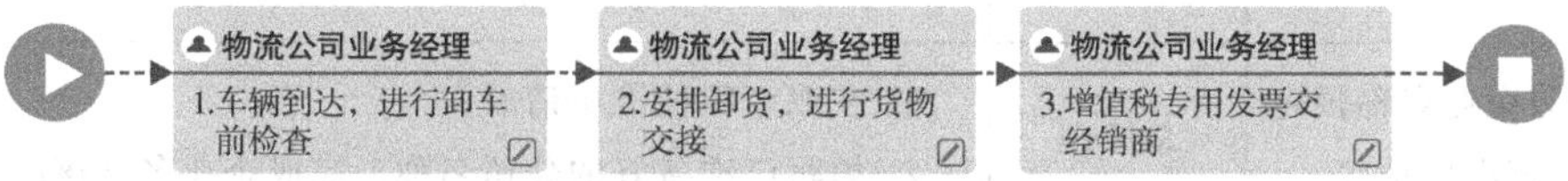

图 8-16 DCG12 送货到经销商(物流公司)业务流程图

十二、收到经销商运费回单(业务代码：DCG16)

1. 业务概述

收到经销商运费回单。

2. 业务流程(表 8-17)

表 8-17 DCG16 收到经销商运费回单(物流公司)业务流程

编号	名称	角色	活动描述—操作指导
1	收到运费回单	总经理	1. 查询网银确认收到运费； 2. 到银行打印业务回单
2	打印收款业务回单	银行柜员	1. 根据物流公司总经理提供的信息查询流水； 2. 打印回单并交给物流公司总经理

3. 业务流程图(图 8-17)

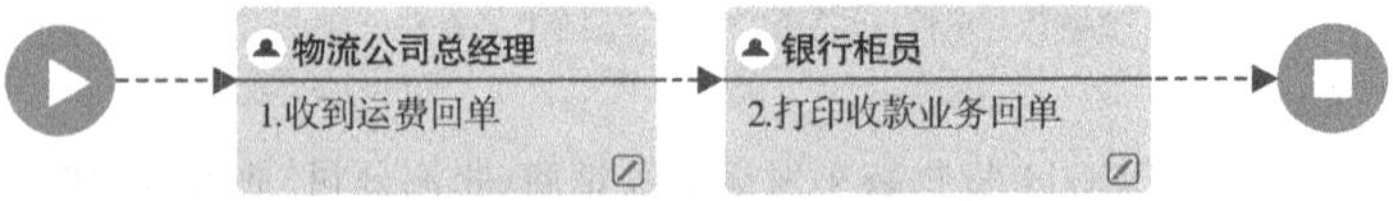

图 8-17 DCG16 收到经销商运费回单(物流公司)业务流程图

第三节 招投标公司日常业务

一、名称预先核准申请(招投标公司)

1. 业务概述

企业起名后到市场监督管理局办理名称核准手续。

2. 业务流程(表 8-18)

表 8-18 名称预先核准申请(招投标公司)业务流程

编号	名称	角色	活动描述—操作指导
1	企业取名	总经理	1. 申办人提前准备 3～5 个公司名称，公司名称要符合规范，具体格式为某地(地区名)＋某某（企业名)＋贸易(行业名)＋有限公司(类型)； 2. 在实训中，公司名称已给定
2	填写企业名称预先核准申请表	总经理	1. 获取名称核准申请表； 2. 填写已准备好的公司名称，完成企业名称核准申请表
3	提交核准申请表	总经理	到市场监督管理局递交名称核准申请表，等待审批结果
4	审核申请表	市场监管员	1. 审核企业递交的名称核准申请表； 2. 审核后，为企业发放企业名称核准通知书

3. 业务流程图(图 8-18)

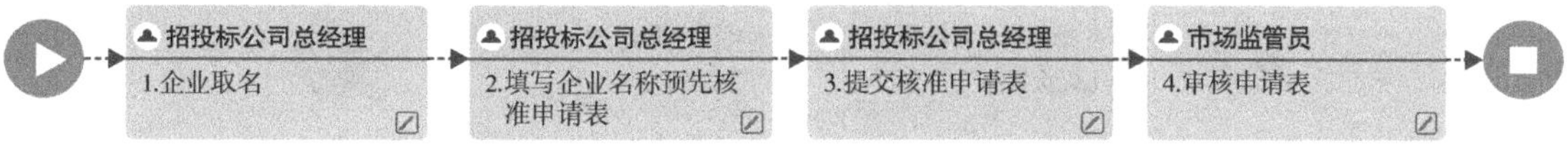

图 8-18 名称预先核准申请(招投标公司)业务流程图

二、企业设立登记(招投标公司)

1. 业务概述

到市场监督管理局办理工商注册手续。

2. 业务流程(表 8-19)

表 8-19 企业设立登记(招投标公司)业务流程

编号	名称	角色	活动描述—操作指导
1	填写企业设立登记表	总经理	1. 下载企业设立登记表; 2. 填写企业设立登记表
2	到市场监督管理局办理审核	总经理	携带房屋租赁合同、房产证复印件(实训中未提供,可不带)、公司章程、企业名称核准通知书到市场监督管理局进行企业设立登记,等待工作人员进行审核
3	审核企业设立登记表	市场监管员	1. 接收企业设立登记表; 2. 审核企业设立登记表并发放营业执照

3. 业务流程图(图 8-19)

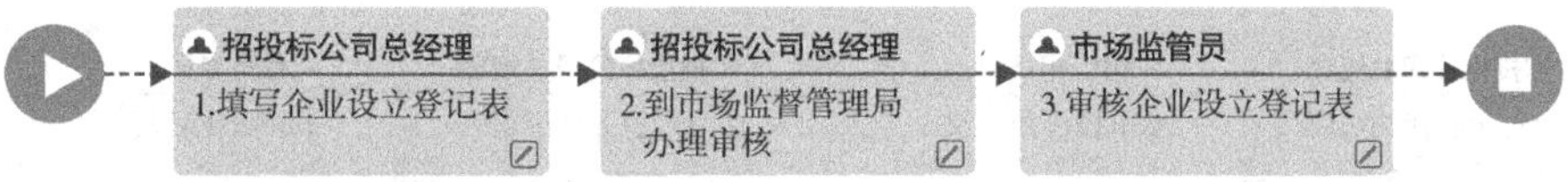

图 8-19 企业设立登记(招投标公司)业务流程图

三、银行开户申请(招投标公司)

1. 业务概述

到银行开立企业的基本账户。

2. 业务流程(表 8-20)

表 8-20 银行开户申请(招投标公司)业务流程

编号	名称	角色	活动描述—操作指导
1	提交银行开户申请	总经理	1. 到银行领取银行结算账户申请书并填写; 2. 填写后,将单据与营业执照、法定代表人身份证、经办人身份证交由银行进行审核
2	审核开户申请	银行柜员	1. 收到企业填写的银行结算账户申请书; 2. 审核申请书,并签署相关内容

3. 业务流程图(图 8-20)

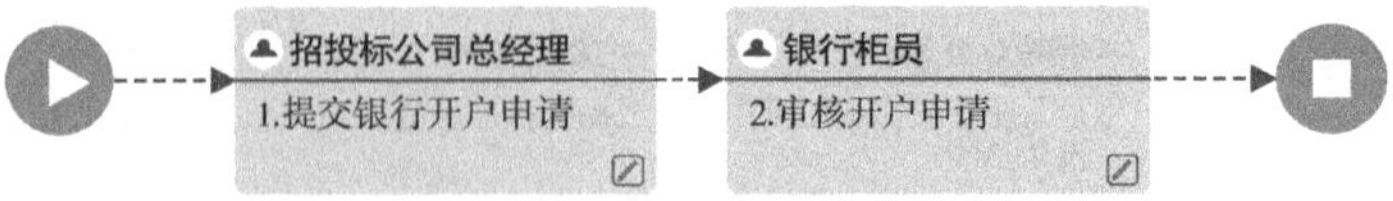

图 8-20　银行开户申请(招投标公司)业务流程图

四、税务登记(招投标公司)

1. 业务概述

办理税务登记。

2. 业务流程(表 8-21)

表 8-21　税务登记(招投标公司)业务流程

编号	名称	角色	活动描述—操作指导
1	签订税收代扣协议	总经理	到银行领取同城委托收款协议并填写
2	审核代扣协议	银行柜员	1. 收到企业填写的同城委托收款协议； 2. 审核协议，并签署相关内容
3	填写税务登记表	总经理	1. 到税务局领取并填写税务登记表； 2. 将税务登记表提交税务局进行审核
4	审核登记表	税务专员	审核企业提交的税务登记表

3. 业务流程图(图 8-21)

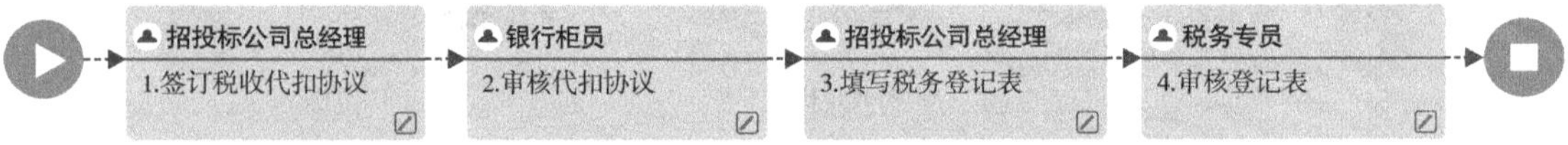

图 8-21　税务登记(招投标公司)业务流程图

五、签订招标委托合同(业务代码：BZB1)

1. 业务概述

与委托方签订招标委托合同。

2. 业务流程(表 8-22)

表 8-22　BZB1 签订招标委托合同(招投标公司)业务流程

编号	名称	角色	活动描述—操作指导
1	签订委托代理合同	总经理	1. 委托方为湖北强盛商贸有限公司，开户行为中国工商银行，账号 4563512600681022353； 2. 根据以上信息，签订委托代理合同，因为委托方是虚拟企业，所以委托代理合同由总经理一人代签

3. 业务流程图(图 8-22)

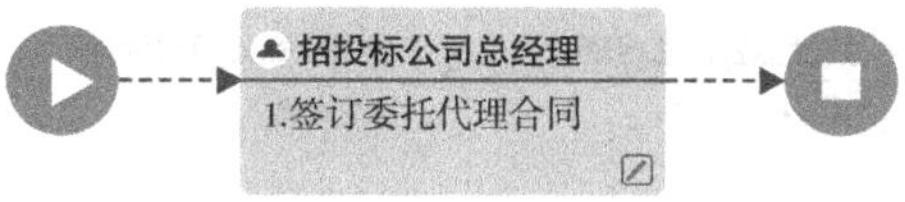

图 8-22　BZB1 签订招标委托合同(招投标公司)业务流程图

4. 注意事项

该项业务的委托方是虚拟企业。

六、制作招标文件(业务代码：BZB2)

1. 业务概述

招投标公司总经理编制招标文件。

2. 业务流程(表 8-23)

表 8-23　BZB2 制作招标文件(招投标公司)业务流程

编号	名称	角色	活动描述—操作指导
1	制作招标文件	总经理	编制招标文件

3. 业务流程图(图 8-23)

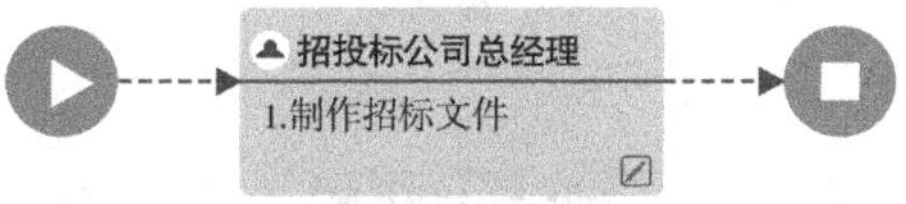

图 8-23　BZB2 制作招标文件(招投标公司)业务流程图

4. 注意事项

根据虚拟企业的需求制作详细的招标文件。

七、发布招标公告(业务代码：BZB3)

1. 业务概述

招投标公司总经理发布招标公告。

2. 业务流程(表 8-24)

表 8-24　BZB3 发布招标公告(招投标公司)业务流程

编号	名称	角色	活动描述—操作指导
1	编制招标公告	总经理	根据招标公告模板，编制招标公告
2	发布招标公告	总经理	1. 打印编制完成的招标公告； 2. 将招标公告贴到公告板中，并通知企业到公告板处查看

3. 业务流程图(图 8-24)

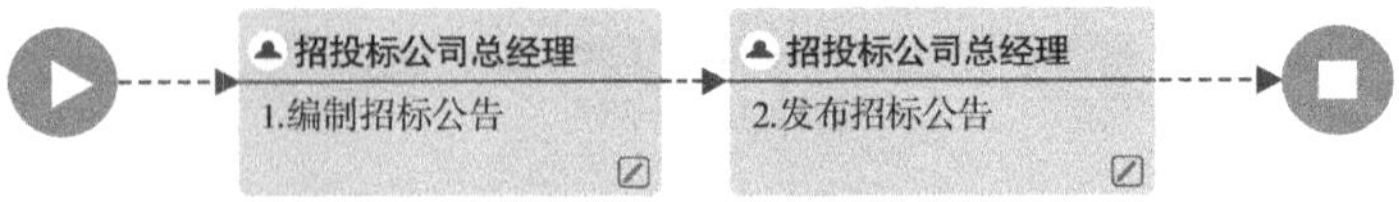

图 8-24　BZB3 发布招标公告(招投标公司)业务流程图

4. 注意事项

开展该项业务时，应注意及时通知商贸企业或制造企业。

由招投标公司总经理组织开标会。

八、出售招标文件(业务代码：BZB5)

1. 业务概述

招投标公司出售招标文件。

2. 业务流程(表 8-25)

表 8-25　BZB5 出售招标文件(招投标公司)业务流程

编号	名称	角色	活动描述—操作指导
1	出售招标文件	总经理	1. 获知企业购买需求； 2. 将招标文件销售给企业销售员(每份招标文件 200 元)

3. 业务流程图(图 8-25)

图 8-25　BZB5 出售招标文件(招投标公司)业务流程图

4. 注意事项

该项业务是收费的。

九、组织开标会(业务代码：BZB7)

1. 业务概述

招投标公司总经理组织开标会。

2. 业务流程(表 8-26)

表 8-26　BZB7 组织开标会(招投标公司)业务流程

编号	名称	角色	活动描述—操作指导
1	组织开标会	总经理	1. 组织已投标的企业人员进行投标演讲； 2. 请 4～5 位评委对招标情况进行评审

3. 业务流程图(图 8-26)

图 8-26　BZB7 组织开标会(招投标公司)业务流程图

4. 注意事项

开展该项业务活动需要对评委进行培训，可选择外围人员担任评委。

十、定标并发出中标订单(业务代码：BZB9)

1. 业务概述

招投标公司总经理定标并发出中标订单。

2. 业务流程(表 8-27)

表 8-27　BZB9 定标并发出中标订单(招投标公司)业务流程

编号	名称	角色	活动描述—操作指导
1	招标评分	总经理	组织评标委员进行评分
2	定标并发布中标公告	总经理	1. 确定评分后，确定中标企业； 2. 在系统中发布中标公告
3	填写中标通知书	总经理	1. 填写中标通知书； 2. 将中标通知书送交中标企业
4	发放中标订单	总经理	在系统中发放中标订单

3. 业务流程图(图 8-27)

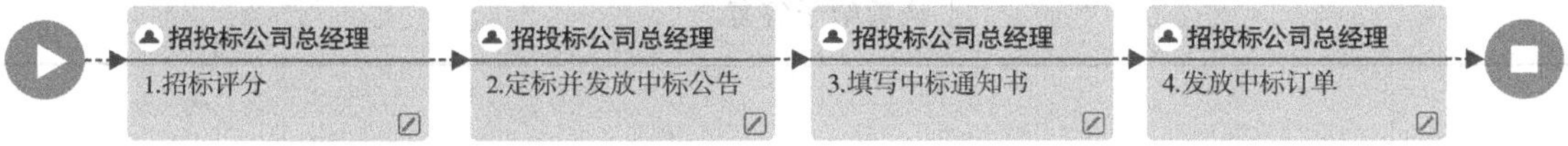

图 8-27　BZB9 定标并发出中标订单(招投标公司)业务流程图

十一、结算招标服务费(业务代码：BZB13)

1. 业务概述

结算招投标服务费。

2. 业务流程(表 8-28)

表 8-28　BZB13 结算招标服务费(招投标公司)业务流程

编号	名称	角色	活动描述—操作指导
1	结算招标代理费	总经理	结算招投标公司的服务费

3. 业务流程图(图 8-28)

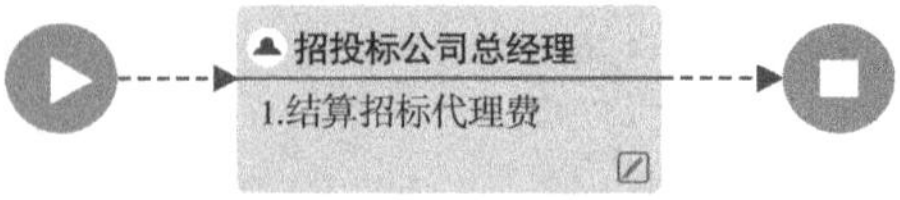

图 8-28　BZB13 结算招标服务费(招投标公司)业务流程图

第四节　其他外围组织日常业务

一、虚拟商业社会市场监督管理制度编制(业务代码：ZJ90061)

1. 业务概述

学习 VBSE 虚拟商业社会运营规则、市场监督管理知识，编制课程的《市场监督管理暂行规定》，并制作成文档或 PPT。与主讲教师沟通后，对《市场监督管理暂行规定》进行讲解。

2. 业务流程(表 8-29)

表 8-29　ZJ90061 虚拟商业社会市场监督管理制度编制(市场监督管理局)业务流程

编号	名称	角色	活动描述—操作指导
1	学习、编制课程的《市场监督管理暂行规定》	市场监管员	1. 学习 VBSE 虚拟商业社会运营规则，编制课程的《市场监督管理暂行规定》； 2. 将编制的《市场监督管理暂行规定》制作成文档或 PPT
2	《市场监督管理暂行规定》讲解	市场监管员	1. 与主讲教师沟通，确认讲解的方式和时间； 2. 讲解《市场监督管理暂行规定》； 3. 记录对《市场监督管理暂行规定》的提问，查找资料确认后给予答复

3. 业务流程图(图 8-29)

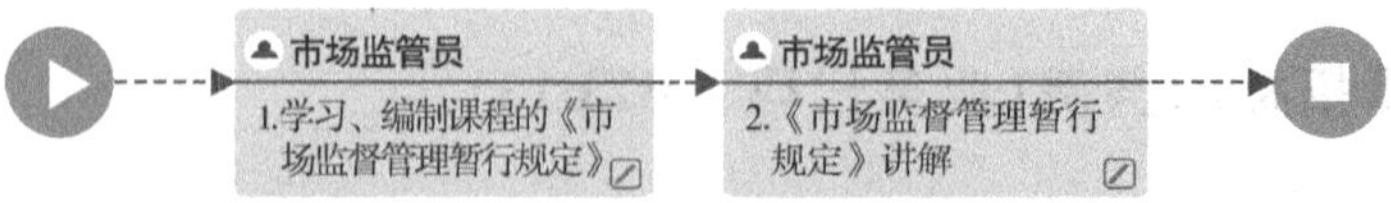

图 8-29　ZJ90061 虚拟商业社会市场监督管理制度编制(市场监督管理局)业务流程图

二、市场监督管理检查(业务代码：ZJ90062)

1. 业务概述

根据《市场监督管理暂行规定》进入企业进行检查，记录结果，对确认存在的问题开具行政处罚决定书，并跟踪整改情况。

2. 业务流程(表 8-30)

表 8-30　ZJ90062 市场监督管理检查(市场监督管理局)业务流程

编号	名称	角色	活动描述—操作指导
1	根据《市场监督管理暂行规定》对企业进行例行检查并记录在案	市场监管员	1. 根据《市场监督管理暂行规定》，到企业进行现场检查； 2. 到企业销售部、采购部进行检查
2	下达行政处罚决定书	市场监管员	检查发现问题的，向企业下达市场监督管理处罚决定书
3	检查整改情况	市场监管员	1. 根据市场监督管理处罚决定书检查企业整改情况； 2. 按期整改的，缴纳罚款，恢复信用评级； 3. 未按期整改的，不予恢复信用评级，并给予警告或暂停营业的处罚

3. 业务流程图(图 8-30)

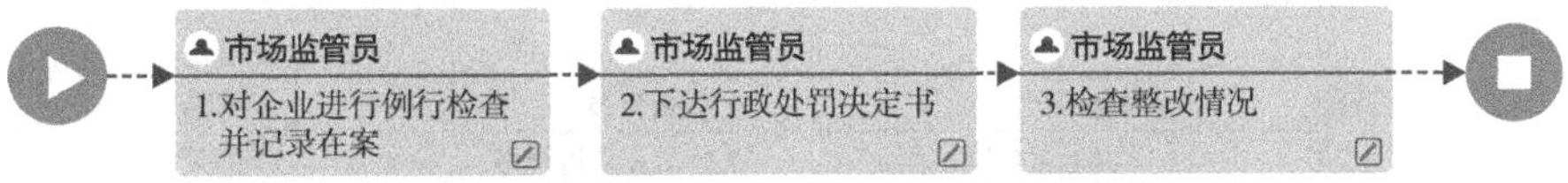

图 8-30　ZJ90062 市场监督管理检查(市场监督管理局)业务流程图

三、税务知识讲解(业务代码：ZJ90051)

1. 业务概述

学习税务知识，制作成文档或 PPT。与主讲教师沟通后，对税务知识进行讲解。

2. 业务流程(表 8-31)

表 8-31　ZJ90051 税务知识讲解(税务局)业务流程

编号	名称	角色	活动描述—操作指导
1	制作税务知识讲解 PPT	税务专员	1. 学习税务的基本知识； 2. 根据学习的情况制作文档或 PPT
2	税务知识宣讲	税务专员	与主讲教师沟通，确认讲解的方式和时间。进行税务知识讲解，记录提出的关于税收的问题，查找资料确认后给予答复

3. 业务流程图(图 8-31)

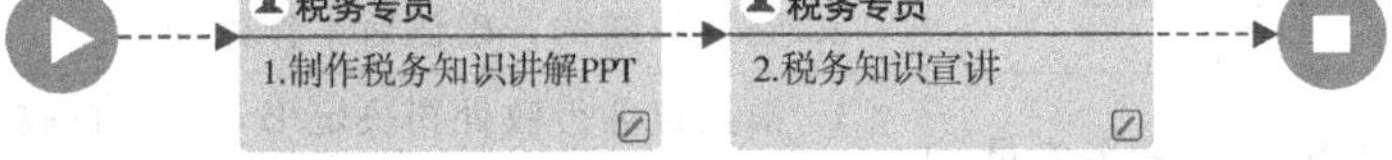

图 8-31　ZJ90051 税务知识讲解(税务局)业务流程图

四、税务检查制度的制定(业务代码：ZJ90052)

1. 业务概述

学习虚拟商业社会的运营规则，根据运营规则制定课程的税务检查制度，建立奖惩机制。

2. 业务流程(表 8-32)

表 8-32　ZJ90052 税务检查制度的制定(税务局)业务流程

编号	名称	角色	活动描述—操作指导
1	运营规则学习	税务专员	1. 了解虚拟商业社会的运营规则； 2. 制定课程的税务管理规定； 3. 完成后公示或宣讲
2	公示并宣讲规则	税务专员	1. 与主讲教师沟通，确认讲解的方式和时间； 2. 进行税务规则讲解； 3. 记录关于税务规则的问题，查找资料确认后给予答复

3. 业务流程图(图 8-32)

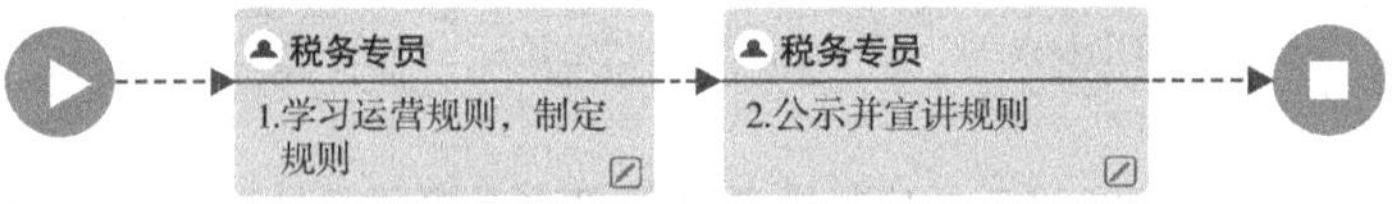

图 8-32　ZJ90052 税务检查制度的制定(税务局)业务流程图

五、税务稽查(业务代码：ZJ90053)

1. 业务概述

根据税务管理规定对企业进行随机的稽查，记录并公示稽查结果，对问题企业做出行政处罚决定。

2. 业务流程(表 8-33)

表 8-33　ZJ90053 税务稽查(税务局)业务流程

编号	名称	角色	活动描述—操作指导
1	对企业的税务进行稽查并记录结果	税务专员	根据税务检查制度对企业进行稽查，并记录在案
2	公示稽查结果并通知问题企业限期补缴税费	税务专员	1. 与主讲教师沟通，确认公示时间(每天课程结束前 5 分钟)； 2. 将稽查结果张贴在税务局进行公示； 3. 根据稽查结果通知问题企业限期补缴税费
3	检查企业补缴情况	税务专员	1. 到期未补缴的开具税务行政处罚决定书； 2. 到期补缴的，确认后不作处罚
4	进行行政处罚	税务专员	1. 根据税务行政处罚决定书，进行行政处罚； 2. 将开具的税务行政处罚决定书送达相关问题企业

3. 业务流程图(图 8-33)

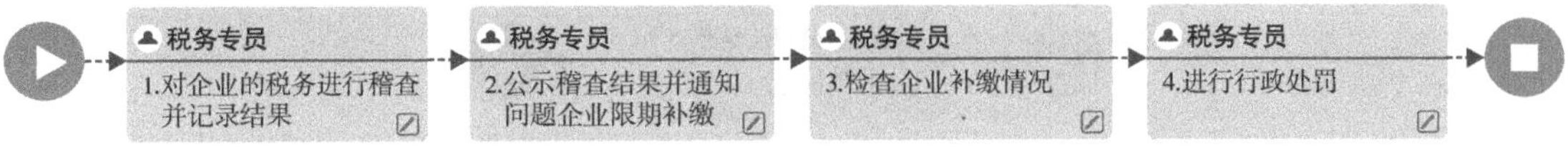

图 8-33 ZJ90053 税务稽查(税务局)业务流程图

六、虚拟商业社会社会保障制度编制(业务代码：ZJ90091)

1. 业务概述

学习 VBSE 虚拟商业社会运营规则以及社会保障、住房公积金相关知识，编制课程的社会保障制度并制作成文档或 PPT。与主讲教师沟通后，对社会保障制度进行讲解。

2. 业务流程(表 8-34)

表 8-34 ZJ90091 虚拟商业社会社会保障制度编制(人社局)业务流程

编号	名称	角色	活动描述—操作指导
1	学习课程的社会保障制度	社保、公积金专员	1. 学习 VBSE 虚拟商业社会运营规则，编制课程的社会保障制度； 2. 将编制的社会保障制度制作成文档或 PPT
2	社会保障制度讲解	社保、公积金专员	1. 与主讲教师沟通，确认讲解的方式和时间； 2. 进行社会保障制度讲解； 3. 记录关于社会保障制度的问题，查找资料确认后给予答复

3. 业务流程图(图 8-34)

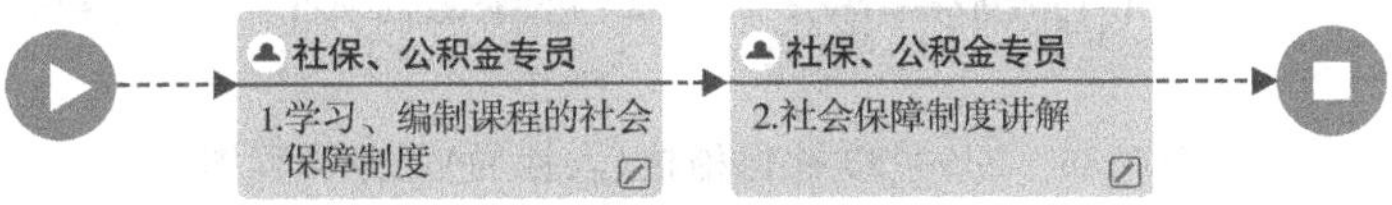

图 8-34 ZJ90091 虚拟商业社会社会保障制度编制(人社局)业务流程图

七、下达社保稽核通知书(业务代码：ZJ90092)

1. 业务概述

填写社保稽核通知书，下发至制造企业、经销商、工贸企业。

2. 业务流程(表 8-35)

表 8-35 ZJ90092 下达社保稽核通知书(人社局)业务流程

编号	名称	角色	活动描述—操作指导
1	下达稽核通知书	社保、公积金专员	1. 填写社保稽核通知书； 2. 填写完成后下发给制造企业的人力资源部或行政部门(企业管理部)、经销商的行政经理、工贸企业的行政经理； 3. 请各企业根据社保稽核通知书准备相关资料、原始凭证等

3. 业务流程图(图8-35)

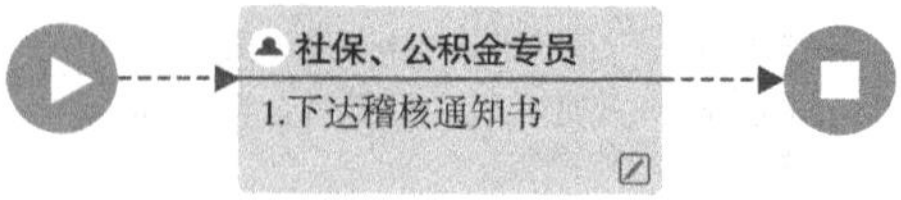

图8-35 ZJ90092下达社保稽核通知书(人社局)业务流程图

八、社保稽核(业务代码：ZJ90093)

1. 业务概述

根据制定的社会保障制度对企业进行社保稽核，对存在的问题形成稽核整改意见书并送达相关企业。

2. 业务流程(表8-36)

表8-36 ZJ90093社保稽核(人社局)业务流程

编号	名称	角色	活动描述—操作指导
1	根据社会保障制度对企业进行例行检查并记录在案	社保、公积金专员	1. 根据社保稽核通知书中写明的时间，到企业进行现场稽核； 2. 到企业人力资源部、财务部等部门进行稽查； 3. 检查人力资源部参保人员情况、财务部按时缴纳保费情况等
2	下达稽核整改意见书	社保、公积金专员	1. 根据检查结果对没有问题的企业出具社会保险稽核报告； 2. 根据检查结果对问题企业下达稽核整改意见书

3. 业务流程图(图8-36)

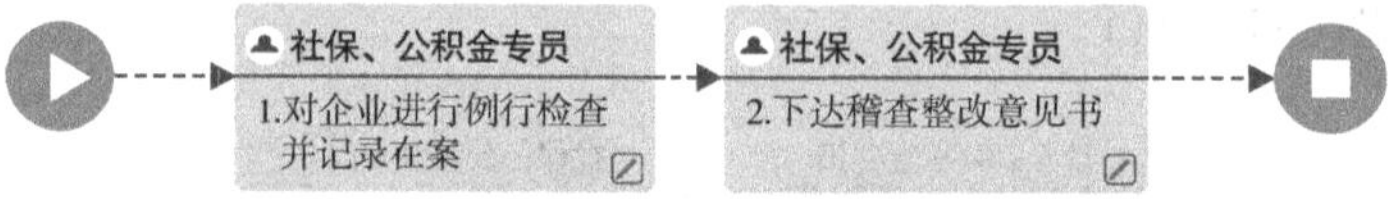

图8-36 ZJ90093社保稽核(人社局)业务流程图

九、行政处罚(业务代码：ZJ90094)

1. 业务概述

根据社保稽核检查结果，对问题企业进行行政处罚。

2. 业务流程(表8-37)

表8-37 ZJ90094行政处罚(人社局)业务流程

编号	名称	角色	活动描述—操作指导
1	根据社保稽核整改意见书检查企业整改情况	社保、公积金专员	1. 根据社保稽核整改意见书检查企业整改情况； 2. 到期未整改的，开具社会保险提请行政处罚建议书； 3. 到期整改的，确认后不作处罚
2	进行行政处罚	社保、公积金专员	1. 根据提请行政处罚建议书进行行政处罚； 2. 将开具的行政处罚建议书送达相关问题企业

3. 业务流程图(图 8-37)

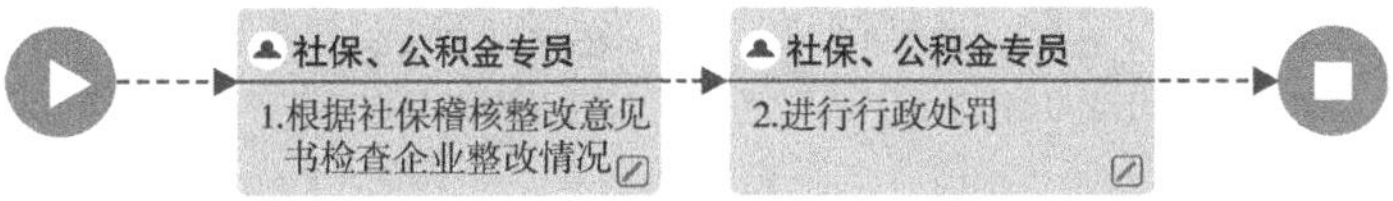

图 8-37　ZJ90094 行政处罚(人社局)业务流程图

十、就业指导—职业规划(业务代码：ZJ90098)

1. 业务概述

学习制作职业生涯规划文档，并组织企业培训学习。

2. 业务流程(表 8-38)

表 8-38　ZJ90098 就业指导—职业规划(人社局)业务流程

编号	名称	角色	活动描述—操作指导
1	职业生涯规划的学习	社保、公积金专员	职业生涯规划的学习和自我管理
2	职业生涯规划的培训讲解	社保、公积金专员	1. 与主讲教师确认时间和培训方式； 2. 组织各企业进行培训，讲解职业规划

3. 业务流程图(图 8-38)

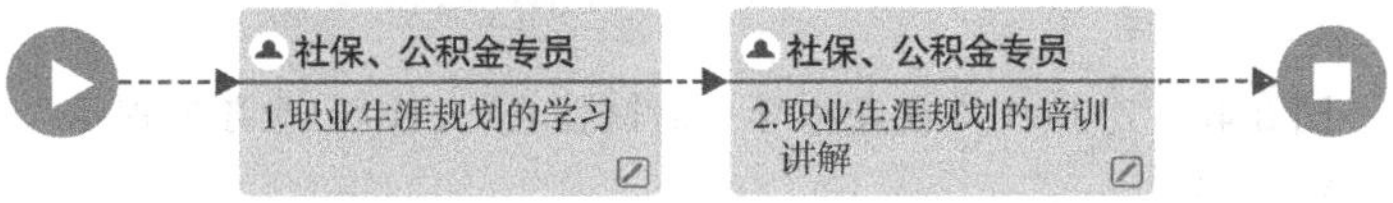

图 8-38　ZJ90098 就业指导—职业规划(人社局)业务流程图

十一、就业指导—简历制作(业务代码：ZJ90099)

1. 业务概述

学习制作简历，并组织企业培训学习。

2. 业务流程(表 8-39)

表 8-39　ZJ90099 就业指导—简历制作(人社局)业务流程

编号	名称	角色	活动描述—操作指导
1	学习制作简历	社保、公积金专员	简历制作的学习
2	简历制作的培训讲解	社保、公积金专员	1. 与主讲教师确认时间和培训方式； 2. 组织各企业进行培训，讲解简历的制作

3. 业务流程图(图 8-39)

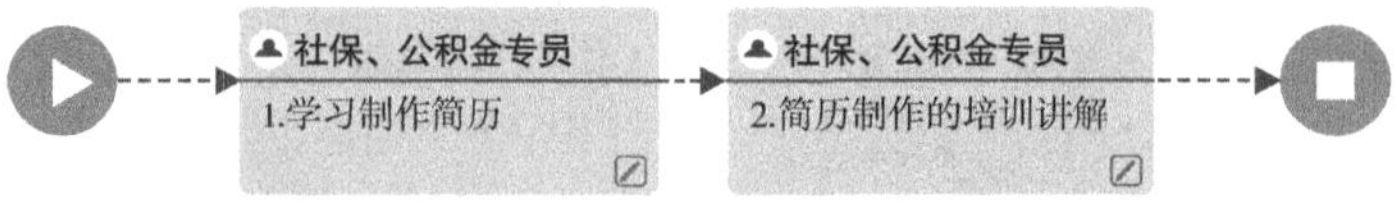

图 8-39 ZJ90099 就业指导—简历制作(人社局)业务流程图

十二、就业指导一面试技巧(业务代码：ZJ900100)

1. 业务概述

制作有关面试技巧的文档，并组织企业培训学习。

2. 业务流程(表 8-40)

表 8-40 ZJ900100 就业指导—面试技巧(人社局)业务流程

编号	名称	角色	活动描述—操作指导
1	面试技巧的学习	社保、公积金专员	学习面试技巧
2	面试技巧的培训讲解	社保、公积金专员	1. 与主讲教师确认时间和培训方式； 2. 组织各企业进行培训，讲解面试技巧

3. 业务流程图(图 8-40)

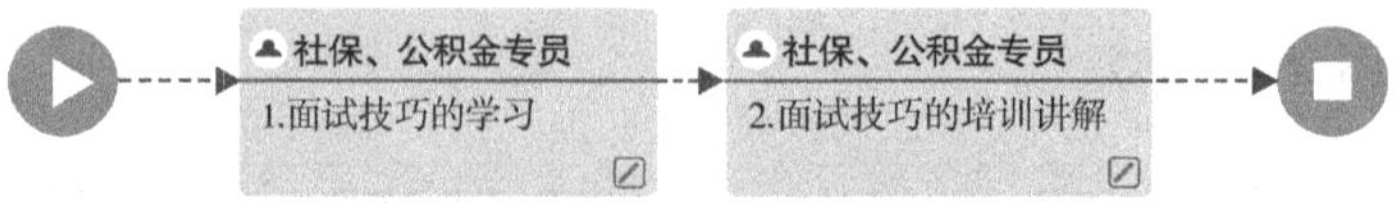

图 8-40 ZJ900100 就业指导—面试技巧(人社局)业务流程图